本书为山东省社会科学规划优势学科项目
"新时代中国法理学范畴及其体系研究"
（19BYSJ04）的结项成果，并获得该项目的资助

新时代

中国法理学

范畴及其体系研究

钱继磊　著

上海三联书店

目　录

第一章

导 论

一、问题的缘起

近年来,法理和法理学再次成为广受我国法学界关注的重要论题[①]。可以说,这种关注远远超越了法理学界自身曾经的"权利本位"与"义务先行"[②]、"政法法理"与"社科法理"[③]等论争。而引起这次关注的导火索则是来自一些学者对中国法理学的质疑乃至解构。尤是近几年,有论者基于自身的学术立场和判准质疑"法理学在中国还存不存在",或干脆给出了"中国法理学的死亡"[④]的明确论断,还有一些青年学者试图连根拔起,

---

[①] 尤其是自张文显教授长文"法理:法理学的中心主题和法学的共同关注"发表以来,对于法理和法理学的关注达到了新热潮。而且,在短短几年里,围绕法理和法理学诸论题,"法理研究行动计划"持续开展了十余次系列学术专题研讨活动,吸引了整个法学乃至其他学科众多学者的关注与参与。

[②] 二十世纪八九十年代,我国法学界围绕法学应当是"权利本位"还是"义务先行"进行过长时间的论辩,引起了广泛影响。尤其是"权利本位"说逐渐被法学界广为接受。这一观点以张文显、徐显明和郑成良为代表,"义务先行"论的代表人物则是张恒山教授。

[③] 后来朱苏力教授在对"中国当代法学发展"进行范式梳理时,将上述两种看似截然不同的观点视为"政法法学",并提出了"诠释法学"和"社科法学"范式。参见苏力:"也许正在发生——中国当代发展的一个概览",《比较法研究》,2001年第3期。

[④] 参见徐爱国:"中国法理学的'死亡'",《中国法律评论》,2016年第2期。

反思"中国有没有过法理学"①。这种来自部门法学者的暴风骤雨般的质疑和反思在中国法学界并不多见,似乎给法理学、法理学界以大山压顶之势,让其毫无招架之力。然而,尽管我们对于其结论如何暂且不论,但这却也提出了值得我们深思的问题,是否真的就如论者们所言,法理学,更确切地讲是中国法理学就没有存在过,或者已经死亡了呢?

而在这看似是对中国法理学的质疑的背后,实则是对法理学自身学科自主与独立性这一根本问题的追问与质疑,即法理学是否为乃至应为一门独立的科学或学科? 具体言之,他们质疑,法理学的学科属性是什么,其是否具有独立的研究对象、研究范围、研究方法等。这是因为,只有首先证成了法理学作为独立学科或科学的自主性,才可能触及下一层问题,即中国法理学自身的独立自主性问题。其实,对于法理学的独立性问题的质疑,即便是在西方,也一直以多种方式存在着。这一方面涉及法学自身的性质以及法理学与法学的关系问题,另一方面也关涉法理学最核心的理论性特征与实践的关系问题。前者所追问的是,法学的性质是什么,是一门科学还是学科?② 作为法学研究对象的法律是一种事实③,还是人工制品?④ 对于法学,法理学的性质又是什么?⑤ 后者所追问的则是,法理论有什么用? 法理论为何重要?⑥

---

① 参见钱继磊:"迈向法理时代的中国法学——兼与徐爱国教授商榷",《法学评论》,2018 年第 1 期。

② 自约翰·奥斯丁以来,西方实证主义法学者一直试图构建作为科学的法学,强调法学的价值无涉、客观中立性,如凯尔森等。不过哈特则试图调和法学的实证性与价值间的这种紧张关系,提出了一种包容性实证主义法学观。而另一派学者则持完全不同的观点,认为法学不具有科学的可能性。耶林也曾提出这样的论断,不过他主要是从实证法学或教义法学角度阐释法学为何是一门科学的。参见[德]鲁道夫·冯·耶林:《法学是一门科学吗》,[德]奥科·贝伦茨编注,李君韬译,《比较法研究》,2008 年第 1、2 期。国内也有人就法学是否为科学问题进行过专门思考,认为只有当"将科学定位在知识化的体系,则法学可以属于科学的范围"。参见胡玉鸿:"法学是一门科学吗?",《江苏社会科学》,2003 年第 4 期。

③ 有西方学者提出了作为一种制度性事实的法律观。参见[英]麦考密克、[奥]魏因贝格尔:《制度法论》,周叶谦译,中国政法大学出版社 2004 年版。

④ [英]约翰·加德纳:"法律的合法律性",《清华法学》,2006 年第 1 期;邱昭继:"约翰·加德纳论法律的合法律性",《清华法学》(第七辑),2006 年第 1 期。

⑤ [德]马蒂亚斯·耶施泰斯:《法理论有什么用》,雷磊译,北京:中国政法大学出版社 2017 年版。

⑥ 陈景辉:"法理论为什么是重要的——法学的知识框架及法理学在其中的位置",《法学》,2014 年第 3 期。

上述只是对这些问题的简要概述,而实际并非如此简单。比如,自约翰·奥斯丁以来,西方实证主义法学者一直试图构建作为科学的法学,强调法学的价值无涉、客观中立性,如凯尔森等①。不过哈特则试图调和法学的实证性与价值间的这种紧张关系,提出了一种包容性实证主义法学观②。而另一派学者,如德国法学家基尔希曼则持完全不同的观点,认为法学不具有作为科学的可能性,并给出了三点理由。③ 然而,这种论调实质上是将自然科学作为判准来衡量评价法学的结果。针对这种观点,另一位德国法学家卡尔·拉伦茨则进行了针锋相对的回应,依然坚持了实证主义的根本性立场,即"作为科学的法学"④。当然,还有其他学者试图在科学与非科学之间寻求调和,提出一种看似超越两者之争的观点,如社会工程说,然而其实质依然无法摆脱对法学是否为科学这一根本问题的回答。⑤可见,学者们对于法学是否为科学的论争涉及了更为前提的问题,即衡量是否为科学的标准是什么? 换言之,是否为科学的衡量标准仅仅是自然科学意义上的? 是对那种实证意义上的可验证性的强调,还是仅为一种纯粹的逻辑,或仅是施塔姆勒那种与"质料"(matter)相区分的"形式"(form)意义上的? 对于这一问题,西方学者早已关注到,有人就针对基尔希曼对其所谓的"科学"之含义避而不谈,认为"他借口说可资利用的演讲时间过于短暂"只是"为自己开脱",即便是在以后岁月,他也从未就这一关键论题进

① 英国法学家约翰·奥斯丁被称为"现代英国法理学之父",他努力通过严格的科学程序创设法理学学科体系,从而使法理学作为法学的一个分支成为可能。而凯尔森则试图构建一种由基本规范、一般规范和个别规范等组成的效力等级规范体系的纯粹法理论。分别参见[英]约翰·奥斯丁:《法理学的范围》,刘星译,北京:中国法制出版社 2002 年版;Hans Kelsen, *Pure Theory of Law*, University of California Press, 1967, pp. 221 – 222 及[奥]汉斯·凯尔森:《法和国家的一般理论》,沈宗灵译,北京:中国大百科全书出版社 1996 年版,第 162 页。
② 基尔希曼的三点理由是:1、法律的素材变动不居,而自然科学素材则一成不变;2、法律不仅存在于认识和理解中,同样存在于情感中;3、法律要靠人来颁布,在内容上取决于人为颁布的东西。转自[德]施塔姆勒:《现代法学之根本趋势》,姚远译,北京:商务印书馆 2016 年版,第69 页。
③ [德]基尔希曼:"作为科学的法学的无价值性",《比较法研究》,2004 年第 1 期。
④ [德]卡尔·拉伦茨:"论作为科学的法学的不可或缺性",《比较法研究》,2005 年第 3 期。
⑤ 美国法学家罗斯科·庞德提出了作为社会控制的工程的法学观。参见[美]罗斯科·庞德:《通过法律的社会控制》,沈宗灵译,北京:商务印书馆 2010 年版。

行过阐释,因此成为"在其有生之年从未弥补自己论题的缺憾"①。

然而,就连在最为纯粹的法理论学派那里,其所建构的最为核心和基石的"基本范畴"来自何处及其正当性问题也同样会遇到他人的诘难,尽管他对此避而不谈。如果其"基本规范"只是建立在毫无理论根基的先验基础之上,那它是否能逃脱出人为建构之物的窠臼,如何能够摆脱价值因素? 这与同样是新康德主义代表却并未拒斥价值因素的施塔姆勒的"根本正义"又有多少实质性差异呢?②

鉴于本文其后对于上述所讨论的论题还会更为详尽地讨论,于此不再深入赘述。然而,由上可见,这些关涉到法理学之根本属性问题始终是法理学乃至法学的元问题,成为构建各法学流派的理论根基,伴随着法理学和法学的整个历程。

就国内而言,近年来学界对于法理学根本属性、地位作用等基本理论的讨论也较为热烈,如法理性质③、法理概念④、法理发现(提炼)⑤、法理思

---

① 参见[德]施塔姆勒:《现代法学之根本趋势》,姚远译,北京:商务印书馆2016年版,第69页。
② 施塔姆勒认为,"法的形式"与"法的质料"或"法的内容"相区分,前者是超越时空的,而后者则必然是随着历史而变迁的,从而阐明存在着一种具有变化内容的自然法。而后,依据康德关于"范畴"和"理念"的区分,他又将"法的纯粹形式"分为"法的概念"(Begriff)和"法的理念"(Idea)。概念或是经验性的,或是纯粹的,而纯粹概念就其仅在知性中有其来源而言,就叫作"范畴"(Notio)。"而一个出诸范畴的超出经验可能性的概念,就是理念或理性的概念"。范畴是用以整合和建构经验对象的形式,它们依然要被运用到经验对象之上。相反,理念则完全超出经验可能性之外,我们不可能在经验世界中找到与之相对应的对象。在适用方式上,范畴所起的是构成性作用,它们是一些构成性原则,是一些"将现象的存在置于先天规则之下的原则"。理念所起的是规导性作用,是一些规导性原则,即一些"据此从知觉中产生出经验的统一性"的规则。由此,法的概念将以构成性的方式(consitutively)来整合和建构法的内容,而法的理念则以规导性的方式(regulatively)而充当着"指引灯"(guiding star)角色。参见吴彦:"施塔姆勒与凯尔森的分歧在哪?",《南京社会科学》,2013年第12期。
③ 参见胡玉鸿:"法理即法律原理之解说",《中国法学》,2020年第2期;李晓辉:"论法理的普遍性:法之'公理'、'通理'与'殊理'",《法制与社会发展》,2018年第3期;瞿郑龙:"如何理解'法理'? ——法学理论角度的一个分析",《法制与社会发展》,2018年第6期;丰霏:"'法理'概念的意义",《理论探索》,2019年第1期等。
④ 参见舒国滢:"'法理':概念与词义辩正",《中国政法大学学报》,2019年第6期;郭晔:"法理的概念:反思、证成及其意义",《中国法律评论》,2019年第3期等。
⑤ 参见邱本:"如何提炼法理?",《法制与社会发展》,2018年第1期;丰霏:"如何发现法理?",《法制与社会发展》,2018年第2期;王奇才:"法谚与法理",《法制与社会发展》,2018年第4期;杨子潇:"经验研究可能提炼法理吗?",《法制与社会发展》,2020年第3期等。

维(方法)①、法理沿革②、法理功用③、法理学及其与部门法学④以及法理与新兴科技⑤,等等。既有研究对法理、法理学及中国法理学的日益深入思考和讨论无疑具有非常重要的意义,也取得了很多成果。然而,既有研究多是以学术论文方式进行探讨,通过学术专著对于法理学尤其中国法理学的学科体系构建及其与部门法学、新兴科技等问题依然缺乏系统而深入的思考。

理论的生命力在于开放式的理性反思,任何本质主义的论断都是封闭式的,意味着语言专制和暴力的危险。因此,既有研究对法理学、中国法理学的质疑结论如何暂且不论,但其所引起的中国法理学界对"中国需要什么样的法理学""中国法理学:从何处来? 到何处去"的思考具有重要学术意义,我们有必要对当前中国法学界的论争进行认真梳理和理性反思,并在此基础上对作为学科的中国的法理学进行深入剖析,试图为构建新时代中国的法理学提供一种理论视角和方法,并为构建由一般法理

---

① 参见陈金钊:"批判性法理思维的逻辑规则",《法学》,2019 年第 8 期;邱本:"论法理思维的特性",《理论探索》,2019 年第 1 期;郭春镇、曾钰诚:"党规中的法理思维",《理论探索》,2019 年第 1 期;陈金钊:"法理思维及其与逻辑的关联",《法制与社会发展》,2019 年第 3 期等。

② 参见何勤华:"私法史中的法理——古代美索不达米亚法典中的法的正义思想",《中国法律评论》,2019 年第 3 期;胡玉鸿:"民国时期法律学者'法理'观管窥",《法制与社会发展》,2018 年第 4 期;胡玉鸿:"清末变法中法理言说的兴起及其内涵——清末变法大潮中的法理言说研究之一",《法制与社会发展》,2020 年第 2 期;胡玉鸿:"法理的发现及其类型——清末变法大潮中的法理言说研究之二"。《法制与社会发展》,2020 年第 3 期;屠凯:"发现儒家法理:方法与范畴",《法制与社会发展》,2020 年第 3 期等。

③ 参见王奇才:"作为法律之内在根据的法理",《法制与社会发展》,2019 年第 5 期;郭晔:"法理主题论——新时代中国法学新范式",《法制与社会发展》,2020 年第 2 期;郭晔:"法理:法实践的正当性理由",《中国法学》,2020 年第 2 期;陈金钊:"法治逻辑、法理思维能解决什么问题?",《河北法学》,2019 年第 6 期等。

④ 参见陈兴良:"刑法法理的三重语境",《中国法律评论》,2019 年第 5 期;王国柱:"知识产权法基本范畴中的特殊法理",《法制与社会发展》,2020 年第 2 期;范进学:"论私法的法理与法理的私法",《哈尔滨工业大学学报》,2020 年第 2 期;张守文:"经济法中的法理及其类型化",《法制与社会发展》,2020 年第 3 期等。

⑤ 参见郑玉双:"生命科技与人类命运:基因编辑的法理反思",《法制与社会发展》,2019 年第 4 期;冯洁:"人工智能体法律主体地位的法理反思",《东方法学》,2019 年第 4 期;范忠信:"人工智能法理困惑的保守主义思考",《探索与争鸣》,2018 年第 9 期;张吉豫:"认真对待科技伦理和法理",《法制与社会发展》,2020 年第 3 期;钱继磊:"个人信息权作为新兴权利之法理反思与证成",《北京行政学院学报》,2020 年第 4 期等。

学与部门法理学共同构成的和谐有序的法理学体系提供理论借鉴,进而使中国法学研究、法律实践得到整体性提升,推进整个中国法治文明的进程。

二、何谓"新时代中国"

上述主要涉及的是作为一般意义的法理学论题,接下来还需要交代为何是"新时代中国"的法理学问题。这背后所隐含的是哲学上的传统论题,即一般与特殊问题。就法理学而言,就是法理学的普遍性与特殊性问题。换言之,就是法理学是一般性的普遍的,还是特殊的地方的问题。详言之,存在一般普遍的法理学吗? 如果存在,一般法理学与特定时空的法理学之间是何关系? 等等。对于这一经典的法哲学问题,笔者将在后文作更详细的论述,在此暂且搁置。不过,需要说明指出的是,法理学应当既具有一般性的基本特性,也同时反映某一特定时空,即应为具有满足一般法理学基本特性的特定法理学。因为如果只是强调法理学的特定时空性,则很难称其为独立的科学乃至学科并与其他科学或学科区别开来;如果仅仅强调法理学的一般性,则就无法有效阐释并应对某一特定时空的法问题。

由此,如果我们认可兼具一般性和特殊性的法理学这一论断,那么接下来需要交代讨论"新时代中国法理学"中"新时代中国"这一标识特定时空的概念。"新时代中国"虽然不是一个严格的学术概念,但对其进行认真梳理和阐释则十分必要。它是一个同时涵括时间维度和空间维度的概念。这两个概念既相互区别又相互联系和相互修饰,构成一个共同的限定概念。

就"新时代"这一指称时间维度概念而言,是区别于过去时代和时期的概念。然而"新"与"旧"是相比较而言的相对概念,其本身并没有明确内涵,是永远处于变动中的概念。但有一点可以肯定的是,一个时代只有具有明显区别于以往的特征时才可以称之为"新"。而就"中国"而言,这既是一个政治共同体概念,同时也是一个社会共同体和文化共同体概念。

"新时代中国"则意味着,与以往相比较,当前时代的中国具有了一些鲜明的区别性特征。在中国当下,"新时代中国"首先是作为政治概念在阐述"新时代中国特色社会主义思想"时再次被使用的。之所以说再次,是因为这一概念最早是指新中国成立以来的时段,后来也将自1978年邓小平开创的改革开放以来的新阶段称为"新时代"。不过,目前,通常将新中国成立以来的阶段分为新中国、新时期和新时代来区别新中国成立后的改革开放前、改革开放后以及党的十八大召开后几个时间段。因此,一般而言,当前在政治领域,"新时代"特指习近平中国特色社会主义建设时段。

就"中国"而言,它首先是一个政治概念和客观事实,一个国际法意义上的主权国家,是一个在国际社会具有重要影响力的大国乃至强国。这一点毋须多论。然而,如果从内部维度来看,组成现实中国的区域如此宽广、人口数量如此庞大分布不均、经济发展并非均衡、文化生活习俗如此多样,等等,使得我们就如何准确概括出何谓中国又变得不是一件易事。若从时间维度,中国在漫长历史中经历了无数艰难困苦、兴衰沧桑,可以说始终处于变动之中,也形成具有连续性特质的中国和中华传统。而这种变动中的中国又与其所处的外部环境及世界结构无不发生着某些关联。由此,"中国"不仅仅是政治的,更是文化的、历史的、社会的,等等,是多元而复杂的概念性事实。

由上,作为两者的组合,"新时代中国"这一概念同样也不仅是政治的,而且是文化的、社会的、历史的、国际的乃至人类的复杂共同体概念。它所凸现出来的时代特征必然也是多样的。可见,如何理解、阐释"新时代中国"是一个极其复杂和繁重的任务。然而,对"新时代中国"这一概念本身进行详尽阐释并非笔者的主旨,且仅将其自身作为研究目的也无益于阐释和解决所面临的理论和实践问题。就本文而言,笔者旨在通过"新时代中国"这一背景性限定揭示出其背后所应面对的诸多问题,这些问题既与传统的一般问题相关,但更多体现出时代性,它们将成为我们思考、讨论和阐释的问题性背景的限定和修饰,在某种意义上也是需要我们揭示、解释和解决的对象。

囿于本文的论旨,笔者将对"新时代中国"进行概要性阐释。首先,回望过去,当下"新时代中国"是一个经济、社会、生活、教育等方面取得巨大成就的中国。其在经济实力、科技水平、物质生活等方面已经与 70 年前刚建立的新中国和 40 年前刚改革开放的中国都不可同日而语,可以说发生了翻天覆地的变化。从国际看,"新时代中国"的经济占比、国际地位、国际影响力等方面也获得了大大提升,已成为具有世界影响力的大国乃至强国。其次,展望未来,与以前相比,处在"新时代"的中国也面临着很多不同的新问题、新困境和新挑战。

三、研究目的

任何研究,不论其再宏大、再深刻,都不可能离开其研究目的,否则就会失去其意义。由此,在某种意义上讲,研究目的是我们从事任何研究之出发点和落脚点。不过,需要强调指出的是,研究目的可能是基于理论层面的,也可能是基于实践层面的。前者如对某种概念、思想、观念、流派发展与变迁脉络的梳理或澄清,或者是对既有观点的反思与商榷,等等;后者如为了实现某一特定目标而进行的措施对策研究等。当然,理论层面与实践层面目的之间只是相对而言的。因为在进行研究时,往往不仅有理论层面的目的,也可能涉及实践层面的目的;而在对实践层面的目的进行研究探索时往往也离不开理论层面的目的来作为支撑。另外,如果从方法论角度,不论是理论层面的目的研究还是实践层面的目的研究,其实都属于理论研究。这是因为上述任何目的的研究都有意或无意地选择并遵循了基于某种哲学理念的研究方法,这种研究方法背后的方法论本身就属于理论的范畴。若从哲学层面讲,人的任何活动都属于实践的范畴,包括思想思考本身就是社会实践的一种方式。在它那里,理论与实践更是难以区分了。可见,理论层面目的与实践层面目的不能截然二分,两者只是相对而言的。如果将两者完全绝对二分,这不仅不太可能,也没有意义。

然而,尽管如此,我们在从事某一项研究时,还是有必要明确主要研究目的的,并在理论层面的研究目的与实践层面的研究目的进行区分并就其相互关系进行讨论和阐释。因为,从事一项研究不是感性的臆断和不切实际的假想,而是需要通过严肃而审慎的讨论与阐释试图对既有研究有所突破甚至创新,或者对既有某项实践有更佳的建议或措施。不论如何,其背后都离不开科学的论证和严密的推理,都需要秉持一种开放的而非封闭的态度,在自我与他者之间进行平等对话与讨论。这里所说的科学,不是指那种自然科学,更不是那种将科学等同于真理的谬误与偏见,它不是本质主义意义上的封闭的知识本身,而是在秉持质疑与反思基础之上的开放式的永无止境的探索精神与理念。这种精神与理念并非意味着答案与正确,而是永远与无知、未知为伴,人类的认识只能是有限,而未知的领域确是永恒无限。唯有此,我们才能不断突破既有、超越自我,不断取得新的进步。由此,在某种意义上,人类文明的进步发展史就是一部建立在质疑与反思之上的不断的试错史。

就本研究而言,之所以将新时代中国法理学范畴及其体系作为研究对象,既有理论层面的研究目的,也离不开实践层面目的的考虑。从理论层面讲,中国法理学走到今天,为中国法学的创建、发展与完善作出了很大贡献,对中国的法治理论与实践起到了巨大的引领和推动作用,对中国政治、经济、社会、文化等进步与发展发挥了不可替代的保障作用。但是,需要清醒地认识到,面对新时代中国的新特征、新变化及其所处新国际环境,中国法理学自身需要自我反思与升级,通过自我理论提升与发展,提高自我的理论体系性、完整性、自洽性等,为整个法学学科提供更好的基础性引领与指导,为中国特定时空所面临的问题和挑战提供更有效的解释力,为中国法治实践建设提供更有力的智慧支援和制度性建议,并为建立面向全球和未来的,能够更好与其他法理论沟通对话,在世界上具有一定话语权且具有中国气派、中国风格的法理学理论体系作出积极贡献。而仅仅依靠本研究是不可能完成上述目的的。本研究仅仅旨在为构建新时代中国法理学理论体系提供最为基础和前提性的部分。也就是说,本研究主要是对新时代中国法理学的范畴及其体系进行详尽而深入的讨论与阐释。具体言之,针对新中国成立以来尤其是改革开放以来中国法理学的发展,面对当前新时代中国特定时空所带来的新问题、新挑战,本研究认为有必要重新认识和审视我们法理学的范畴理论研究,在对既有研究进行梳理、质疑与反思的基础上,重新构建中国法理学范畴体系,这不仅包括法理学自身的范畴体系,还应包括其他部门法理学范畴体系,通过范畴理论及体系在法理学与其他部门法学之间建立起理论共识的桥梁、学术交流的媒介、制度安排的根基。

四、研究方法

任何研究目的的实现,都离不开与之相匹配的研究方法。从某种意义上看,研究目的是问题化的结果。也就是说,研究目的就是旨在解决或阐释某个理论或实践中的问题。研究目的的实现则意味着所要解决或阐释的那个理论或实践问题得到了很好的结果。因此,研究目的的实质是它所研究的问题。由此,可以说,研究目的与研究方法之间的关系就如同锁与钥匙之间是否匹配协调工作的问题。我们知道,再好的锁和钥匙,从功能实现的角度看,如果相互之间无法匹配,无法共同完成开与闭的功能,都是毫无意义的。也就是说,研究方法与研究目的密切相关,两者孤立开来,无所谓好坏优劣。

目前来看,人们从事研究可供选择的研究方法颇多,宽泛地讲,如实证分析法、规范分析法、价值分析法、阶级分析法、比较分析法等。而每类大的研究方法中又可分为诸多具体研究方法,以实证分析为例,又可分为文献分析法、社会调查法、语义分析法、科学实验法等,社会调查法还可分为社会问卷、个案访谈等具体研究方法。看似每类研究方法是一种具体的技术性工具,而不同的研究方法背后则有不同哲学理论来支撑,为其提供学理上的方法论、认识论和价值论基础。还是以实证分析法为例,这种研究方法的方法论基础认为,作为研究主体的研究者应该且能够独立于被研究者即研究对象,并以客观中立的立场和态度从事研究,因此其得出的研究结果应该不以研究者的不同而不同,具有真实性、客观性,因而是可验证的。这是一种求真的哲学基础,近现代自然科学的迅猛崛起主要是建立在人类这种科学理性的认识论基础之上的。如今,社会学、心理学、经济学,乃至政治学、法学等其它学科也深受这种哲学论影响,有人称之为"科学帝国主义"。马克斯·韦伯就试图将这种方法论置于其社会学研究之中,探求一种价值不涉的研究立场。① 不过,随着人类面临的日益严重的新问题层出不穷,晚近兴起的后现代哲学思潮开始反思乃至解构、颠覆这种方法论哲学基础的限度和正当性。② 知识社会学也从知识生产的角度对实证分析法所依凭的这种现代哲学的客观性进行了质疑和反思,提出了客观的不可能性及主观的不可避免性。③ 可见,由于客观世界自身的复杂性以及人类思维的多元性,对于同样的事物进行描述、观察、研究可能会有意或无意地从研究方法、研究维度、研究目的等方面进行自我取舍,由此可能导致得出大相径庭的研究结果。这或许就是真实而复杂的现实世界,而建立在现实世界和社会上的理论则更是复杂而多元。著名的哲学家维特根斯坦就告诫我们,"凡是能够言说的,都能说得清楚;对于不可言说之物,必须保持沉默"④。美国著名法理学家博登海默对人们正义观的总结也从某种角度证明了这一点,他说,"正义有着一张普罗透斯似的脸,变幻无常,可随时呈现不同形状并具有极不相同的面貌"⑤。

由上可见,在研究方法看似简单的背后都具有无比的复杂性。对于本文而言,如前所述,所要研究的主题是新时代中国法理学之范畴及其体系。本文的研究目的,旨在重新认识和审视我们法理学的范畴理论研究,在对既有研究进行梳理、质疑与反思的基础上,重新构建中国法理学范畴体系,这不仅包括法理学自身的范畴体系,还应包括其他部门法理学范畴体系,通过范畴理论及体系在法理学与其他部门法学之间建立起理论共识的桥梁、学术交流的媒介、制度安排的根基。可见本文的研究主题是关

---

① ［德］马克斯·韦伯:《社会学方法论》,韩水法译,北京:社会科学文献出版社1999年版。
② 后现代主义哲学并非一种哲学流派,而是具有共同思想倾向的思潮,他们对现代哲学的主客观二分观、建构论、理性论、确定性、必然性等进行反思、质疑、颠覆、解构,形成了以非理性、不确定性、偶然性、非规律性、主观性等为其哲学观的后现代主义哲学。参见［美］约瑟夫·纳托利:《后现代性导论》,潘丰、耿红、聂昌宁译,南京:江苏人民出版社2004年版。
③ 参见［英］迈克尔·马尔凯:《科学与知识社会学》,林聚任等译,北京:东方出版社2001年版。
④ ［奥地利］维特根斯坦:《逻辑哲学论》,贺绍甲译,北京:商务印书馆2013年版,第105页。
⑤ ［美］E.博登海默:《法理学:法律哲学与法律方法》,邓正来译,北京:中国政法大学出版社2004年版,第261页。

于法理学自身理论体系中一个较为基础且颇具理论性的法理问题。与某一现实法律问题或社会问题相比，它更具抽象性、一般性。然而，对任何问题的研究都应是建立在对既有研究的基础上的反思的产物。因为不仅"创新是一个民族进步的灵魂，是一个国家兴旺发达的不竭动力"①，创新意识和创新思维更是任何研究的灵魂和意义之所在。这就注定了本文最根本的研究方法是一种反思的维度。只有建立在理性基础上的学术性反思才可能将既有的问题"连根拔起"，才能洞见到问题的本质②。也就是说，通过对既有中国法学尤其是中国法理学的范畴研究进行学术反思，对其研究所存在的问题进行深入系统地剖析，以揭示既有研究背后的问题，为在新时代中国如何阐释法理学范畴及其体系提供学理基础和逻辑前提。可以说，反思既是本文的哲学基础，又是贯穿于本文始终的灵魂和原则，同时还是本文最根本、最重要的研究方法。此外，本文在对具体问题进行处理时，还将会选取实证分析、价值分析等研究方法。鉴于不同研究方法的哲学基础间可能存在着紧张关系，因此本文在对就所选取的具体研究方法来分析、阐释具体问题时，将会在语言表述等方面进行适当处理，以尽量确保彼此逻辑上的严密和一致。

五、主要研究框架

一部论著的研究框架是其研究主题的逻辑展开和结构安排，旨在用尽量简洁高效的文字将研究内容有序而充分地表达和阐释出来。基于本文的研究主题，除了本文作为第一部分的导论外，其他主要研究框架如

---

① 江泽民："实施科教兴国战略"，《江泽民文选》（第一卷），北京：人民出版社 2006 年版，第 374 页。

② "洞见或透识隐藏于深处的棘手问题是艰难的，因为如果只是把握这一棘手问题的表层，它就会维持原状，仍然得不到解决。因此，必须把它'连根拔起'，使它彻底地暴露出来；这就要求我们开始以一种新的方式来思考。……难以确立的正是这种新的思维方式。一旦新的思维方式得以确立，旧的问题就会消失；……因为这些问题是与我们的表达方式相伴随的，一旦我们用一种新的形式来表达自己的观点，旧的问题就会连同旧的语言外套一起被抛弃"，［英］维特根斯坦：《札记》，转引自邓正来：《邓正来自选集》，桂林：广西师范大学出版社 2000 年版，自序，第 1 页。

下：第二部分是通过中国法理学研究会年会主题作为切入点之一，来对中国法理学研究进行回顾和反思，以对中国法理学进行问题化处理，引出对中国法理学范畴及其他体系进行思考和研究的必要性和重要性。第三部分是就新时代中国法理学的范畴及其体系的变迁、研究现状、问题及重构进行深入系统地反思、讨论和阐释，提出一种新时代下的中国法理学范畴及其体系论纲。

如果说前几部分是本文研究主题的总论部分或者成为一般法理学范畴及其体系理论部分的话，那么在接下来的几部分，即从第四部分至第九部分，则是基于部门法理学而对总论部分的具体展开。具体而言，就是从第四部分至第九部分分别就宪法学、行政法学、刑法学、民法学、生态环境资源法学、诉讼法学中关于范畴研究的梳理、反思与重构，试图寻求部门法学与一般法理学范畴及其体系理论上的融通性。需要特别指出的是，本文的第四至第九部分是法学界中的关于部门法学的较为成熟的部门划分，第十部分则主要包括，有些部门法学或者虽然也应归入传统部门法学，但迄今依然存在着诸多争议，或者因新兴性而并未得到普遍认可的领域，前者如经济法学、社会法学等，后者如以信息、人工智能、区块链等为标志和主要内容的新兴科技法等。在本部分的最后，本文还将对一些悬而未决诸问题进行适当交待，以期在后续的研究中进一步推进，并给其他感兴趣的研究者的相关研究提供可资深入研究讨论的空间。另外，需要补充说明的是，鉴于本文主要是基于国内法学维度对新时代中国法理学范畴及其体系的研究，因而也就并未将国际法维度下的国际法学单独作为一部分进行专门讨论，只是在对其他部门法学的范畴理论的讨论中就已经涉及的相关问题进行适当论及。

第二章

中国法理学研究回顾与反思

第一节　中国法理学研究 40 年：问题引入

　　对于中国和中国人而言，2018 年注定是一个不平凡年份。因为在四十年前，新中国开启了一个崭新的时代，开启了改革开放的历程。回溯历史，我们越发感觉到那个年份对中国和中国人意味着什么。回溯历史，总结我们过去的得与失，似乎已成了我们的传统。对于法理学研究而言，每逢以十为倍数的周年，对过去进行回顾与梳理、反思与展望，也成了重要的一环①。尤其是在改革开放三十周年的 2008 年，刊发的法学尤其是法理学综述性文献更是多达十余篇②。但如果仅仅是因为例行公事式的跟

---

① 有学者曾对我国改革开放三十周年或建国六十周年的学术史进行考证，以每十年为单位的学术总结文献量都要远远多于平时年份，比如 1988 年、1989 年、1998 年、1999 年、2008 年、2009 年的总结类文献最多。石伟："论中国法理学的实践转向——三十余年法理学学术史考察"，《现代法学》，2012 年第 4 期。

② 据不完全统计，仅法理学方面的代表性论文有：刘雪斌、李拥军、丰霏："改革开放三十年的中国法理学：1978—2008"，《法律科学》（西北政法学院学报），2007 年第 4 期；黄文艺："中国法理学 30 年发展与反思"，《法制与社会发展》，2009 年第 1 期；石茂生、张伟："改革开放三十年与中国法理学的发展"，《河南省政法管理干部学院学报》，2008 年第 6 期；刘东升："近三十年法理学研究进路：1978—2008"，《社会科学战线》，2008 年第 8 期；李龙、陈佑武："中（转下页）

风或应景之作,必然只不过是流于对过去学术历程回顾和文献的堆砌,缺乏法理学自身应有的学术反思、学术批判,以及法理学自身的问题意识,因而并不比平时年份更具有正当性和必要性。

由此,之所以要对我国法理学研究进行回顾与反思,应当具有更正当的理由和更重要的意义。这是因为,首先是过去十年我们所处的世界结构中的中国以及我们所生活的中国社会结构自身已发生了巨大变化,这些变化使我们面临的形势、环境和问题变得更为复杂和棘手,给中国法学尤其是法理学带来了新的、更大的挑战。这种挑战不仅是因为新经济、新科技等新时代自身所带来的,更与法理学界自身学术预判、理论准备和及时有效回应的不足不无关系。中国法理学所面临的压力与挑战不仅来自于世界结构中特定时空下中国的政治、经济、社会发展现实期求,来自于中华民族和中国人对美好生活向往的法治中国梦的期盼,而且还来自于法学同行内——不仅包括法律实务界,还有法学界——的质疑、批判,反思"法理学在中国还存不存在""中国有没有过法理学",更有论者干脆给中国法理学先下达了"死亡"通知书[1],由此掀起了对"中国需要什么样的法理学"[2]"中国法理学:从何处来? 到何处去?"[3]的学术关注与讨论。对中国法理学讨论的结果先暂且不论,单这种讨论本身就促使我们不得不重新对法理学自身进行认真梳理与理性反思,将可能被一直遮蔽却不意识的问题连根拔起。也只有如此,才能构建起法理学的理论体系和思维体系,实现法理学的独立与自主,也才能在整个中国法学中真正发挥理论引领作用,才能进而为中国法治实践提供智慧资源,才有可能

(接上页)国法理学三十年创新的回顾",《政治与法律》,2008 年第 12 期;刘爱龙:"法理学三十年之法的价值问题研究评述",《北方法学》,2009 年第 1 期;季金华:"改革开放三十年我国法律本质理论的回顾",《北方法学》,2009 年第 1 期;陈金钊:"'思想法治'的呼唤——对中国法理学研究三十年的反思",《东岳论丛》,2008 年第 2 期;武建敏:"中国法理学的时代转型与精神进路",《河北法学》,2008 年第 9 期;胡水君:"《法学研究》三十年:法理学",《法学研究》,2008 年第 6 期。

① 徐爱国:"论中国法理学的'死亡'",《中国法律评论》,2016 年第 2 期。
② 季卫东、舒国滢、徐爱国、桑本谦、陈景辉、聂鑫、马剑银:"中国需要什么样的法理学",《中国法律评论》,2016 年第 3 期。
③ 张文显、郑成良、徐显明:"中国法理学:从何处来? 到何处去?",《清华法学》,2017 年第 3 期。

构建起具有中国智慧和世界水准的法理话语体系,真正实现中国法理学浴火重生。

有鉴于此,如邓正来先生所追问的"中国法学向何处去"①一样,我们有必要对过去改革开放四十年来,中国法理学本身进行回顾与梳理,反思与批判,只有在此基础上探寻法理学的"初心"和"元点",才能真正完成自我的使命,为未来中国法理学的发展提供可能的助益。然而,我国过去四十年法理学研究取得的成果实在是丰硕,研究文献可谓汗牛充栋,要想对其进行全面和整体的详尽梳理几乎不可能,也不是太必要。由此,笔者选取了在过去四十年中国法理学发展颇具代表性的中国法理学研究会年会研究主题作为一个样本,对其进行回顾、梳理,从中窥见中国法理学过去四十年的历程,着重剖析其不足,并在此基础上阐述中国法理学的"初心"和"元点"。

或许有论者会对中国法理学研究会的研究议题的代表性产生质疑,理由如:一是研究会年会的研究议题是不是能够涵括会议研究所有论文内容;二是研究会年会研究议题是不是能够涵括研究会之外的其他研究成就,比如教材、专著、研究报告等;三是参加研究会年会的只是法理学界的部分或大部分学者。需要强调指出是,本文的研究不是进行面面俱到的社会学统计与调查,也不是考据学意义上的对客观真伪的关注,而是旨在梳理出过去四十年中国法理学的整体发展历程。而不可否认的事实是,在过去几十年里中国法理学研究会吸引了中国法理学界绝大多数具有代表性的专家学者,其所提交到研究会的成果也应该能够代表其本人的思想和观点,而研究会议题应该也能够代表绝大多数学者,尤其是具有代表性学者思考研究的方向、主题和领域。由此,对中国法理学研究会年会研究议题进行实证性分析不仅必要也有意义。此外,笔者还将结合既有法学尤其是法理学的相关研究文献,并对其进行梳理和剖析,以便对建立在上述分析基础之上得出的初步结论进一步验证和补充。

---

① 参见邓正来:《中国法学向何处》,北京:商务印书馆 2011 年版。

第二节　对中国法理学研究会历届年会主题关键词的梳理与分析

　　中国法理学研究会的前身是于 1985 年在江西庐山成立的中国法学会法学基础理论研究会①，后更名为中国法学会法理学研究会，又于 2012 年更名为中国法理学研究会。自 1985 年至 1992 年间，中国法理学研究会每两年召开一次年会，自 1993 年起每一年召开一次，截止到 2017 年，共召开了 30 次年会。具体如表 1 所示。在表 1 的基础上，通过有效关键词进行梳理分析，可以得出表 2。对于表 1 与表 2 所表现出来的中国法理学所取得成就在此不予详述。这不仅是因为已经或将会有人对此给予详尽总结②，更是基于学术研究自身的属性及本文论旨所决定的。因为从某种意义上讲，学术研究的意义和生命更在于基于问题导向的反思和批判。由此，仅就本文后面表格而言，可以得出如下结论：

　　首先，法理学界较多地关注和研究了法治、法制、法律问题，而对法理、法理学乃至法学自身关注相对不足。其中出现频率最高的是"法治"，高达 17 次。该概念出现的频率之高体现在自 1996 年第八届研究会始的 23 次会议中竟然有 16 次与此有关，其中第 23 届出现了两次。可见，法理学界最关注的议题应当是"法治"了。这一点也可以从中国法理学整个二十世纪八九十年代的法治与法制、法治与人治之争中得到验证③。"法律"（包括法律化）和"法制"则分别排在了第六位和第七位，分别为 6 次和

---

① 吴光辉："中国法学会法学基础研究会成立"，《政治与法律》，1985 年第 5 期。
② 关于改革开放 30 年的成就，有学者曾进行了较为详尽的梳理，仅从时间维度学界就有如下总结：有称之为"初步确立""快速发展""走向繁荣"的；有称之为"恢复初建""稳步推进""繁荣发展"的；有称之为"重建与初步发展""突破和迅速发展""新世纪的多元化和繁荣"的；有称之为"恢复革新""加快发展""初显繁荣"的；另有学者称之为："政法法学""诠释法学""社科法学"，或为"价值呼唤""社会实证""规范分析"，或为"启蒙（价值）倾向""注释倾向""实证（规律）倾向"等。参见石伟："论中国法理学的实践转向——三十余年法理学学术史考察"，《现代法学》，2012 年第 4 期。
③ 参见李步云："从'法制'到'法治'——二十年改一字"，《法学》，1999 年第 7 期。

5次,这表明法理学界也较多地关注了法律和法制方面的论题。三者加起来多达 28 次。而"法理"(包括"法理学")只出现了 3 次,即便是再加上 1 次"法学",也仅仅有 4 次。这不仅与上面"法治""法律""法制"加起来的 28 次不能相比,即便仅与"法治"自身的 17 次相比,也有很大差距。另外还出现 1 次"法学",即使将其再加上,也仅 5 次。

表 1 　中国法理学研究会历届年会基本情况①

届次	时间	地点	主题	承办单位	备注
1	1985. 6. 11—16	庐山	法的概念:法律与改革	中国法学会	成立
2	1986. 11. 11—15	重庆	社会主义民主的制度化、法律化	西南政法大学	
3	1988. 5. 28—31	珠海	社会主义初级阶段的法制建设	深圳大学等	换届改选
4	1990. 5. 21—25	合肥	社会主义民主与法制建设	安徽大学等	
5	1992. 4. 27—30	武汉	人权与法制	武汉大学	换届改选
6	1993. 5. 27—29	杭州	社会主义市场经济与法制建设	浙江大学等	
7	1994. 10. 18—22	济南	建设有中国特色社会主义理论与法理学发展	山东大学等	
8	1995. 7. 27—30	昆明	走向 21 世纪的中国法理学	云南大学	

① 该资料是在中国法理学研究会网站的基础上搜集补充形成的,参见 http://www. chinajurisprudence. org. cn/getNewsDetail. site? newsId = 261b670b-0528-4370-a566-b52ed676eac8,2018 - 10 - 12 最后访问。

届次	时间	地点	主题	承办单位	备注
9	1996.11.5—8	深圳	依法治国,建设社会主义法治国家	深圳大学	
10	1997.8.11—13	北京	社会主义法治国家的价值、目标和道路	北京司法局等	换届改选
11	1998.3.20—23	北京	建设社会主义法治国家的理论与实践	中国人民大学	
12	1999.8.20—23	上海	跨世纪中国法理学的反思与前瞻	上海社科院等	
13	2000.10.15—17	南京	21世纪的亚洲发展与法治	南京师范大学等	第3届亚洲IVR
14	2001.8.20—22	乌鲁木齐	西部大开发与法制建设	新疆大学等	
15	2002.7.22—25	香港	东亚法治社会之形成与发展	香港中文大学	第4届亚洲IVR
16	2003.1.16—18	哈尔滨	中国社会转型与法治发展	黑龙江大学等	换届改选
17	2004.9.19—20	日本	全球化之下的东亚决择与法学课题	北海道大学	第5届亚洲IVR
18	2005.11.19—21	广州	构建和谐社会与中国法治发展	中山大学等	
19	2006.10.26—27	苏州	法治与社会公平	苏州大学	
20	2007.4.6—8	武汉	以人为本与法律发展	武汉大学	换届改选

届次	时间	地点	主题	承办单位	备注
21	2008.9.21—23	长春	全球化背景下东亚的法治与和谐	吉林大学	第7届亚洲IVR
22	2009.8.15—20	北京	全球和谐与法治	中国政法大学	第24届世界法哲学与社会哲学大会
23	2010.8.12—14	哈尔滨	社会主义法治理念与中国法治之路	黑龙江大学	
24	2011.11.5—7	重庆	法治发展与社会管理创新	西南政法大学	
25	2012.7.7—9	西安	科技、文化与法律	西北政法大学	换届更名为中国法理学研究会
26	2013.9.14—16	大连	法律权威与法治体系	大连海事大学	
27	2014.10.18—19	南京	推进法治中国建设的理论与实践	南京师范大学	
28	2015.10.17—18	昆明	中国法治发展道路	云南大学	
29	2016.11.5—6	北京	全球化背景下的国家治理与制度构建	国家"2011计划"司法文明协同创新中心、亚洲IVR、中国政法大学	第10届亚洲IVR
30	2017.12.2—3	厦门	信息时代的法律与法治	厦门大学	

表 2　中国法理学会研究会历届年会关键词的统计分析表

合计排名	出现频次	关键词名称	所处年会届次
1	17	法治	9、10、11、13、15、16、18、19、21、22、23、24、26、27、28、30,其中第 23 届出现两次
2	9	社会主义	2、3、4、6、7、9、10、11、23
3	8	中国	7、8、12、16、18、23、27、28
3	8	建设	3、4、6、7、9、11、14、27
5	7	发展	7、13、15、18、20、24、28
6	6	法律(化)	1、2、20、25、26、30
7	5	法制	3、4、5、6、14
7	5	社会	15、16、18、19、24,此处不包括与"主义"连用的情况
9	4	国家	9、10、11、29
10	3	理论	7、11、27
10	3	法理(学)	7、8、12
10	3	世纪	8、12、13
10	3	和谐	18、21、22
10	3	全球(化)	17、22、29
10	3	道路(之路)	10、23、28
10	3	东亚(亚洲)	13、15、17
17	2	民主	2、4
17	2	构建	18、29
17	2	制度(化)	2、29
17	2	实践	11、27
21	1	改革	1
21	1	人权	5
21	1	市场经济	6

合计排名	出现频次	关键词名称	所处年会届次
21	1	特色	7
21	1	概念	1
21	1	法学	1
21	1	课题	17
21	1	初级阶段	3
21	1	形成	15
21	1	走向	8
21	1	依法治国	9
21	1	价值	10
21	1	目标	10
21	1	反思	12
21	1	前瞻	12
21	1	转型	16
21	1	抉择	17
21	1	理念	23
21	1	公平	19
21	1	以人为本	20
21	1	管理创新	24
21	1	权威	26
21	1	治理	29
21	1	西部大开发	14
21	1	科技	25
21	1	文化	25
21	1	信息（时代）	30

其次,法理学界较多关注和研究中国自身政治、经济、社会、发展问题,而对自身理论及学科的体系化关注不够。我们可以看到,排名第二位的是"社会主义",为 9 次,排名第三位是"中国",为 8 次。一般来讲,这两个词语不应该也不可能被视为法理学自身的核心概念和研究对象,而更多是在修饰和限定其他中心词意义上来使用的。不过从这里可以看出的一点是,中国法理学研究主要是立足于中国,在社会主义这一基本属性框架下展开研究和讨论的。接着排名并列处于第三位的是"建设",处于第五位的是"发展",分别为 8 次和 7 次。这四个词语出现的频次表明,中国法理学较为关注中国过去几十年来经济社会自身的发展和建设,因而可能与中国的社会实践具有较高的关联度。这四个词语出现的频次加起来高达 32 次,也远远超过了"法理(法理学)"加上"法学"仅有的 5 次了。至于"概念"仅出现一次,而更令人不解的是,被称为最为基础的基石性概念的"范畴"以及作为基石范畴的"权利"却均未出现,即便是"人权"也仅出现了 1 次。这似乎与曾在学界引起广泛关注的"权利本位"与"义务本位"论争并不相符①,但也表明法理学界对于法理学自身的核心范畴、概念、理论体系及学科体系的关注和研究程度不够。

再次,法理学界关注和研究的重点受到政策形势的影响,具有鲜明的时代性而学术性和稳定性不足。我们可以发现,在"改革""初级阶段""市场经济""西部大开发""以人为本""全球化""和谐""管理创新"等词语中,除了"全球化"与"和谐"出现了 3 次外,其他均仅出现了 1 次,且这些词语都与当年或上一年度党或国家的重大会议提出来的重要精神或政策不无关系。也正是由于不同的阶段的会议精神的变化,才导致了这些词语出现了如此频繁的变动。比如,"初级阶段"是 1987 年 10 月在党的十三大报告中首次提到全局高度的,这一词语就出现在了 1988 年召开的第 3 届会议上;"市场经济"是 1992 年 10 月党的十四大报告中提出来的,它就出现在了 1993 年的年会议题中;"西部大开发"是经全国人民代表大会审议

---

① "权利本位"论主要由张文显、郑成良与徐显明等人提出和倡导,"义务先定"论主要以张恒山为代表,曾在学界引起持久讨论。后者参见张恒山:《义务先定论》,济南:山东人民出版社 1999 年版。

通过后由国务院西部开发办于 2000 年 3 月正式开始运作的,它就成了 2001 年会的议题。显然,这种基调能够及时跟踪党和政府在领导和治理国家中所面临的重大问题前沿,并使为其提供智慧参考或借鉴具有了可能。比如"依法治国"是研究会 1996 年年会议题,就于 1997 年 9 月在党的十五大报告中被正式提出;1999 年九届全国人大二次会议通过了宪法修正案,确立"依法治国,建设社会主义法治国家"方略,2002 年 11 月党的十六大报告就提出全面落实依法治国基本方略。但是这也可能造成对法理学作为一门学科自身所需的学术积淀和理论体系的构建与发展的关注和研究不足,尤其是对于中国法理学重建不久且尚未摆脱"幼稚"局面而言,更凸显了后者的重要性和必要性。

复次,法理学界较多地从外部视角关注和研究,而对于法学内部而言,即法理学与其他部门法学之间的互动与交流不足。从上述统计结果看,"法理(法理学)"加上"法学"出现的频次共为 4 次,"法治""法律""法制"三者出现的频次共为 28 次。出现频次最多的"法治"很难说是一个学术意义上的法理学概念,更多是政治学意义上,"是现代社会最高的政治哲学"①,而"法制"则更缺乏学术元素,往往作为与"法治"相区别的词语。在三者中只有"法律"更具有法理学意义。由此,只有"法律"出现的 6 次具有法理学的统计意义。"概念""理念""课题"各出现了 1 次,加上"理论"出现了 3 次,共计 6 次,而没有出现"范畴""体系"之类的词语。属于法的价值的词语除了"民主"出现了 2 次外,其他如"价值""公平""人权"各出现了 1 次,共计 5 次,而"权利""权力""义务""正义""自由"之类的词语没有出现。这样共计为 17 次,即便计入法治和法制的频次,也仅为 40 次。相比之下,"社会主义""中国""建设""发展""社会""国家",分别出现了 9 次、8 次、8 次、7 次、5 次、4 次,共计 41 次。如果加上表明政策性的词语的话,则远远超过了法理学和法学自身的相关概念。而更明显的一点是,"部门法""部门法理学"或者与部门法相关的词语则完全没有出现。

---

① 韩大元:"法治是现代社会最高的政治哲学——在'现代立宪主义中的法治'研讨会开幕式的致辞",http://fzzgh.hznu.edu.cn/c/2013-12-08/344450.shtml,2020-02-09 最后访问。

可见,中国法理学界在对自身的基本理论及其体系的关注度不够的同时,更缺少与其它部门法学的沟通与交流。

又次,法理学界较多建构主义色彩,而理性反思不足。表格中"建设""发展"分别出现了 8 次、7 次,"构建"出现了 2 次,"形成""抉择""前瞻""目标"各出现了 1 次,这样共计 21 次。而"反思"或与此相类似的词语共计出现了 1 次。质疑、批判之类的词语未有出现。我们发现,前面这些语词都有个共同特点,其背后都存在一个人之理性的假定,试图运用这种理性去设计或建构某种规划或计划,以达致某种目标。这种视角往往会运用"证成"或"证立"的思维方式进行学术研究和理论探讨。这种建构理性主义在西方也较为普遍,在我国这种非自生自发路径进入近现代社会的国家,更是难免充满这种建构主义的色彩,尤其是在中国这种特定时空性下更容易受这种思维方式和研究方法所支配。而"反思"或与之类似的质疑、批判词语则意味着一种理性的论证,更讲究逻辑的推理。与"反思"相关联的则更多是一种争鸣、论争。如果说反思与质疑更为彻底的话,则是基于对人之有限理性的意识,承认人之理性不及的领域的存在。这种视角往往采取"证伪"或"否证"的思维方式。而不论是从功能上还是本质上而言,法哲学应当是批判的,"批判性正是法哲学内在的、质的规定性",也只有"通过法哲学的实践批判和理论批判,法哲学才得以完成在理论和实践两个方面进行创造和建设的历史使命"[1]。可见,中国法理学界的反思性思维方式和研究路径相对不足,而这种反思性研究往往更具有增量意义,因为人类的进步与其说是因为找到了一个个真理,毋宁说是通过不断的"试错"而取得的。

最后,法理学界主要是一种基于中国自身的视角,而对全球视角的话语意识和话语能力依然不足。在上一表格中"中国"出现了 8 次,"东亚(包括亚洲)"出现了 3 次,"全球(包括全球化)"出现了 3 次。这表明,中国法理学的主要视角还是着眼于中国自身,并逐渐具有了亚洲意识和全

---

① 姚建宗:"法哲学批判与批判的法哲学——对法哲学科学本性的一种礼节",《吉林大学社会科学学报》,1998 年第 1 期。

球意识,现实中国是置于亚洲结构和世界结构中特定时空下的中国。可以说,我们还只是仅仅具有了这种意识,通过主办或参与亚洲 IVR 和世界法哲学与社会哲学大会不断增强我们的全球意识和全球视野,提高我们全球参与对话的能力。但是,相比而言,我们的全球意识依然还比较弱,我们更多只是参与,甚至还无法展开有效的理性对话和交流,更是无法在全球法理学和法学领域具有主导地位,更谈不上在全球法理学界形成中国的话语体系。

由上可以初步验证如下结论:我国法学尤其是法理学"对重大的基础性问题研究不够深入""我们设计议题、论题相对具有封闭性,在国际层面上还缺乏理论层面的话语权""还缺少影响国际政治法律话语的思想家",我国的"法学基础理论研究还很薄弱"①。

第三节　对中国法理学研究会主要年会 具体议题的回顾与分析

如果仅仅对中国法学会研究会历年年会主题进行上述分析,可能并不能涵括年会所讨论的全部议题,甚至存在较大偏差。这样,我们上面分析的契合性和准确性就会大打折扣。有鉴于此,我们将结合年会具体议题作进一步的回顾梳理分析。不过,囿于篇幅及论旨所限,本文对于研究会年会的具体议题不再进行一一列表式分析和梳理,而是将具有代表性的年会议题作为样本对上述初步结论作进一步的检验与补充。

由上述可知,对于法理学自身进行较为集中进行讨论的,主要集中在以下几次会议:

一是于 1994 年 10 月在山东大学举行的第 7 届会议,主题是"建设有中国特色社会主义理论与法理学发展",此次会议共有 70 余名专家学者

---

① 参见张文显:"法学基础理论研究还很薄弱",《人民日报》,2017 年 6 月 2 日,转引自中国法学网 http://www.iolaw.org.cn/showNews.aspx?id=59447,2018 年 2 月 11 日最后访问。

参加,收到论文 40 余篇,主要讨论的问题是:"中国法理学更新的紧迫性""中国特色社会主义理论对法理学的指导意义""法理学的地位及其改革的理论前提""法理学更新需要解决的若干问题"以及"关于若干法的基本理论的发展"等。此次会议上的学者已认识到,"中国法学的繁荣并不意味着法理学的繁荣。中国法理学至今仍未走出低谷,在国家决策中仍未取得应有的地位。1992 年之前的法理学基本上仍是传统的封闭的法理学,要使法理学与市场经济相联系,必须突破传统的模式",并思考"法理学如何定位""法理学以及广义的理论究竟有何价值""法理学有无自己的学术价值"以及法理学的独立性等问题。①

二是于 1995 年 7 月在昆明举行的第八届会议,主题是"走向 21 世纪的法理学",此次年会适逢法理学研究成立十周年庆典,与会者逾百人,收到论文近 70 篇,会后仅年会综述就至少有 5 篇②。对于主要讨论的问题,周永坤总结为"对十年法理学研究的基本估价""21 世纪的法学应是什么样的法学""现代法律精神问题""对重要法观念的认识"③;桌泽渊总结为"开拓进取中的中国法理学""中国法理学走向新世纪的道路和目标""法理学的基本原理问题研究""社会主义和法理学的时代精神"及"邓小平同志的法律思想"④;李林则总结为"中国法理学的现状""现代法的理念与方法""现代法的精神""市场经济与中国法制的现代化"与"走向 21 世纪的中国法理学"⑤;尤俊意则总结为"关于邓小平民主法制思想""关于法

---

① 付子堂:"法理学走出传统,迎接新世纪——1994 年全国法理学年会主要观点综述",《中外法学》,1995 年第 1 期。

② 主要有:李林:"走向 21 世纪的法理学——1995 年全国法理学年会综述",《中国法学》,1995 年第 5 期;周永坤:"中国法学会法理学研究会 1995 年年会综述",《天津社会科学》,1995 年第 6 期;桌泽渊:"走向 21 世纪的中国法理学——1995 年法理学年会述评",《现代法学》,1995 年第 6 期;尤俊意:"走向廿一世纪的法理学——全国法学理论研讨会观点精要",《政治与法律》,1995 年第 6 期;章戎、肖丽萍:"探索与超越:走向 21 世纪的中国法理学——中国法学会法理学研究会 95 年年会综述",《云南法学》,1995 年第 3 期。

③ 周永坤:"中国法学会法理学研究会 1995 年年会综述",《天津社会科学》,1995 年第 6 期。

④ 桌泽渊:"走向 21 世纪的中国法理学——1995 年法理学年会述评",《现代法学》,1995 年第 6 期。

⑤ 李林:"走向 21 世纪的法理学——1995 年全国法理学年会综述",《中国法学》,1995 年第 5 期。

理学本位理论""关于走向 21 世纪的法理学""关于社会主义民主与法制建设""关于权力与权利""关于市场经济与法制";章戎昱、肖丽萍则总结为"世纪之交的中国法学及法理学的现状与'转轨'""步入新世纪的中国法理学对现代法精神的研究与探索""应注重法律理论思维方式的构建与培养"①。尽管上述总结基于的角度和关注的重点不完全相同,但学者们普遍认为虽然"过去十年法理学取得了很大成绩",却仍然有不足,并再次强调指出,"法理学总体上仍未摆脱落后于立法、落后于部门法学研究的境地。法理学仍有许多基本理论瓶颈未能突破,仍不适应市场经济建设的需要。时下的法学,特别是法理学是阶级斗争时代和计划经济时代的产物,它的基本价值取向和观念体系以及基本理论架构不适应于 21 世纪的社会和法理需求,因此必须超越它、扬弃它,走出封闭与孤立,汇入人类法文化的海洋"。② 然而,虽然"本次年会洋溢着浓厚的学术和研究气息",但"百家'争鸣'还不够"。③

三是于 1999 年 8 月在上海召开的第 12 届会议,主题是"跨世纪法理学的回顾与展望",有 80 余位专家学者参加。此次会议"认真总结了本世纪以来法理学在中国的创建与发展,深入剖析了当前我国法理学研究与教学的现状,展望了 21 世纪我国及国际法理学的发展趋势",主要议题是"关于邓小平的法理思想""关于中国法理学的发展""关于法理学教学和教材改革""关于法哲学与法律文化思想"以及"其他重大法学理论问题"如"法律关系""法律程序""法学流派和法学家"等。④ 可见这次会议,就法理学本身理论体系和学科体系进行了较为全面的讨论和交流。

结合上述历年会议主题列表,根据反思总结的惯例和规律,其他会议可能进行总结和反思的年份应当是年改革开放二十周年的 1998 年、法理学研究会成立二十周年的 2005 年、改革开放三十周年的 2008 年、新中国

---

① 章戎、肖丽萍:"探索与超越:走向 21 世纪的中国法理学——中国法学会法理学研究会 95 年年会综述",《云南法学》,1995 年第 3 期。
② 周永坤:"中国法学会法理学研究会 1995 年年会综述",《天津社会科学》,1995 年第 6 期。
③ 周永坤:"中国法学会法理学研究会 1995 年年会综述",《天津社会科学》,1995 年第 6 期。
④ 范劲松、万曙春等:"回眸与前瞻:跨世纪的法理学",《政治与法律》,2000 年第 1 期。

成立 50 周年的 2009 年、法理学研究会成立三十周年的 2015 年。1998 年春召开的年会,适逢党的十五大闭幕时间不久,会议的主题为"建设社会主义法治国家的理论与实践"。对此会议议题,有学者总结为"依法治国的指导思想与涵义""推进依法治国的战略及社会主义法治国家的发展道路"以及"近期所应解决的现实问题与法学现代化和思想解放"[①];也有学者总结为"从法制到法治""法治建设的操作""法治与道德伦理""法治与市场经济""法治与时代理念"[②]。可见,1998 年年会主题及主要讨论的议题并未主要针对法理学本身进行反思与讨论。之所以如此,可能的原因是,1994 年和 1995 年连续两年已经将此论题作为主题或主题之一,如果 1998 年再将此作为议题,间隔时间太短;另外,1999 年正好是中华人民共和国成立 50 周年,也是 20 世纪的最后一年,将此议题作为 1999 年的会议主题则具有多重纪念意义;还有,就是刚刚闭幕不久的党的十五大将"依法治国,建设社会主义法治国家"作为我国的治国方略,意义重大,法理学界有必要将此作为会议主题及时进行研究讨论。由此,1999 年年会将"跨世纪法理学的回顾与展望"这一法理学主题作为唯一主题进行全面系统讨论交流就显得恰如其分了。而 2008 年将法理学研究会年会与第七届亚洲 IVR 于吉林长春合并召开,2009 年是中国承办第 24 届世界法哲学与社会哲学大会,这两届都不可能将中国法理学本身作为讨论交流的主题和主要议题。由此,最后具有讨论可能的应当是 2015 年了。而 2015 年年会的主题是"中国法治发展道路",主要讨论了"法治中国的基本理论""国家治理体系的现代化与法治化""法治建设中的司法""法治进程中权利问题""法治评估""法律文化与法学知识"等议题[③]。

也就是说,自 1999 年年会之后,法理学界再也没有就法理学自身作为会议主题或主要问题进行反思与讨论了。但不进行讨论并非意味着对

---

① 张骐:"法治的理想与现实——依法治国理论与实践研讨会暨中国法学会法理学研究会年会综述",《中外法学》,1998 年第 2 期。
② 俞梅荪:"走向新世纪:法治的现实与趋势——依法治国理论与实践研讨会暨中国法理学研究会年会综述",《政治与法律》,1998 年第 5 期。
③ 杜建荣、李磊:"探寻中国特色的法治发展之路——中国法理学研究会 2015 年年会暨'中国法治发展道路'学术研讨会综述",《河南财经政法大学学报》,2016 年第 1 期。

此就没有再讨论的必要,不意味着自我的成熟与完善,而往往是将既有的问题遮蔽起来形成了集体性的不意识,而不断出现新现实、新问题又使自我面临诸多理论上挑战。当他人将在这种多重压力与挑战下的元点理论问题给揭示出来并试图连根拔起时,法理学自身就不可避免地面对被动局面了。

第四节　中国法理学向何处去

如果说上面主要是以中国法理学研究会年会主题为样本进行实证性分析得出的初步结论的话,那么接下来本文将从近些年主要既有研究文献来看中国法理学对自我反思的情况。

可以说法学界尤其是法理学界对于中国法学的未来发展的思考一直未有停止。比如,早在 1991 年,《中国法学》就以"九十年代我国法理学的发展"为题组织了一次笔谈,1994 年在其创刊十周年之际,又以"走向二十一世纪的中国法学"为题,组织发表了大型笔谈。1995 年《法律科学》也以"法理学的改革与发展"为主题组织、发表了系列笔谈。2000 年《法商研究》也组织了"以法理学向何处去"为题的专题讨论。2005 年《政法论坛》在同一年中连续四期集中刊发了邓正来 17 万余字的长文"中国法学向何处去",引起了相当大的反响。[①] 这种既有研究往往或是无意识地将中国法学等同于中国法理学[②],或是以中国法理学作为分析思考中国法学现实境况的蓝本[③]。中国法理学是否能够代表整个中国法学本身就是个问题,且日益受到来自部门法学乃至实务界的质疑与挑战。同时,既

---

① 参见姚建宗:"主题变奏:中国法学在路上——以法理学为视角的观察",《法律科学》,2007 年第 4 期。

② 如,邓正来先生的"中国法学向何处去"一文,虽然主题讨论的是中国法学,然而实际上却主要是以张文显、梁治平、朱苏力等法理学界学者的思想理论作为讨论对象。参见邓正来:《中国法学向何处去》,北京:商务印书馆 2011 年版。

③ 姚建宗:"主题变奏:中国法学在路上——以法理学为视角的观察",《法律科学》,2007 年第 4 期。

有研究多实际上是对过去的总结,通过"中国法学向何处去了"这种历史与现状来思考或解释其未来的发展走向与发展路径。简言之,即其背后的逻辑预设是过去预示乃至决定未来。

近年来,针对法理学自身的反思与研究也日益受到关注,如"中国法理学:从何处来? 向何处去?""中国需要什么样的法理学"等。就前者而言,主要是张文显、郑成良和徐显明"三剑客"结合亲身经历对过去"中国法理学从何而来"的回顾等几部分内容,在"中国法学向何处去"中,三个人分别总结了中国法学过去的贡献,指出了存在的诸多问题与不足。张文显指出"法学理论与实践脱节""法学研究成果量大质低"、研究范式和研究方法上"仍然深受概念主义和形式主义研究风格的支配";徐显明认为中国法学最大的问题是"脱离实际";郑成良则指出"中国法学研究的整体水平,不仅是法理学,各个学科的整体水平还称不上世界一流水平"。这些依然是对中国法学或法理学过去和现状的总结与分析。至于"中国法学向何处去"问题,"三剑客"却谈的比较简单,郑成良提出了"问题导向"问题,徐显明则强调"要建构有中国特色、中国风格、中国气魄的法学体系",张文显重点强调了"要构建话语权,构建我们的话语体系,提升我们的话语权"问题[①]。可见,该文就如何构建中国法理学问题并没有深入涉及。

而在"中国需要什么样的法理学"一文中,相比较而言,则谈得更多元些,也更集中于法理学本身。比如,徐爱国指出,法理学作为学科应具有三个基本要素,即"一贯的主题""逻辑体系""严密的论证";季卫东指出"法理学理论已经丧失了问题意识,或者说丧失了提出问题的能力"问题;桑本谦强调"法理学,或任何一种法学理论都需要回应具体的、现实的问题"的问题;舒国滢提出法理学到底应被看作"是一门'纯思'的学问"还是"实践之学、'经世致用'之学",即"学术和政治的紧张关系或内在张力"问题。还有,马剑银认为"中国法理学压根就没有真正出生过",而只有"法理学在中国",目前仅是反思和重构后者而已,并提出了"'百家争鸣'与'定于一尊'的张力"、法理学在中国"上不能仰望星空,下不能脚踏实地"

---

① 张文显、郑成良、徐显明:"中国法理学:从何处来? 向何处去?",《清华法学》,2017 年第 3 期。

的困境，最后给出了"立足中国""有赖于'大法学'观念""不要太关注现实，真正把握法律思想、法律智慧这些人类的遗产，好好去研究""先作学术规范、对话和沟通，不要着急于学派建设"四个建议。学者们还讨论了法理学与部门法学的关系问题，法理学与现实实践问题，法理学的一元与多元问题以及法理学学科与法理学教材问题等。①

尽管学界对于各种问题的看法不尽相同，其给出的药方也各有侧重。但可肯定的一点是，学者指出了当前法理学存在的诸多问题，且如此之严重，以致于已经危及到了自身的生死存亡。不论学者们如何质疑反思法理学或中国法理学，其重要性是不可否认的，不论是对于"实践"还是对于其在"法学知识体系的整个结构"中的"位置"而言②。由此，中国法理学需要从原点出发，重新进行自我反思，回归元点，唯有如此，才能作到"不忘初心，砥砺前行"。

一、回归中国法理学的理论元点

据既有文献显示，学界对元点的讨论并不太多，多集中在其他学科，如"春节：中华民族的时间元点和空间元点"③"儒家道德形而上学的论述元点、价值依据及对其的追求"④"相：柏拉图诗学与美学思想方法论的元点——《柏拉图全集》阅读札记"⑤"自爱与利己：西方德性论与功利论伦理学对立的元点"⑥"元点智慧再认识——试论太极的理论意义与现实意

---

① 季卫东、舒国滢、徐爱国、桑本谦、陈景辉、聂鑫、马剑银："中国需要什么样的法理学"，《中国法律评论》，2016 年第 3 期。
② 参见陈景辉："法理论为什么是重要的——法学的知识框架及法理学在其中的位置"，《法学》，2014 年第 3 期。
③ 陈建宪："春节：中华民族的时间元点和空间元点"，《民俗研究》，2010 年第 2 期。
④ 关健英："儒家道德形而上学的论述元点、价值依据及对其的追求"，《哲学研究》，2010 年第 3 期。
⑤ 李衍柱："相：柏拉图诗学与美学思想方法论的元点——《柏拉图全集》阅读札记"，《山东师范大学学报》（人文社会科学版），2005 年第 6 期。
⑥ 朱海林："自爱与利己：西方德性论与功利论伦理学对立的元点"，《兰州学刊》，2006 年第 6 期。

义"①"科学技术人文元点的哲学解读"②"中国传统人论元点分析——以马克思对资本逻辑起点分析为鉴"③,等等。法学界对于元点的讨论要数曹兴的专著《中西元点政法比较:三王主义和三民主义》一书④,该书从中西文明古典源流上对比了中西政法的区别,旨在从根源上挖掘中国腐败的历史根源,以期对中国当下反腐提供启示和借鉴⑤。该论著显然具有强烈的实践功用,并非是对法理学本身问题的理论讨论。

法理学界对法理学理论元点的不关注是否就意味着这不是问题或者是个伪问题呢?由此,我们首先要讨论的是,是否应该有理论元点,即回归理论元点的可欲性、必要性和可能性问题。

对于这一问题,有必要对其核心词"元"的核心涵义进行一番梳理。在汉语世界里,"元"本义为头,其意思解释多达十余种,其中与本文可能相关有如下几层:1.在《说文解字》中,"元,始也",即当训首也。2."元"指"天",如"执元德于心而化驰若神"⑥。3."元"指"君",如"故国斜阳草自春,争元作相总成臣"⑦。4."元"有开始,开端之义,如元旦,"元年者何?君之始年也"⑧。5."元"指根源,根本之义,如元本、元序、元极。6."元"有元气之义,指人的精神、精气、正气。"元"还指道家所谓的道,如"元,无所不在也。人能守元,元则舍之;人不守元,元则舍之"⑨。由此,从某种意义上讲,元点可谓是一个学科之所以成立的内核,还是一个学科

---

① 刘明武:"元点智慧再认识——试论太极的理论意义与现实意义",《学术研究》,2004 年第 10 期。

② 任爱玲:"科学技术人文元点的哲学解读",《科学技术与辩证法》,2003 年第 6 期。

③ 陈用芳、董四代:"中国传统人论元点分析——以马克思对资本逻辑起点分析为鉴",《长白学刊》,2012 年第 6 期。

④ 曹兴:《中西元点政法比较:三王主义和三民主义》,北京:中国政法大学出版社 2015 年版。

⑤ 高全喜:"中西政法文明缘何有别——评曹兴著《中西元点政法比较:三王主义和三民主义》",《石河子大学学报》(哲学社会科学版),2015 年第 4 期。

⑥ "元"为"玄"的通假字,意为"天"。陈广忠译注:《淮南子》,北京:中华书局 2016 年版,第 24 页。

⑦ 文天祥:《得儿女消息》。

⑧ 《公羊传·隐公元年》。"元"古为"玄"之通假。

⑨ 方勇总编纂:《子藏·道家部·子华子卷》(第一册),北京:国家图书馆出版社 2014 年版,第 88 页。

的根本与起点,更是一个学科的精气神。如果没有它,这个学科就会土崩瓦解,不复存在了,或者魂飞魄散,行尸走肉,虽生犹死了。它还类似于计算机源代码,如果说源代码旨在将人类可读的文本翻译成为计算机可执行的二进制命令,那么一个学科的元点则旨在构架起其与其他学科相同的最一般理论意义上的纽带和桥梁。

由此,法理学作为法学中最具抽象性和一般性的学科,自然也离不开其理论元点。概言之,从法理学作为学科意义上讲,尽管对于何谓其理论元点可能存在诸多观点,但是就讨论其理论元点这一问题本身具有可欲性、必要性和可能性。这是因为学科是需要有理论体系和知识体系的,且还要有相对稳定的研究方法和思维方式。而如果是单纯研究则要宽泛得多。然而,如何寻求中国法理学的理论元点,却并非易事。

二、探寻中国法理学的理论元点

如前所述,对于类似于法理学理论元点问题,我国包括法理学界的整个法学界并没有太多的讨论。不过有些既有研究依然可能为我们讨论这一问题提供有助益的基础和借鉴。据既有文献来看,当前中国法学界,尤其是法理学界试图通过建构范畴及其体系而达致法理学自身的理论体系的构建,进而实现其学科的独立与自主。比如,童之伟认为法学的核心范畴应当是社会权利,基本范畴则由权利、权力、剩余权利、总体权利、义务和法构成。[1] 针对这一观点,有论者认为"法理学的核心范畴应当是具有普遍性、高度抽象性和简洁性的'元概念'"[2]。陈金钊则认为,应当将法学概念与法律概念区别开来,尽管两者之间多是重合的,法学范畴与法律范畴同样如此,权利义务不应作为法学的核心范畴,但并不排除它们作为法律的核心概念,社会权利的概念能否在法学中成立是值得研究的,就目

---

[1] 童之伟:"论法学的核心范畴和基本范畴",《法学》,1999 年第 6 期。
[2] 刘旺洪、张智灵:"论法理学的核心范畴和基本范畴——兼与童之伟教授商榷",《南京大学法律评论》,2000 年第 1 期。

前的研究看,其很难成为法学的核心范畴。① 有学者运用辩证思维方式,把反正合的思维方式运用于法律本质与法律现象、法律创制与法律运行、法律形式与法律价值、法律规范与法律事实、法律权利与法律义务、法律权利与法律责任、法律调整与法律秩序、法律继承与法律发展、法律主体与法律客体、法律实体与法律程序等 10 对"对偶式"的法学范畴的每对关系的逻辑思辨中,并辅之以必要的实证材料,以说明各对范畴内部的相互关系。② 还有学者从比较法的角度着重探讨了权利—义务与权利—权力关系各自生成的内在原因与逻辑联系,并对不同的观点进行评价,进而得出了权利—义务关系与权利—权力关系是并存的而并非统一的新观点。③

而对中国法理学学科自主性和独立性进行系统而持久的研究的当以张文显为代表。早在 1991 年,张文显就开始有意识地思考和研究法学的范畴问题,强调范畴意识的重要性,并对范畴体系和基石范畴进行了较为深入的讨论。④ 时值 2001 年,其论著《法哲学范畴研究》一书则集其多年研究之大成,以科学阐释法哲学范畴、推动法学理论体系建构、更新社会法律和法治观念为宗旨,以辩证唯物主义和历史唯物主义为指导,综合运用语义分析、历史考察、价值分析、阶级分析、比较研究等方法,对范畴和法学范畴进行了全方位的哲学分析,对法哲学的基本范畴、中心范畴、基石范畴作了层层深入的科学分析,构建起了以权利为基石范畴,以权利与义务为中心范畴,加之基本范畴和一般范畴的整个范畴体系,并在此基础上提出和论证了当代中国法哲学研究范式及其转换,形成了自己的范畴理论体系。⑤ 此论著不仅对范畴体系进行了系统阐述,还提出了法学的范式概念,运用范式对中国法学的变迁进行了概括与梳理。其后,张文显

---

① 参见陈金钊:"论法学的范畴体系",《法学评论》,2000 年第 2 期。

② 参见谢晖:《法学范畴的矛盾思辨》,济南:山东人民出版社 1999 年版、2017 年版。

③ 参见范进学:"论法学核心范畴",《法律科学》,2001 年第 1 期。

④ 参见张文显:"论法学的范畴意识、范畴体系与基石范畴",《法学研究》,1991 年第 3 期。

⑤ 参见张文显:《法哲学范畴研究》,北京:中国政法大学出版社 2001 年版。

又对法学范畴进一步研究和思考,试图进一步完善其法学范畴体系理论。① 然而,尽管如此,我们发现,在上述研究中,张文显和其他论者同样,在法学、法理学乃至法哲学之间并没有进行严格区分,由此导致其常常将法学范畴、法理学范畴、法哲学范畴混在一起使用。这样导致的后果是,法理学与法学、与其他部门法学相混同,这样法理学的独立性与自主性就不可能真正实现。这或许是几十年来,法理学依然没有摆脱幼稚和落后,面临来自各方挑战的被动局面,其独立性和自主性不能得到普遍认可的症结之所在。在本文看来,法理学界首先想到这一问题症结的依然是张文显先生。他在 2017 年发表的一长文中不再仅限于对法学范畴,或者说法理学范畴体系的思考与研究,而是强调提出了法理学应当回归法理这一中心主题,并在此基础上成为整个法学共同关注的对象。他对"法理学研究对象"进行深刻的"学术检视"与反思,由此从"作为法理学研究对象的'法理'""法治实践和政治与公共生活中的'法理'角度对"法理"之所以应当作为法理学的研究对象和中心主题进行了系统的阐释和论证,最后研判认为将进入"迎接中国法学的法理时代"。② 笔者认为,就法理学学科独立和自主而言,该文不仅意味着张文显先生自我的学术转向和思考的深入和升级,而且对法理学而言,学术贡献之一就是唤醒法理学界的法理意识,使我们在几十年的迷茫与曲折中猛然惊醒,原来出路可能就在出发的元点,揭开问题症结的钥匙就在我们的手中,只是我们只顾赶路,忘记了出发点和自己手中已经攥着的东西。

不过,如果仅将法理作为法理学的研究对象和中心主题则是远远不够的。如果说,法理是法理学的研究对象的话,那么是其唯一的研究对象还是众多中的一个呢? 如果是前者,显然不太可能,因为法理学不可能完全不关注和研究本体论意义上的法律、规范、权利、权力、义务、责任、法律关系,或价值论意义上的正义、平等、自由、秩序、人权等,或运行论意义上的立法、执法、守法,等等。即便是可能,如果法理学仅仅将法理作为研究

---

① 参见张文显:"论法学的范畴体系",《江西社会科学》,2004 年第 4 期。
② 参见张文显:"法理:法理学的中心主题和法学的共同关注",《清华法学》,2017 年第 4 期。

对象,法理学也是干枯和单调的,失去了其丰富多彩和意义,也是封闭而僵化的,阻却了与部门法学、与其他学科沟通的可能。或许正是基于此,张文显先生还强调了其作为法理学的中心主题。既然是中心主题,则意味着,其它研究对象和主题虽然也是法理学的研究对象,但是相比而言处于次中心地位。如果法理是法理学的中心主题,那么作为法理学中心主题的法理与作为法哲学研究范式和基石范畴的权利是什么关系呢? 两者间孰高孰低,孰主孰次? 还是有个时间的先后替代关系呢? 对于作为基石范畴的权利,笔者曾有不同的看法,认为"权利既是法学和法哲学的基石范畴,同时也与义务一起属于中心范畴,如果权利同时属于两个层次的范畴的话,这样使权利的定位不清晰,导致逻辑上的不严密"等问题,这样"权利就很难被再提升为作为位阶最高且唯一的基石范畴了",并提出了"法理作为中心主题的法理学的基石范畴可能是正义"的观点供方家批判。[1]

由此,从法理学学科自主性和独立性的实现角度而言,法理可能就是我们探寻的法理学的理论元点,与权利等其他所有范畴相比,具有更高的地位和价值,是整个法理学的精气神。主要理由如下:

一是法理作为法理学的理论元点,比其他概念更具有学理性、抽象性和概括性。它不仅可以作为"融通法理学和部门法学的共识性"[2]概念,担当起法理学作为一门学科应具备的基本要素的重任,还可以作为区别与沟通其他学科的桥梁与纽带。在使用层面上,虽然法理有诸多涵义,但其最本质与核心的意义则是法之道理、原理和学理等,其背后离不开讲理和逻辑,其思维方式离不开质疑与反思。一如我们所知,近现代所有的学科乃至科学,都是建立在理性的推理、论证或阐释基础之上的,只不过有的通过纯粹理性的推理与思辨,有的基于经验的实证归纳与分析。由此,一个学科离不开讲道理,讲逻辑,讲推理,离不开理性的反思与追问。因此,法理的"理"就与其他学科乃至科学具有共同的思维与论证基础,具有可共识性。这样法理学和法学就可以建立起与其他学科,如政治学、社会

---

① 参见钱继磊:"迈向法理时代的中国法学——兼与徐爱国教授商榷",《法学评论》,2018 年第 1 期。

② 张文显:"法理:法理学的中心主题和法学的共同关注",《清华法学》,2017 年第 4 期。

学、哲学等沟通、交流和对话的基础和桥梁了。而法理还可以作为区别于其他学科的最小公倍数意义的概念,因为尽管所有学科都讲理,但所讲的理又有所不同。法理学的法理阐释的是关于法的理,而不是其他的理。

二是作为法理学理论元点的法理,也可以担当法学内部,即法理学与其他部门法学之间的最大公约数,在学理、方法论和思维方式等方面统领和引领其他部门法学。我们知道,近现代法学是讲道理之学,其主要实践场域和实践方式——法庭辩论就是充分证明。从这一点上讲,所有近现代法学,不论是法理学,还是部门法学,或是法律实践,讲理、辩论都是其精神实质和灵魂所在,否则就不能称之为真正的近现代法学。因此,法理自然就可以也能够胜任担当起包括部门法学在内的整个法学的理论重任、思维重任和方法论重任。另一方面,即便是一个具体案件、具体判决,我们进行分析和判断的每一步都应当讲理、讲法理、讲逻辑和论证。不论是立法者、司法者、律师,还是法学教授,其进行立法、修改或废止,其给出观点的过程和依据都离不开讲法理、说法理、讲逻辑。这样一来,作为法理学理论元点的法理不仅可以从逻辑体系上将法理学与其他部门法学形成一个较为完整的体系,即法理学、部门法学、部门法学,还可以将理论法学界和法律实务界之间的隔阂打通,甚至还可能将整个法学界和法律界、社会法治实践和政治与公共生活打通。当然,需要强调指出的是,作为法理学理论元点的法理与作部门法学所讲的法理不能完全相同,否则就又回到法理学单向度地认为其可以统领甚至替代部门法学的自我满足的老路上去了。这样一来,就可能会很好地缓解法学界所指出的法理学与部门法学之间、法理学与法律实务界之间的隔阂、漠视乃至紧张的关系。

三是作为法理学理论元点的法理可有效解决法理学界内部的纷争与巨大分歧,实现法理学界在基本共识下的多元对话和论争,不断增强全球层面的国际对话能力,逐渐形成中国自己的学派,真正在世界法理学和法学领域有一席之地,建立起全球范围内受人尊敬的、以理服人的中国气派的法理学和法学流派的关键。可以说,在国内,目前中国法理学的现状依然是"有一千个法理学家,就会有一千种法理学体系"①,或者说目前只有"法理学在中国",还没有"中国法理学"②,甚至对此更为严重的判断是"山头主义"③;在国际上,中国法理学缺乏应有的对话能力、参与能力和主导能力。唯有通过不断地提高说理意识和说理能力,中国法理学才可能在对话与交流中找到并不断增加"重叠共识",进而形成以讲法理来统领整个法理学界的自主而独立的学科,也才能在全球因具有前沿性、时代性和理论性而受人尊敬,自主地获得话语的主导权和支配权。

三、中国法理学的能与不能

在本章的最后,需要强调指出的是,一如我们所知,任何的理论的解释力或证明力都是有限度的。在将价值多元、维度多元作为我们当今时代基本共识的前提下,任何哪怕是对既有观点或理论一点点的推进或修正,都将毫无疑问地成为同行反思与批判的靶子。当然,如果我们自己有意或无意地将自己的观点或理论视为排他性或唯一性的理由的话,那么这就进入了理性建构或者语言专制的牢笼了。由此,笔者必须指出,本章与其说是旨在提出一个新的观点或对既有观点进行不同的理解或推进,毋宁是将中国法理学如何实现真正独立和自主这一问题再次揭示出来,抛砖引玉,以期法学界尤其是法理学对此问题进行更广泛的关注和更深入的思考和论辩,使中国法理学能够成为真正受人尊重,具有真正独立自主地位的中国气派的学科和学问。

沿此思路,还需强调指出,本章所试图提出的中国法理学的理论元点并非是一劳永逸的,对此进行讨论和探寻本身就是变动不居的。其间可能就会不断地试错和调整。即便是学界对此有了更广泛的共识性认可,理论元点也不能囊括法理学的所有理论,不可能解决中国法理学的所有

① 张文显:"法理:法理学的中心主题和法学的共同关注",《清华法学》,2017年第4期。
② 参见季卫东、舒国滢、徐爱国、桑本谦、陈景辉、聂鑫、马剑银:"中国需要什么样的法理学",《中国法律评论》,2016年第3期。
③ 邓正来:"中国学术界的'山头主义'",中国民商法律网,2018年2月13日访问。

问题。它必须与法理学基石范畴等形成的范畴体系一道,才有可能构建起相对完备而系统的理论体系和思维体系。而法学范畴、法理学范畴、法哲学范畴、部门法学范畴等之间是何种关系,法理学范畴体系的构建等问题,是极其复杂的理论问题。囿于本章的篇幅及论旨所限,笔者将就此类问题以后作专门讨论。

最后,即便是法理学本身亦是如此,法理学有其自我解释的限度和合理范围。法理学不能期望自身能解决或者解释所有问题。任何一个学科都不能自视为上帝,成为解决一切问题症结的"救世主",否则就是"上帝死了""契约的死亡"或"人权的终结"式的结局。由此,法理学,尤是中国法理学必须守住自己的底线和天空,作好自己分内之事,在能与不能、为与不为之间找准自己的位置。比如,法理学不能过多地联系具体实践。因为理论联系实践的前提是,理论和实践本身不是一回事,而是相区别开来的两回事,即理论应当是高于实践、不同于实践的。如果理论本身就是实践,或者理论自身甘愿矮化为实践本身,那么后果则是两败俱伤,理论自然也就失去了其独特的优势和自主性了,就不可能指导和引领实践了,反过来还可能被实践本身所轻视乃至漠视。又如,法理学与政治政策需要保持合适的距离,因为政治政策随意性较大,且具有很强的支配属性,如果法理学与此不能保持"必要的张力"①,则法理学就很容易被其所绑架,而法理学对理论的高度抽象概括性特征决定了法理学的理论不能随意改变,需要保持一定的稳定性和连续性。唯有此,才能不受其他因素的过多干涉,才能保持自我的长久独立与自主。

---

① 托马斯·库恩指出:"科学发展有其内部的动力,科学革命有其内在的逻辑",其实法理学的独立自主发展也何尝不是如此呢? 参见[美]托马斯·库恩:《必要的张力:科学的传统和变革论文选》,北京:北京大学出版社 2004 年版。

第三章

法理学的范畴及其体系

第一节　作为法理学元范畴的法理

一、法理学的元范畴问题

过去几十年来,我国近现代意义上的法学,不论是学科体系、法学教育和还是法律体系和法律实践等都取得了巨大成就。然而这与法学所应发挥的作用,与国家社会的需要和人们对法的期求还有很大距离。其中法理论与部门法间如何更好地协调与互动,两者如何共同构建起具有中国特色又具世界水准、受到普遍认可和尊重的法学学科理论体系和话语体系就是一个亟待解决的问题。学界不论是对中国法理学是否存在或死亡之质疑[①],还是对法理学作为部门法学的指导性学科所面临的困难[②],或是对于法理论"缺乏实践效果"(无用论)和"与部门法知识

---

① 对此类论点的梳理,参见钱继磊:"迈向法理时代的中国法学——兼与徐爱国教授商榷",《法学评论》,2018年第1期。
② 田夫曾以法理学教材为例进行过较为具体的考察。参见田夫:"法理学'指导'型知识生产机制及其困难——从法理学教材出发",《北方法学》,2014年第6期。

重合"(冗余论)的双重怀疑①,以及"社科法学"与"法教义学"之争②等,可以说,都是这一问题的体现。简言之,对于中国法理学而言,其依然面临着"内忧外患"③,面临着来自部门法学界的和法实务界的质疑,即"法理论有什么用"④,同时还面临着如何构建起"可以称为'中国的'法理学"⑤的学术担当的挑战。

对于来自法理学之外的质疑,尽管中国法理学界学者从不同角度进行了有针对性的回应与有力批驳⑥,但不论是针对上述质疑,还是法理学自身,仅回应和批驳是不够的,更需自我的转型升级,进行更高水平的体系化、理论化。或许正是在这个意义上,张文显教授深刻意识到了这一点,提出并系统阐释了"法理"应为"法理学的中心主题和法学的共同关注"⑦。此后,他又指出,在新历史起点上,应以法学范畴与法理研究的对接为抓手,开启新时代中国法学科学化、现代化的新征程⑧。近年来,关于法理作为法理学和法学共同关注的对象和论题已成为法理学和法学界研究和讨论的热点之一。目前围绕法理相关的研究业已取得丰硕成果,

---

① 陈景辉在阐释"法理论为什么是重要的?"时,曾区分了对法理论"缺乏实践效果"(无用论)和"与部门法知识重合"(冗余论)的双重怀疑,并分别予以了回应。参见陈景辉:"法理论为什么是重要的? ——法学的知识框架及法理学在其中的位置",《法学》,2014 年第 3 期。

② 在我国学界"社科法学"最初是针对"政法法学"而提出来的,近年来却似乎与"法教义学"具有了更多学术比较和论争意义。"法教义学"(Rechtsdogmatik)曾被翻译为"法律信条学""法信条论""法释义学",只是近年来才多被以"法教义学"提及并广泛讨论。

③ 雷磊:"《法理学有什么用》导读",载[德]马蒂亚斯·耶斯泰特:《法理论有什么用》,雷磊译,北京:中国政法大学出版社 2017 年版,第 1 页。

④ 在德国似乎也面临这样的质疑,马蒂亚斯·耶斯泰特就曾对其国内对法理论的种种质疑声音进行了梳理总结,并对其进行了论辩。"法理论有什么用?"便是其论著的题目。参见[德]马蒂亚斯·耶斯泰特:《法理论有什么用》,雷磊译,北京:中国政法大学出版社 2017 年版。

⑤ 於兴中:"如何发展'中国的'法理学?",《中国法律评论》,2019 年第 2 期。

⑥ 如陈景辉:"法理论为什么是重要的? ——法学的知识框架及法理学在其中的位置",《法学》2014 年第 3 期;雷磊:"法理学及其对部门法学的意义",《中国法律评论》,2018 年第 3 期;陈景辉:"部门法学的教义化及其限度——法理学在何种意义上有助于部门法学",《中国法律评论》,2018 年第 3 期;雷磊:"法哲学在何种意义上有助于部门法学",《中外法学》,2018 年第 5 期。

⑦ 参见张文显:"法理:法理学的中心主题和法学的共同关注",《清华法学》,2017 年第 4 期。

⑧ 张文显:"迈向科学化现代化的中国法学",《法制与社会发展》,2018 年第 6 期。

既有对法理本体论上的探讨与阐释①,也有从认识论上如何发现或提炼的思考②,又有从历史维度对中国法理及法理学的变迁进行梳理或阐释③,亦有从外部视角就政治等领域对法理的抽象与梳理④,另有对法理在指导性案例中的实践运用及其效果⑤以及部门法中的法理的研究和探讨⑥等。既有研究对于深入讨论法理及其在法理学和法学中的地位和作用提供了坚实的基础,无疑具有积极意义。然而作为体系化、科学化学科的法理学和法学而言,需要进一步思考的是,法理是作为法理学的唯一中心主题还是中心主题之一? 法理作为法学共同关注的对象之地位如何? 进言之,法理是否仅为法理学的中心主题? 法理是否仅仅为法学的共同关注? 换言之,法理能否成为法学至少是法理学的范畴? 如果可能,则其在范畴体系中处于何种地位? 其作为法理学乃至法学的范畴是在何种意义上讲的,以及其限度如何? 由此,在既有研究的基础上,本文对法理作为法理学元范畴的可能性、正当性、其意义及限度尝试作进一步思考、讨论和阐释。

二、法理应为法理学元范畴之可能

如果要提出法理应为法理学之范畴这一观点,则应分析和解决法理、法理学及范畴这几个概念间的逻辑勾连问题。何谓法理学,学界并非已形成共识,对于法理学、法教义学、法哲学、法理论等概念间的关系在欧陆

---

① 瞿郑龙:"如何理解'法理'?",《法制与社会发展》,2018 第 6 期;王奇才:"法谚与法理",《法制与社会发展》,2018 年第 4 期;李晓辉:"论法理的普遍性:法之'公理'、'通理'与'殊理'",《法制与社会发展》,2018 年第 3 期。
② 丰霏:"如何发现法理?",《法制与社会发展》,2018 年第 2 期;邱本:"如何提炼法理?",《法制与社会发展》,2018 年第 1 期。
③ 胡玉鸿:"民国时期法律学者'法理'观管窥",《法制与社会发展》,2018 年第 5 期;蒋楠楠:"传统经典中的法理及其现代价值——以《唐律疏议》为研究中心",《法制与社会发展》,2018 年第 5 期。
④ 李炳烁:"国家政治的法理:以合法性概念为核心的分析",《法制与社会发展》,2019 年第 1 期。
⑤ 孙光宁:"法理在指导性案例中的实践运用及其效果提升",《法制与社会发展》,2019 年第 1 期。
⑥ 黄茂荣:"论民法中的法理",《北方法学》,2018 年第 3 期。

法系与英美法系间、不同流派间以及国内不同学者间也都存在不同理解。"大道至简",最简单的表述往往也最具涵括力。最宽泛地讲,法理学即关于"法之理的学问"①。这种回答可将法理学与法理自然而然地勾连起来,使后者成为前者的中心主题乃至范畴成为逻辑上的必然。然而这却也引伸出这样一个前提性问题需要解决,即"法本身究竟有没有理"?②可见,能否阐明法理学本身是否有理,其理如何等问题,不仅应是法理学应关注的中心主题和要研究的基本对象,还关涉到法理学的学理根基,乃至决定着法理学作为学科独立性和能否对法学起到理论引领的核心命题。这正如"打铁还须自身硬",法理学首先需要讲好自己的理,更好地实现自身理论上的逻辑自洽和体系化,才能够回应和解决现实对法理的理论需求,进一步发挥在法学学科中的引领作用。

由上,法理为法理学中心主题应具有学理必然性,且前者应成为法理学需要思考和讨论的第一个基础性命题,因为如果缺乏对法理进行阐释的法理学不仅逻辑失洽和学理断裂,而且将失去其表达力、说服力和引领力。这似乎表明法理在法理学中的地位应当超越中心主题层次,即便是唯一的中心主题,然而,这也最多仅为法理作为法理学的范畴提供了一种可能。至于法理如何为法理学的范畴,则需要对范畴本身以及其与法理间的逻辑勾连关系进行阐释。

范畴(category)本来是一个哲学意义上的概念。如果作为人类认识成果的智慧结晶和思维形式,一般认为,它与概念(concept)并无实质区别。但需要强调指出的是,与概念相比,范畴"是内容更为抽象、概括性也更大的概念"③,是对客观事物的不同方面进行分析归类而得出的最为基本的概念。"哲学范畴作为外延最广、概括性最强的范畴,反映的是自然、社会和人的思维的最普遍的特性、层面和关系"④。它所反映的是事物的

---

① 夏勇、胡水君:《法理讲义:关于法律的道理与学问》(上),北京:北京大学出版社2010年版,第1页。
② 夏勇、胡水君:《法理讲义:关于法律的道理与学问》(上),北京:北京大学出版社2010年版,第4页。
③ 高清海:《高清海哲学文存》(第2卷),长春:吉林人民出版社1997年版,第285页。
④ 孙伟平:"哲学转向——哲学范畴的变迁",《求索》,2004年第1期。

本质属性和普遍联系性。在哲学中常用于对所有存在的最广义的分类，如爱奥尼亚哲学以物质基本元素为范畴，柏拉图区分了五种范畴，康德则把范畴作为先天的理性。在我国，范畴源于《尚书》中的"洪范九畴"①，其中第一畴即我们所熟知的"五行"。不过上述主要是从本体论视角来理解范畴的。若从西方哲学范畴史看，人们对范畴的认识经历了从以"本体"为核心的哲学范畴到哲学范畴的"认识论转向"，又发生了"语言学转向"及"价值论转向"。需要指出的是，上述的哲学范畴转向，并非是后者对前者的否定与替代，而是使得传统的本体论、认识论及其范畴的研究具有了一种新研究视角和方法。② 可见，在哲学那里，范畴不仅具有本体论意义，而且还具有认识论和方法论意义。

如果说"哲学范畴是指哲学及其各门相关学科共同使用的最普遍、最基本的概念"③，那么法理学范畴就应当是指法学尤其是法理学中最为普遍、最基本的概念。较早将范畴及范畴体系引入法学并进行系统研究的当属张文显教授。在《法哲学范畴研究》④一书中，他从范畴与概念、范畴与认识、范畴与实践、范畴与理论以及范畴的特性、范畴与范畴体系的关系方面进行了系统详尽的分析和阐释，并对范畴及范畴体系的发展和建构进行了梳理和阐释⑤。可以说，该书开创性地指出了"法学范畴体系是一系列个别范畴的有机集合"观点，并对马克思主义法学范畴体系进行了不同层面的类分⑥。尤其是，他对范畴的类分以及对法学范畴体系内部各层次范畴间的定位及功用进行了精辟阐释，对法学理论体系的深入研

---

① "鲧则殛死，禹乃嗣兴，天乃锡禹'洪范'九畴，彝伦攸叙"。《尚书·洪范》。
② 参见孙伟平："哲学转向与哲学范畴的变迁"，《求索》，2004 年第 1 期。
③ 陈吉荣："从哲学范畴到语言范畴再到翻译范畴——语言哲学的后现代发展路径"，《西安外国语大学学报》，2015 年第 4 期。
④ 此处作者使用了"法哲学"概念，但并未就法理学与法哲学进行区分。限于篇幅和论旨，本文在此处也不就两者的学理区分进行详细阐释，认为其所称的法哲学实质上就是指法理学。
⑤ 张文显：《法哲学范畴研究》，北京：中国政法大学出版社 2001 年版，第 2—11 页。
⑥ 如"与法学部门的划分相适应，法学范畴体系可以分为宪法学范畴、民法学范畴、刑法学范畴…"；"从范畴的类型看，法学范畴体系由法的本体论范畴、进化论范畴、运行论范畴、主体论范畴…"；"从范畴的层次看，在法学范畴体系内部，由于各个范畴反映法律现象的深度、广度以及科学抽象化程度的差别，亦即由于范畴包容的知识量和结构量的差别，可以划分为普通范畴、基本范畴、中心范畴和基石范畴"。

究具有积极引领作用,产生了持久影响。尽管对其范畴体系中各范畴的具体内容有不同观点,但这种逻辑严密的法学范畴及范畴体系的研究方法却值得学习和借鉴。也正是在其理念和思维的引领下,过去一些年来学界对法学范畴的研究成果颇丰,这不仅包括法理学界,还包括各部门法学界。①

　　从某种意义上讲,张文显教授提出"法理:法理学的中心主题和法学的共同关注"这一重要论题,是其对法哲学范畴的延续和升华,是其思想体系在新时代法理学的具体体现。然而,需要思考的是,为何他仅仅将法理作为法理学的中心主题和研究对象,而并非提出其作为法理学的范畴呢? 对此问题,他并未给予交代和阐释,从既有研究看,其他学者对此也未作关注。然而,在本文看来,之所以如此,可以从其法哲学的范畴体系观中得到启发。他认为,法哲学的范畴体系是由一般范畴、基本范畴、中心范畴和基石范畴构成的逻辑统一体。具体而言,普通范畴是对法律现象的某个具体侧面、某种具体联系、某一具体过程的比较简单的抽象,属于初级范畴,因而在部门法学中大量存在;基本范畴是以法律现象的总体为背景,对法律现象的基本环节、基本过程或初级本质的抽象,属于法学理论的基本概念;中心范畴是对法律现象总体的普遍联系、普遍本质、一

① 法理学界主要有:谢晖:《法学范畴的矛盾辨思》,济南:山东人民出版社 1999 年版;童之伟:"论法学的核心范畴和基本范畴",《法学》,1999 年第 6 期;陈金钊:"论法学的核心范畴",《法学评论》,2000 年第 2 期;杜承铭:"论作为法学范畴的自由",《法商研究》,2000 年第 1 期。刑法学界主要有:曲新久:"试论刑法的基本范畴",《法学研究》,1991 年第 1 期;陈兴良:"论刑法哲学的价值内容和范畴体系",《法学研究》,1992 年第 2 期;李永升:《刑法学基本范畴研究》,北京:中国检察出版社 2011 年版;牛克乾:"反思我国刑法解释的范畴及其体系——以刑法解释的效力层次为视角",《政治与法律》,2004 年第 3 期;刘艳红:"犯罪论体系:范畴论抑或目的论",《中国法学》,2008 年第 1 期;王燕飞:"'社会敌意'犯罪学范畴体系中的整体论思考",《湖南大学学报》(社会科学版),2013 年第 4 期;岳臣忠:"犯罪论的范畴体系",《西部法学评论》,2014 年第 3 期;袁林:《以人为本与刑法解释范式的创新研究》,北京:法律出版社 2010 年版。民法学界主要有:申卫星:《民法基本范畴研究》,北京:法律出版社 2015 年版。社会法学界主要有:李炳安:"社会法范畴初论",《福建政法管理干部学院学报》,2007 年第 3 期;李蕊、丛晓峰:"历史视角下的社会法范畴",《北京科技大学学报》(社会科学版),2007 年第 2 期;唐整秋、李建:"社会法范畴和体系探究——以社会法立法为视角",《当代法学》,2008 年第 2 期;杨奎臣等:"公共文化服务立法基本问题定位:社会法范畴与促进模式",《云南行政学院学报》,2013 年第 1 期。

般规律的高度抽象,在法学范畴体系中属于核心范畴;基石范畴则是中心范畴的主导范畴,它构成了整个法学范畴体系的逻辑起点和基石,并进而构成了法学理论体系的基石。① 可见,基石范畴是整个法学范畴体系的"基石、压舱石和定盘星,是最具核心和概括性的范畴,是整个范畴体系的逻辑起点"②。在其法哲学范畴体系中,权利居于至上的关键地位,它不仅与义务一起构成法哲学的中心范畴,还是法哲学的基石范畴,此外其作为更高层次的概念,构成了法哲学研究范式转换的核心范畴,即从阶级斗争范式到权利本位范式。即便是在法哲学的基本范畴体系中——包括法、法律行为、法律关系、法律责任、法治、法律价值、法律文化、法律发展,也未提及法理。③ 接下来需要思考的是,如果将法理作为法理学的范畴,那么它在上述的范畴体系居于什么层次和地位,与权利、义务、法等范畴间是何关系?

要思考这个问题,还是离不开对法理自身的理解。对于何谓法理,如前所述,既有研究已作了较为全面的本体论阐释,从最宽泛意义上讲,法理涵摄了"法之道理,法之'是'理""法之原理,法的学理、学说""法之条理""法之公理""法之原则""法之美德""法之价值""法之理据""法之条件""法之理论"④,乃至法的伦理、情理、器理、术理等,具有法认识论上的规律性、终极性及普遍性,法价值论上的目的性、合理性和正当性,是最具综合性和普适内涵的概念。⑤ 此外,也有学者从更宏观的角度,提出了"作为范式的法理"观,不过只是作为分析问题的框架,并未对这一命题自身进行阐释。⑥ 从法理的上述特性可知,如果它可以进入范畴体系,那肯定不是普通范畴,甚至不适合作为中心范畴,或许是与权利和权利本位类似的基石范畴和范式。

这样,法理学就可能会出现两个基石范畴乃至两个范式。如果从基

① 张文显:《法哲学范畴研究》,北京:中国政法大学出版社 2001 年版,第 14—15 页。
② 钱继磊:"迈向法理时代的中国法学——兼与徐爱国教授商榷",《法学评论》,2018 年第 1 期。
③ 张文显:《法哲学范畴研究》,北京:中国政法大学出版社 2001 年版。
④ 张文显:"法理:法理学的中心主题和法学的共同关注",《清华法学》,2017 年第 4 期。
⑤ 张文显:《法理学》(第 5 版),北京:高等教育出版社 2018 年版,第 28—37 页。
⑥ 李广德:"健康作为权利的法理展开",《法制与社会发展》,2019 年第 3 期。

石范畴的本意看,不适宜同时存在两个同样起决定作用的概念,因为两个基石范畴间不可能总是铁板一块,自然免不了会有高下之分。那么是否有必要将法理替代权利作为法理学的基石范畴,将权利本位范式置换为法理本位范式呢? 如果从两者的终极性、普遍性、综合性及抽象性之程度看,法理更胜一筹。这是因为不论是权利、义务还是权利本位,在法理学里,都可以对其法理进行讨论、论辩和阐释,即我们可以说研究关于权利的法理、关于义务的法理以及关于权利本位的法理。反之则不然,即我们无法研究关于法理的权利、关于法理的义务和关于法理的权利本位。然而,权利也有其优势所在。具体言之,权利最能体现近现代法和法学的鲜明特色,即以对权利的尊重和保障为目的,而且权利与义务作为双向调整机制使得法与其它社会规范相区分,如宗教规范、习俗规范等。若从此角度理解,法理仅仅被视为法理学的中心主题和研究对象,权利依然作为法理学的基石范畴,或许是经过深思熟虑的结果,这也是可以理解的。

有学者曾就权利作为基石范畴在当下新时代的适妥性进行过反思,并试图提出一种以正义为基石范畴的法理学范畴体系,其中也论及了法理不适宜作为基石范畴的理据。[①] 对于这一问题在此暂且不论。不过,不论是权利作为基石范畴,还是正义作为基石范畴,或者以其他概念作为基石范畴,其实质都是建立在知识层面上的建构主义思维模式。而作为法学中最具理论性、涵括性和抽象性的法理学或法哲学,其实质不应仅仅是知识和理论的建构,而应是更体现反思性的论辩思维。即便是近几年备受国内学者关注的法教义学,其必要特征也在于知识和方法的统一,即"作为知识的法教义学乃是围绕一国现行实在法构造的'概念-命题'体系,而作为方法的法教义学是一种受一般权威拘束的思维形式('教义法学')",它也逐步打破法教义学公理体系,开始接受其他学科或思维方式的影响,并具有了反思与批判的功能,走向了开放与包容的新法教义学。[②]

---

① 参见钱继磊:"迈向法理时代的中国法学——兼与徐爱国教授商榷",《法学评论》,2018 年第 1 期。
② 雷磊:"什么是法教义学——基于 19 世纪以后德国学说史的简要考察",《法制与社会发展》,2018 年第 4 期。

由此，即使是在学科理论知识建构层面，权利依然可以作为法理学的基石范畴，那么从法理学学科的高度反思思维性看，法理被视为法理学的范畴，或者更确切地讲，作为法理学方法论意义上的元范畴并非完全没有可能。对其作为法理学范畴及元范畴问题将在下文作更详细阐释。

三、法理作为法理学元范畴之初步证立

上述至多只是为法理作为法理学范畴提供一种理论可能，然而若要这一命题更具正当性，以及法理作为法理学应为哪个层面的范畴等问题，则需要对其作进一步的学理证立与阐释。若要提出法理为法理学之元范畴这一命题，则还需对构成这一命题的关键词——法理、法理学、元范畴——及其相互关系进行更为详尽的阐释。

如果仅就本体论意义上而言，如前所述，既有研究已经对法理本身进行较为全面讨论。从其最一般意义上讲，法理即法之理。也正是从这种最一般意义上进行概括，才具有最强的包容与涵摄性。具体言之，此处的法理之法，既包括自然法、哲理法或伦理法意义上的应然之法，也包括实证法意义上的制定法、规范法等，还包括社会法意义上强调社会秩序、社会利益或社会效果的社会法、民间法等；此处的法理之理，既包括最具抽象和一般的哲理或道理，也包括强调客观、中立之实证精神的科学之原理，还包括强调价值伦理的情理，等等。若从方法论角度，法理则是一种研究思维方式。它是与法律思维及法治思维相区别的一种思维方式，是一种"建立在尊重法律规范、法治秩序之上的综合决断方式"，其根本特点与其说是"强调思维决策过程的法治之理"，毋宁说是"对所有法律假定和拟制使用批判思维、体系思维和反省思维，……"①。

法理学则是法理学科的简称，是"关于法之理的学问"②。然而，若进一步梳理，学界对于法理学的理解存在诸多分歧。这也是导致法理学与

---

① 陈金钊："法理思维及其与逻辑的关联"，《法制与社会发展》，2019年第3期。
② 夏勇：《法理讲义——关于法律的道理与学问》（上），北京：北京大学出版社2010年版，第1页。

部门法学之关系在法学界一直"悬而未决"的重要因素之一。囿于论旨及篇幅所限,本文并不打算对法理学本身进行详尽论述和阐释。一般认为,法理学是法学的一般理论,是法学的基础理论,是法学的方法论和法学意识形态。① 可以看出,从学科意义上,这种理解是针对将法理学置于其在整个法学中的地位和作用以及其与其他法学学科的关系而言的。然而,若从相对独立于其他法学学科的法理学学科自身而言,法理学自身的知识理论体系和方法论问题依然值得思考和讨论。也就是说,法理学自身应当不仅仅是一套知识理论体系,还是一种研究和思维方法。换言之,从法理学学科角度,法理学不仅是关于法理、探究法理的知识理论体系,而且也是关于法理思维和法理研究方法的学问。

也正是从法理学学科意义上,法理才可能具有学科范畴上的意义和功能。首先,作为学科的法理学自身是一个知识体系完备的理论大厦,而组成这一理论大厦的最基本的材料则是其范畴,并由不同层次的范畴构成其范畴体系。在法理学诸范畴及其所构成的范畴体系中,能够统摄所有范畴的只能是法理。比如,本体论意义上的范畴主要有法、法律、法律规范、法律原则、权利、义务、法律行为、法律部门、法律体系、法律关系、法律责任、法的渊源、法的效力,等等。从法理学学科角度,我们可以也只能通过法理将其统摄起来,即法理学旨在讨论、反思、探究和阐释这些本体论范畴的法理,如关于法律的法理、法律原则的法理、法律行为的法理,等等。又比如,价值论意义的范畴主要有正义、秩序、自由、效率、和谐,等等。法理学同样旨在讨论、反思、探究和阐释这些范畴背后的法理,即关于正义的法理、秩序的法理、自由的法理、效率的法理、和谐的法理,等等。其他类型的范畴,如运行论范畴、进化论范畴、主体论范畴等,也是如此。

其次,作为学科的法理学自身还应当是一个相较于其他法学学科而言具有鲜明特性的思维方式和研究方式。从这一点上看,法理学的本质与其说是知识理论体系的建构,毋宁说是以反思与批判为特性和根本方式的理论进化。也正是其这个特性方式,使得法理学在开放包容、交流互

---

① 张文显:《法理学》(第五版),北京:高等教育出版社2018年版,第25—28页。

鉴中不断取得新的进步,永葆自身理论的生命力。而法理学学科意义上的法理则是这一特质的最集中的体现。对于这一论断,本文在下文中还将进行更为详细的讨论和阐释。对于法理作为思维方式和研究方式在法理学范畴中的这种地位和功能,依然可以通过实例来进一步说明。以本体论范畴中的权利这一范畴为例,对其理解和探究的不断深入,所依凭的是通过法理式反思和论辩来实现的。具体言之,需要从某种维度对既有关于权利的研究进行梳理和归纳,通过对既有研究的反思与批判,寻求推进权利理论的可能及路径,然后才能有逻辑地推进权利研究的深度,出现并形成关于新兴权利理论[①],使整个权利理论体系更具有解释力和包容力。再以价值论范畴中的正义这一范畴为例。我们知道正义是法学尤其法理学中非常重要的范畴,但人们对其理解的分歧却一直存在,有学者形容其有着"普洛透斯似的脸"[②],形象地揭示了学界对其理解的多元与分歧之局面。尽管如此,约翰·罗尔斯在对功利主义正义观进行质疑反思批判的基础上构建起以"正义二原则"[③]为构架的正义理论体系,将人们对正义的研究推向了一个新高度。

由上,从法理学学科角度,法理作为法理学的范畴体系中的重要组成部分是可行且必要的。从其在本体论和方法论的地位和作用,法理在法理学的整个范畴体系中具有最根本性。具体言之,在本体论意义上,法理作为元范畴比作为基石范畴的权利等更具涵摄力和根本性;在方法论意义上,作为元范畴之法理的反思性、体系性特征比作为基石范畴的权利更体现法理学学科所具有的思维特性和研究方式。

由此,可以说,相较于作为基石范畴的权利等,将法理称为法理学的

---

① 新兴权利研究是法理学乃至整个法学界日益受到关注的论题,并取得了丰硕成果。该理论首先由姚建宗教授在其"新兴权利论纲"(《法制与社会发展》,2010 年第 2 期)一文中得到系统阐述。本人对于新兴权利进一步的讨论,参见钱继磊:"论作为新兴权利的代际权利——从人类基因编辑事件切入",《政治与法律》,2019 年第 5 期;钱继磊:"个人信息权作为新兴权利法理反思与证成",《北京行政学院学报》,2020 年第 4 期。

② [美]E. 博登海默:《法理学:法律哲学与法律方法》,邓正来译,北京:中国政法大学出版社 2004 年版,第 261 页。

③ 对于"正义二原则"的具体内容,详见[美]约翰·罗尔斯:《正义论》,何怀宏等译,北京:中国社会科学出版社 1988 年版,第 56 页。

元范畴具有学理上的证立性。作为元范畴的法理与作为基石范畴的权利等之间是一种位阶性包含关系,即类似于汉斯·凯尔森"等级规范秩序"中的"基础规范",法理作为法理学的元范畴,在其整个范畴体系起到"基础规范"作用。不过需要指出是,在渊源上,它与凯尔森的"基础规范"又存在很大不同。凯尔森的"基础规范"是一种纯粹预定的产物,而法理作为元范畴则是法理学自身特性的自然结果。① 此外,在方法论上,法理对法理学其他范畴在思维和研究方式方面所具有的统摄力、包容力也是"基础规范"不能比拟的。

四、法理作为法理学元范畴之意义

即便法理作为法理学的元范畴具有学理上的正当性,但要对其进行更充分的证释,还应当阐明法理作为法理学范畴的价值及意义。在笔者看来,法理作为法理学的元范畴至少可以有如下意义:

其一,法理作为法理学范畴,使其在知识论上对法理学其他范畴更具综合性和涵括力。虽然上文主要是从方法论角度论及了法理作为法理学范畴的正当性,然而方法论与知识论两个层面又不能完全孤立开来。在某种意义上讲,知识理论体系既是一种逻辑严密、自洽的相对封闭体,而同时又是在对来自实践或建立在前者之上的理论问题的探索中形成的智慧之钥匙。由此,源于欧陆法系尤其是德国的论题学以及我国学者所强调的面向实践的法学和法理学就是对这一点的强调②。然而,在试图探讨和解决论题时,不可能离开对某种思维维度的选择,或是有意或是无意

① 参见 Hans Kelsen, Pure Theory of Law, University of Califonia Press, 1967, pp. 221 – 222.
② 国内较早研究论题学的是舒国滢教授,他指出,"实践性构成了法学的学问性格,法学是论题取向的,而不是公理取向的"。参见舒国滢:"寻访法学的问题立场——兼谈'论题学法学'的思考方式",《法学研究》,2005 年第 3 期。其他代表性论著可参见焦宝乾:"论题学思维及其在我国的意义初探",《南京大学法律评论》,2009 年第 1 期;舒国滢:"走近论题学法学",《现代法学》,2011 年第 4 期;徐国栋:"从'地方论'到'论题目录'——真正的'论题学法学'揭秘",《甘肃社会科学》,2015 年第 4 期;何卫平:"论题学与解释学",《山东大学学报》(哲学社会科学版),2018 年第 1 期。

的。也就是说，即便是传统法教义学及其所依凭的法律实证主义维度，其看似追求客观中立或者事实描述的立场，实则依然是一种无立场的立场。由此，当我们谈到知识论或方法论时，类似于谈论一个硬币的两个不同的面，只是所强调和突出的维度不同而已。

从知识理论体系看，法理应是法理学的逻辑起点，贯穿于其整个知识体系和理论体系之中。然而，从既有研究看，我国法学界往往对究竟是法学层面的范畴还是法理学的范畴并未进行详尽区分。如前所述，《法哲学范畴研究》中讨论的基本范畴、中心范畴和基石范畴，往往也是部门法学界讨论的概念范畴。这样就难以凸显出法理学相较于部门法学所具有的优势和特色来。由此，在本文看来，法理学与部门法学的优势与特色的差异，除了所关注的具体内容并非完全相同外，更主要的是其所具有的强烈的说理性，即讲好、讲透法之理成为法理学最为显著的特征和优势。也正是基于此，有学者将部门法学的知识主体归结为法教义学，而认为更突出反思性和说理性的法哲学（即本文所称的法理学）则是关于法的一般哲学理论。①

如果将法理作为法理学本体论意义上的范畴，则可以将法理学中的基本范畴体系、中心范畴体系以及基石范畴在内在理路上一以贯之地链接起来。换言之，在对法理学范畴体系进行建构之前，应当首先有一个范畴作为其逻辑起点和结构大厦之基础，这个范畴概念就是法理，由其作为构建法理学整个范畴体系的垫脚石，类似于计算机软件的源代码，勾连起法理学与其他范畴的最原始的媒介关系。这样，从法理在整个法理学范畴体系中的地位和作用来看，我们不妨称其为法理学的元范畴②。在汉

---

① 参见雷磊："法哲学在何种意义上有助于部门法学"，《中外法学》2018 年第 5 期。
② 有学者曾就法理学与部门法学相较提出了"元理论"观，不过他将"元理论"仅等同于分析法理学，认为"分析法学实际上就是'法哲学'（Philosophy of Law or Legal Phylosophy），或者是法学当中的'元理论'"。本文所称的元范畴与"元理论"有很大不同，强调法理所具有的更强的根本性、一般性和抽象性。参见陈景辉："法理论为什么是重要的？——法学的知识框架及法理学在其中的位置"，《法学》，2014 年第 3 期。也有学者提出了"元概念"，指出"法理学的核心范畴应当是具有普遍性、高度抽象性和简洁性的'元概念'，而这个范畴就是权利"，不过并未对元概念本身进行阐释。参见刘旺洪、张智灵："论法理学的核心范畴和基本范畴——兼与童之伟商榷"，《南京大学法律评论》，2000 年第 1 期。

语世界里,"元"不仅有"首""始""大""深"之义,还具有道家意义上的"玄"之义,蕴含着老子的那种"大道至简"的天道①。这与法理在法理学中所具有的至高统合性、涵摄力和抽象性具有高度一致性。这样,从元范畴到基础范畴,再到中心范畴和基石范畴,可形成逻辑更为严密、更具法理学属性和优势特色的范畴体系。

其二,法理在思维范式意义上作为法理学的元范畴具有不可比拟的合理性和正当性。从既有研究看,我国学界过去多关注的是法律思维,只是在近几年才又从法理思维开始更多地转型升级到法治思维②。从既有研究看,对法律思维的研究要么是基于传统阶级斗争范式下的工具性视角,要么是实在法视角下的依法思维,或者是法教义学下的法之内的思维。虽然法治思维的提出,在某种意义上,能够弥补法律思维的不足,使法治得到了拓展与深化③。但不论是法律思维还是法治思维,要么多关注的是法的适用层面,要么则是国家治理层面(有学者称为政治治理层面④),都缺乏从学科自身理论体系角度的思考。由此,正是基于对法学尤其是法理学学科自身理论体系之独立性和自洽性的思考,张文显教授首次在法律思维和法治思维的基础上提出了法理思维。他认为,相较而言,法理思维是法律思维和法治思维之上的高级思维,属于真理性、价值性、普适性思想⑤,后来又对法理思维的特征进行了概括,即反思性、规范

① 对于"元""理论元点"等更详尽的讨论,可参见钱继磊:"改革开放四十年中国法理学的回顾与反思",《上海交通大学学报(哲学社会科学版)》,2019 年第 1 期。
② 在国内较早关注法律思维的是郑成良教授,近年来学界开始更多关注法律思维和法治思维。参见郑成良:"论法治理念与法律思维",《吉林大学社会科学学报》,2000 年第 4 期;郑成良:"法律思维及其基本规则",载王亚新等:《迈入法律之门》,北京:中国人民大学出版社 2008 年版;陈金钊:"警惕'可操作性'在法律思维中的标签化蔓延",《国家检察官学院学报》,2012 年第 1 期;孙光宁:"从法律思维到法治思维:中国法治进程的拓展与深化",《学术交流》,2015 年第 1 期;林来梵:"谈法律思维模式",《东南学术》,2016 年第 3 期;陈金钊:"法学意义上的法治思维",《国家检察官学院学报》,2017 年第 1 期。
③ 孙光宁:"从法律思维到法治思维:中国法治进程的拓展与深化",《学术交流》,2015 年第 1 期。
④ 参见陈金钊:"法学意义上的法治思维",《国家检察官学院学报》,2017 年第 1 期。
⑤ 参见张文显:"深入开展法理学研究的基本问题",http://mp. weixian. qq. com/s/JAReCbCAWEc8IPeC0j0dA,2018－2－11 最后访问。

性、实践性和整合性①。

然而，就目前而言，对于法理思维进行专门讨论和较为系统阐释的当属邱本教授。他在张文显提出的法理思维概念基础上，通过将法理思维与法律思维及法治思维相比较，认为法理思维具有普遍性、理论性、价值性、理想性、求真性、辩证性以及综合性特征，其核心则是唯法理而思维，以法理指导思维，思维方式法理化。② 最近陈金钊教授又从与法律思维和法治思维相比较的角度对法理思维及其与前两者的逻辑关联进行了详细阐释，概括出法理思维的批判性、体系性和反省性特征。③ 对于两位学者关于法理思维之具体特征内容是否值得商榷暂且不论，但他们都不约而同地认识到法理在方法论思维维度所具有的不可替代的作用和意义。

可见，即便是从既有研究看，在方法论的思维维度，法理所具有的作用和地位完全可以上升到元范畴。然而，既有研究依然没有摆脱从法律思维、法治思维的比较视角来关注和阐释法理思维。即便是在最具代表性的上述两位学者那里也是如此。邱本看到了既有研究将法律思维视为依据法律规则思维而导致的这种法律规则有限性与其所要调整的领域之无限性间的矛盾，并指出法理思维则可以超越法律思维、法治思维，是后两者的升华，并对其指导。④ 然而，与他之前的研究类似，这实质上同样没有将法理思维置于法学尤其是法理学自身的学科理论体系之中来进行思考阐述。这导致法理思维在法学尤是法理学学科理论体系中的地位与作用没有被很好地揭示出来。其实，在邱本其他论点中，如法理思维作为一种理论思维、一种价值思维、一种理想思维、一种求真思维等，同样缺乏从法学尤其是法理学学科理论体系这样角度的阐述。这是因为，他所指出的这些思维特性究竟是法理独有的，还是法所普遍具有的，依然值得更深入思考，即便对此各特性间是否存在冲突与张力及其间协调的问题暂

---

① 张文显："法理思维的基本特征"，《法制日报》，http://www.legaldaily.com.cn/fxjy/content/2019-03/20/content_7805511.htm，2019 – 04 – 11 最后访问。
② 邱本："论法理思维的特性"，《理论探索》，2019 年第 1 期。
③ 陈金钊："法理思维及其与逻辑的关联"，《法制与社会发展》，2019 年第 3 期。
④ 邱本："论法理思维的特性"，《理论探索》，2019 年第 1 期。

且不论。陈金钊教授关注到了法理思维自身最根本的特性,即批判性、体系性和反思性,不过也主要是在与法律思维、法治思维相比较的框架下展开的,他认为"法理思维的目标是实现法治"①。如果从法政治学角度,这无可厚非。然而,若从法理学自身学科角度,实现法治是否为法理思维的目标? 是否为其唯一的目标或最根本目标? 这同样是值得商榷的。

我们知道,与其他社会规范相比,法律作为一种社会规范自身就具有规范性、抽象性、普适性等特点,秉持"理不辩不明"的说理与论辩理念,寻求正当程序下的共识性正义。可见,前述对法理思维的诸多特征,相较于其他社会规范,很多是法作为规范自身所具有的。由此,在本人看来,即便法理思维的确具有对法律思维、法治思维相较的优势,对后两者具有指导作用,但是法理思维在更基础和根本的意义上则是体现了其在法理学乃至法学学科理论体系中所具有的核心性、根本性、灵魂性的地位和作用。因为只有法理思维在法理学学科自身中具有这样的地位和作用,才可能使法理思维的灵魂和红线贯穿于法理学学科理论体系始终,使法理学始终散发浓烈独特的法理味道,才能进而有底气、有能力对法律思维和法治思维起到更好的指导和引领。由此,笔者认为,在学科理论体系上,与其他部门法学相较,法理思维的突出特性应当最具普遍性、抽象性、理论性、逻辑性和综合性,而它的其他特性如价值思维与求真思维间、理想(应然)思维与现实(实然)思维间并非自然而然地有机统一、和谐共生,而是存在着内在张力。正是因为如此,法理学在西方学说史上才会有自然法学与实证主义法学的漫长论争②,在国内近年来才会有社科法学与法教义学之辩③。

---

① 陈金钊:"法理思维及其与逻辑的关联",《法制与社会发展》,2019 年第 3 期。
② 在某种意义上讲,西方法律哲学史就是一部"自然法与实证论"之间的"难题史"。参见[德]考夫曼:《法律哲学》,刘幸义等译,北京:法律出版社 2004 年版,第 25—50 页。
③ 近年来,我国法学界围绕着法学究竟应否采纳一种外在主义视角和后果导向的思维,引发了并持续着一场少有的学术论争,通常被称为社科法学与法教义学的论争,其对部门法学的波及程度之大、影响之广及参与其中的学者人数之多都可谓空前。参见孙海波:"法教义学与社科法学之争的方法论反省——以法学与司法的互动关系为重点",《东方法学》,2015 年第 4 期。

综上,法理作为一种思维范式不仅是法律思维和法治思维的基础和升华,更是法理学自身学科理论体系的灵魂,是支撑起法理学学科理论体系的精气神,并在此基础上对其他部门法学和法律实践发挥积极的指导和引领作用。如果之前的法理学并没有太重视法理思维及其在法理学中的地位和作用,那么法理思维作为一种法理学学科凸显的思维范式更具有根本的意义。① 以法理思维为特征的法理学,其本质与其说是在于研究对象,毋宁说是其以"反思"为基础的思维方式,正是在此基础上,"法理学有着自己独特的研究路径与方法,构成了当下中国法理学研究的自身规律和内在逻辑"②。法理思维的突出和特色基本特征即反思性,这一点在张文显、陈金钊等教授那里也得到了很好体现,在对法理思维的基本特征进行概括总结时,认为其第一个特征即是反思性。③ 可以说,法理学本身所强调的就是"对法的理性的再反思"④,法理思维所具有的反思性⑤才是法理学相较于其他部门法学最为根本的区别性特征。我们知道,哲学是一门反思的学问,其反思是指思想以自身为对象反过来而思之。⑥ 而法理学则是与其最为密切的学科,旨在将别人不视为问题的问题进行问题化反过来而思之。简言之,由此,法理在思维范式意义上作为法理学的元范畴具有无可比拟的优势,不仅合理而且正当。

其三,从学科外部视角看,法理作为法理学的元范畴可以更好地发挥

① 如果说张文显教授所提出的,从阶级斗争范式转向权利本位范式是当代中国法哲学研究范式的转换,那么在思维方式上从法律思维和法治思维转向法理思维则是当代中国法哲学研究范式的又一次转换。对于法学范式转向的讨论,参见张文显:"当代中国法哲学研究范式的转换——从阶级斗争范式到权利本位范式",《中国法学》,2001 年第 1 期。

② 李拥军:"当代中国法理学的思维方式与研究路径",《法治现代化研究》,2018 年第 4 期。

③ 张文显:"法理思维的基本特征",《法制日报》,http://www.legaldaily.com.cn/fxjy/content/2019-03/20/content_7805511.htm,2019 - 04 - 11 最后访问。

④ [德]魏德士:《法理学》,丁晓春、吴越译,北京:法律出版社 2005 年版,第 8 页。

⑤ 布迪厄曾提出一种反思性社会学,旨在巩固和发展社会学的认识论的方法,通过反思使社会学自身得到升华和提炼,并不断扩大社会学的范围,增强其可靠性和长久性。本文认为,对于法理学而言,法理思维所具有的反思性在法理学学科理论体系中也应具有类似的作用。参见 [法]皮埃尔·布迪厄、[美]华康德:《实践与反思:反思社会学导引》,李猛、李康译,北京:中央编译出版社 1998 年版。

⑥ 对于哲学反思的系统研究,参见孙正聿:《哲学通论》,北京:人民出版社 2010 年版。

其对部门法学的引领和与其它学科的沟通交流作用。① 一方面，这不仅体现在法学学科内部，如何能够更好地发挥其对部门法学的引领作用。另一方面，这还体现在法学之外，如何发挥法理学作为法学学科中最具理论性、抽象性和反思性的部分与法学以外的其他学科间在理论思想、方法论思维等方面相互沟通和借鉴的独特作用。

我们说，一个学科的理论体系和研究对象，也是由其"中心"与"外围""核心"与"边缘"②构成的完整系统的学科体系和理论体系。对于部门法学而言，其各自的中心或核心或许有所不同，但整体来看，"部门法教学的主体内容都是法教义学"③，其所持的思维方式基本也是教义法学。这种思维除了主要是受到部门法学所研究的对象的影响，即围绕其实在法之解释展开外，还与部门法学所具有且强调的直接适用性不无关系。尽管受到评价法学的影响，新法教义学已趋向开放包容，也具有了反思与批判的功能，且日益成为超越传统法教义学封闭体系的观念④，但不可否认的是，开放包容特性及其反思与批判功能绝对不可能成为法教义学的最核心特性和最根本功能，否则法教义学就会因失去其"教义"思维特性走向虚无或被消解。以法教义学为核心内容和思维方式的部门法学也是如此。而法理学则不同，虽然从广义上讲，法教义学可被视为法理学的一个组成部分。但法理学不能仅限于法教义学，如前所述，其最显著的优势性特征就是强烈反思性，可以说反思性正是其不竭的生命力之所在。

然而这样带来的问题是，法理学是否以及如何能够发挥对部门法学

---

① 对于法理学对部门法学的这种引领和指导作用，有学者从对法理学自身进行分类——"理论法理学和工程法理学"——进行了区分性讨论和阐释。不过，笔者认为，这种二分法较早来自于自然科学，分为强调理论创新为主的理论思维与强调工科应用的工程思维，而在以强调反思性探究为主的学科，如法理学，这种类型化法理学能否截然二分可能还值得进一步商榷。参见李拥军、侯明明："法理学二元划分的意义与功用——对法理学与部门法学关系的深层省思"，《学习与探索》，2019年第4期。
② 此处分别借用了阿根廷经济学家劳尔·普雷维什针对资本主义世界划分提出的以及美国地理学家 J. 弗里德曼提出的用以解释区域空间演变模式的概念。
③ 雷磊："法理学及其对部门法学的意义"，《中国法律评论》，2018年第3期。
④ 参见雷磊："什么是法教义学——基于19世纪以后德国学说史的简要考察"，《法制与社会发展》，2018年第4期。

的指导和引领呢？在笔者看来，能够将法理学与部门法学连接起来的纽带就是部门法理学。可以说，部门法理学是法理学的延伸，又是法理学在部门法学的体现和实践。因其自身的法理学属性，部门法理学的反思性研究体现在其对法理学的理论框架和法理学的研究范式和方法的运用上，旨在消解法理学与部门法学间的障碍，消除法理学与部门法学间互相脱节现象，推动法理学与部门法学间的密切结合①。简言之，就是运用以反思维为特征的法理思维在法理学与部门法学间搭建一个桥梁，促进两者间的协调与互动，在提升法理学自身理论性、统摄性、引领性的同时，也促进部门法学自身基本理论的不断深化、完善和提升。这是因为，部门法学学科自身理论体系化的不断提升和完善不可能完全依赖于法教义学，而是离不开反思性的法理思维和以后者为特征的法理学在基本理论和方法方面的支持。正是基于此，有学者意识到部门法学的教义化的限度问题。②

　　如果从法学与其它学科的关系角度来看，作为以反思性为突出特征的法理思维还可以与其他学科具有共同性，从而构架起学科间交流互通的通道。对于一门学科，有的偏重于对事实的描述，有的偏重于对理论的逻辑推理和建构，还有的偏重于对既有的验证，有的则或许偏重于对人想象力或美好体悟的挖掘与表达，看似有很大不同。然而，只要深入思考，任何学科理论的体系化进步、提升和完善，都离不开理性的思考和方法论思维的运用，而理性思考的最重要途径与其说是建构，毋宁说是反思。在某种意义上，知识增量的不断实现、学科理论的不断进步乃至人类文明的不断推进主要是乃至都是人类建立在问题意识之上而"不断试错"③和理性反思的结果。从社会学、政治学、伦理学、历史学等人文社会学科，到物理学、化学、天文学乃至数学等自然科学，其学科理论体系的不断发展无不是建立在对其所关注的问题之上的理性反思的结果。

---

① 张文显："部门法哲学引论——属性和方法"，《吉林大学社会科学学报》，2006年第5期。
② 参见陈景辉："部门法学的教义化及其限度——法理学在何种意义上有助于部门法学"，《中国法律评论》，2018年第3期。
③ 哈耶克在阐释其"进化论理性主义"时，对建构论唯理主义进行了批判，提出了"经验的且非系统的自由理论"传统，认为"文明乃是经由不断试错、日益积累而艰难获致的结果……"。参见邓正来：《自由与秩序》，南昌：江西教育出版社1998年版，第15—16页。

这样建立在以反思性为特征的法理思维之上的法理学就具有了与其他学科进行沟通的可能和必要。法学通过法理学与其他学科建立学术理论意义上的对话、沟通,从而使得那些可以进入法理学及其限度内的学科具有法理基础,既可以保持住法学作为学科的个殊性门槛,又使法学具有包容开放特性,不断汲取其他学科有益养分实现自我的不断进步,同时还可以对其他学科产生积极有益的影响。同时,通过法理学作为法学的学科边界守护者,可以进入到法学的其他学科的有益成分通过法理学再进入到其他部门法学,对其产生影响、促进和引领作用。

五、法理作为法理学元范畴之限度

即便已认可上述阐释,即法理作为法理学的元范畴具有正当性、合理性和必要性,但有一点也需要认真严肃面对,即法理作为法理学元范畴的限度问题。我们不得不承认,任何理论都有其适用的限度,即使是无可争辩的真理,往前一小步,哪怕是一小步,往往就会变成错误。[1] 俗话说"成也萧何,败也萧何"。法理作为法理学元范畴具有更强的理论性、抽象性、根本性尤其反思性,这是与其他法理学范畴理论和部门法范畴理论相比具有的优势,但它并不能事无巨细地涵括法理学和法学中所有的理论,更不能替代后者所发挥的作用。法理作为元范畴对其他法理学范畴理论与其说是在知识理论体系上,毋宁说是在方法论思维方式上进行指导和引领。

就法理学自身学科理论体系内部而言,法理作为法理学的元范畴,不仅是阐释和架构其整个范畴体系的逻辑起点和首要问题,而且还贯穿于整个范畴体系和理论体系始终。换言之,我们要研究普通范畴、基本范畴、中心范畴、基石范畴,其中最为核心的则是阐释其背后的法理,通过对

---

[1] 此处是借用的列宁的表述,他在谈到无产阶级革命的几个阶段时,说道,"任何真理如果把它说得'过火',加以夸大,把它运用到实际所能应用的范围以外,便可以弄到荒谬绝伦的地步,而且在这种情形下,甚至必然会变成荒谬绝伦的东西"。列宁:《共产主义运动中的"左派"幼稚病》,《列宁选集》(第4卷),北京:人民出版社1972年版,第172页。

其法理的阐释,使其具有合理性、逻辑性、自治性等,并不断得到完善和提升。

这样,作为法理学基石范畴的权利也好,正义也罢①,就可以与作为法理学元范畴的法理之间进行大致的区分。元范畴之法理更具元点性,而基石范畴更具根基性。此外,法理作为元范畴还同时贯穿并统领于其他范畴,而基石范畴则不能。比如说,我们可以研究关于权利或正义的法理,却很难说去阐释关于法理的权利或正义。这种范畴间的界分也体现了作为元范畴的法理在法理学范畴体系中的位置及其限度。

就部门法学而言,其主要思维方式还是在教义学意义上的"一种受到权威约束的思维",这不同于法理思维。法理思维是一种以反思思维为突出特征的研究型思维。另外,部门法学还旨在通过对法律的发现、解释及论证重点探求实在法的适用,以获得个案的正义,强调的是"基于案例或个案的推理";而法理思维则是通过反思而寻求最一般、最抽象的理论阐释。还有,部门法学的思考技术属于以具体问题为取向的"个别思维和情境思维",而法理思维虽也可能强调问题导向,但多以抽象的理论问题为导向,强调理论的系统性、整体性。②

由此,部门法学与法理学间还是存在着不同的。如果部门法学仅限于停留在法教义学上,那么它将会走向封闭和僵化,因为其基本理论体系的不断提升需要与其他学科进行交流,在思维方式上自然也需要借鉴和吸收以反思性为特征的法理思维,通过法理思维启发、指导和引领部门法学基本理论体的不断发展。尽管如此,以反思为特征的法理思维不能替代以权威约束思维为特征的部门法学(或部门法教义学)思维。由此,这意味着作为法理学元范畴的法理及法理思维对部门法学多限于基础性、宏观性、理论性和方法论思维方式层面的指导和引领,而并非或主要不是在其具体个案和具体制定法细节方面进行指引。

---

① 李林、齐延平教授曾对近年来法理学范畴研究情况进行了梳理,如权利、法理、正义等。参见李林、齐延平:"走向新时代中国法理学之回眸与前瞻",《法学》,2018 年第 6 期。

② 此处借鉴了雷磊曾通过与法教义学相较对于部门法学特点进行的总结。参见雷磊:"法教义学观念的源流",《法学评论》,2019 年第 2 期。

也就是说,作为法理学元范畴的法理并不具有直接而具体的实践性,但并非说它不具有实践性。作为法理学元范畴的法理所具有的实践性多体现在对法理学学科理论体系的元本性作用的发挥和对部门法学基本理论体系的指导与引领上。也可以理解为法理对部门法学所发挥的是一种间接的实践性指导和引领。如果说以法教义学为特征的部门法学所具有是易见的、外在的、有形的、"肉体"层面的实践性,那么以法理为元范畴的法理学所具有的则是不易见的、内在的、无形的、灵魂层面的实践性。这就类似于道家所说的"大方无隅""大象无形""大音希声"①的道理。然而两者之间却不能相互替代、混为一体。

　　总言之,是否如前所述,法理仅仅限于作为新时代法理学的中心主题和法学的共同关注对象? 或者说它同时越来越成为中国法学的共同关注对象和法治实践的公共话语? 抑或是"法理主题论"已成为在当前中国法学正经历着的这场深刻革命中产生的新范式?② 然而,我们要问的是,除了这种"法理主题论"外,若从法理学学科角度,法理是否具有法理学的元范畴地位和作用? 换言之,即便是对法理已经成为新时代中国法理学的中心主题这一论断已被广泛共识,但这是否就意味着对法理是否可以被纳入范畴体系并加以讨论这一问题毫无可能和价值? 因为,我们知道,从不同的维度,人类往往可以看到不同的风景。对于学术研究和讨论同样如此。然而,本文对于法理作为法理学元范畴这一论题的可能性的讨论,不仅艰难,而且是冒险的。这是因为,提出这一疑问本身即意味着在"法理主题论"这一主流观点之外,还可能存在与前者相交或不相交的"法理元范畴论"这一另外观点,尽管后者未必能得到学界认同。然而,在笔者看来,是否具有讨论这一论题的必要与可能本身可能就是值得关注和讨论的问题。因为,在某种意义上讲,人类思想的进步和社会文明的推进往

———————————

① 《道德经·第四十一章》。
② "法理主题论"的新范式论是我国法理学界最新提炼出来的观点,认为这是法学范式的升级版,通过对这一新范式的历史生成、理论逻辑、方法旨趣和变革意义的考察阐释,它揭示了中国法学主题变奏、范式更新和体系升级的必然性要求。参见郭晔:"法理主题论——新时代中国法学新范式",《法制与社会发展》,2020 年第 2 期。

往是在不同学术观点和思想的交锋中实现的,即人类知识增量是通过不断"试错"来达致的①。由此,本文与其说试图是对法理作为法理学元范畴这一论题进行理论上的建构,毋宁说至多是通过法理自身的反思思维来提出来这样一个问题,并旨在将这一论题自身作为被反思批判的对象,以引起对这一问题的更广泛的思考。

第二节　作为法理学基石范畴的正义

当前,学界对于是法学还是法理学的范畴研究并未作具体区分。只是近几年随着"法理"成为法理学的研究对象,以及对作为法理学研究对象意义上的"法理"展开系深入研究,这一问题才又重新进入学界的视野。在发表不久的"法理:法理学的中心主题和法学的共同关注"一文中,张文显教授对"法理"概念作了汉语词源上的详尽考察,并对其进行了颇为细致的语义分析和意义分析,较全面地总结出了"法理"八个方面的语义、精义。此外,此文还就法治实践和政治与公共生活中的"法理"进行了详尽的阐述,最后吹响了"迎接中国法学的法理时代"的号角。此文对于作为法理学研究对象意义上的"法理"的学术意义、必要性等进行了深入探讨,其深刻的问题意识、敏锐的学术洞察力与理性的学术批判,对既有法理学研究,乃至整个法学研究都具有深远意义。不过,此文对于"法理"应当如何成为法理学的中心主题,以使法理回归法理学的讨论尚不够充分和清晰。

一、缺乏范畴理论的法理学

就目前国内的法理学教材而言,多是围绕法学、法理学等相关知识进

---

① 在邓正来先生看来,通过试错而不断增长知识是哈耶克理论中的一个基础性结论。参见邓正来:《规则・秩序・无知:关于哈耶克自由主义的研究》,北京:生活・读书・新知三联书店2004年版,第84页。

行介绍,比如张文显主编的《法理学》,第一章介绍了法学的研究对象、历史、研究方法以及其与相邻学科的关系,第二章则介绍了法理学的对象和性质、中国法理学和学习法理学的意义和方法①;孙国华、朱景文主编的《法理学》则在绪论中分别介绍了"法学的研究对象、性质和职能""法学的产生和发展""法学的体系与法理学""法学、法理学与其他学科的关系""学习和研究法理学的意义和方法"几部分②;陈金钊主编的《法理学》则在绪论中介绍了"法学""法理学""法学流派"。③ 可见,几乎没有教材将法理学的"法理"作为专门部分进行介绍和阐述。④ 也正是对于"法理"这个法理学最为核心概念和中心主题的集体不意识,导致了法理学教材缺乏理论内核,逻辑结构无法体现出法理学的应有特征。从学习者的角度看,逻辑上,法理学教材在绪论或导论部分首先需要阐述法学,然后阐述法理学,之后则必须将重点放在法理上,围绕法理的概念渊源、发展历程、范畴体系、作用或功能、思维方式等方面进行详细阐述。详言之,作为法理学核心概念和元范畴的法理,应当就中西方的法理渊源及其变迁进行阐述,在揭示东西文化传统中法理的不同内涵的基础上,梳理出近现代社会法理应当具有的共时性基本内涵。法理的范畴体系,应当是区别于法或法律,是由其元范畴、基石范畴、中心范畴、基本范畴(普通范畴)组成的系统的范畴体系。与法或法律相比较,法理应当具有独到的作用或功能,对法律规范如何以及为何这样形成,如何以及为何如此运行等在应然层面具有更一般、更普遍、更根本的解释力和指导力,在实然层面更具规律性的阐释。我们知道,法治的实质是良法善治,它不仅是一种治国方略,还是指导原则、行为方式和文化传统,更是一种思维方式。与此类似,法理也应成为法理学乃至法学的思维方式,在我们面临纷繁复杂的各类理论及现实问题时提供发现问题、解释问题、推进问题乃至解决问题的意

---

① 张文显主编:《法理学》(第四版),北京:高等教育出版社、北京大学出版社 2011 年版。
② 孙国华、朱景文主编:《法理学》(第三版),北京:中国人民大学出版社 2010 年版。
③ 陈金钊:《法理学》,济南:山东大学出版社 2008 年版。
④ 在张文显主编的《法理学》(第五版)中已经意识到这个问题,增加了关于法理的相关内容。参见张文显主编:《法理学》,北京:高等教育出版社 2018 年版,第 28—37 页。

识、路径和方法。

就作为法理学研究对象的法理的基本内涵而言,张文显在其长文中从八个方面进行了详尽梳理①。对其梳理是否全面到位,有论者可能存在不同的看法。但最具重要意义的是,此文揭示了法理学界长期不被关注却应当成为法理学中心主题的重大理论问题。由此,对于法理的基本内涵暂且不论。在当前中国法理学中,法理与法、法理学与法学之间的范畴体系常常不作区别。由此,在将法理作为中心主题的法理学中,法理学的范畴体系则是值得重新认真思考和系统阐述的论题。就范畴及范畴体系的研究而言,张文显在其《法哲学范畴研究》一书中作了系统详尽的研究。不过需要指出的是,该书尽管名称为"法哲学范畴研究",但其内容并没有对法哲学或法理学的范畴及范畴体系本身进行详细阐述,只是简述了"法学的范畴体系"以及"法学范畴研究的基本方法"。② 该书主要阐述了法哲学的基本范畴,包括法、法律行为、法律关系、法律责任、法治、法律价值、法律文化、法律发展,法哲学的中心范畴则围绕权利与义务展开,而法哲学的基石范畴则是权利,并将权利本位作为法哲学研究范式。③ 虽然该书将权利视为法哲学的基石范畴,但实际上这是在整个法学上意义讲的,其与徐显明提出的"法治的真谛是人权"④有异曲同工之妙。该书实际上并未对法理学自身特有的范畴体系进行详尽阐述,不过其提出并运用的范畴体系的分类方式却值得我们学习和借鉴,即范畴体系包括元范畴、基石范畴、中心范畴和基本范畴。

由于基石范畴是整个范畴体系的基石、压舱石和定盘星,是最具核心和概括性的范畴,是整个范畴体系的逻辑起点,由此,如何确定其内容也就成为最基本也最棘手的问题。那么,将法理作为中心主题法理学,其基石范畴应当是什么呢? 在阐述是什么之前,我们有必要对最可能成为法理学基石范畴的范畴作否定性剖析,阐述其不应是法理学基本范畴的理

① 参见张文显:"法理:法理学的中心主题和法学的共同关注",《清华法学》,2017 年第 4 期。
② 张文显:《法哲学范畴研究》,北京:中国政法大学出版社,2001 年版,第 11—22 页。
③ 张文显:《法哲学范畴研究》,北京:中国政法大学出版社,2001 年版,目录部分。
④ 徐显明:"法治的真谛是人权",《人民法院报》,2002 年 9 月 16 日。

由。如前所述,如果法学(虽然称为法哲学)的基石范畴是权利,那么法理学的基石范畴是否也应当是权利呢?

二、权利不应成为法理学的基石范畴

本人认为,权利不应成为法理学的基石范畴,至少有以下理由:第一,权利是法律存在的目的和出发点,也是衡量法律正当性的判准,由此权利应当看似是现代法学的基石范畴,而设定义务仅仅是实现权利的手段和途径。但权利的概括性还不够,对于"权利本位"还是"义务先定"①"社科法学"与"法教义学"等论争不能从更高层面进行统领和概括。因此,法理学需要一个能够超越权利与义务范畴的,更具一般性、普遍性和概括性的范畴作为其基石范畴。第二,从《法哲学范畴研究》一书中可见,权利既是法学和法哲学的基石范畴,同时也与义务一起属于中心范畴,如果权利同时属于两个层次的范畴的话,这样权利的定位就不清晰,导致逻辑上的不严密。这也可能是导致"权利本位"与"义务先定""社科法学"与"法教义学"之争的很重要的因素。因为彼此所论争的权利到底是在基石范畴意义上讲的,还是在中心范畴意义上来讲的,容易存在逻辑上的混乱。第三,尽管权利看起来不仅是法哲学的范畴,还是所有部门法学的范畴,不仅有应有权利、习惯权利,还有法定权利和实有权利之分②,但是更多意义上却是在部门法学意义上制定法层面来使用的,即通过法律规范分配、实现和修复权利与义务来"定争止纷",维续社会秩序。而在部门法学那里,制定法意义上的权利一定是和义务共同作用才能发挥其功能的,所以权利与义务两者处于同一层面,两者之间具有数量上等值、功能上互补等关系③。可以说价值意义上的主次关系更多体现在应然层面,在制定法层面则并不明显。由此,权利就很难被再提升为位

---

① "权利本位"论主要由张文显、郑成良与徐显明等人提出和倡导,"义务先定"论主要以张恒山为代表。后者参见张恒山:《义务先定论》,济南:山东人民出版社1999年版。
② 张文显:《法理学》,北京:高等教育出版社、北京大学出版社2011年版,第95—96页。
③ 张文显:《法理学》,北京:高等教育出版社、北京大学出版社2011年版,第98—100页。

阶次高于作为元范畴的法理且唯一的基石范畴了。

三、人权不应成为法理学的基石范畴

那么作为法治真谛的人权,是否应当是法理学的基石范畴呢？人权同样也不能成为法理学的基石范畴,至少有以下理由：第一,法治即法律的治理或统治,是针对人治而言的,它是主要从治国理政角度来谈的,强调的是如何实现一个国家和社会的良法善治,实现法治文明和政治文明。而法理学中的法理更多是一个学术和理论概念,强调的是理性而符合逻辑的分析和阐释能力。它可以与学科相联系,即法理学,而法治则不可能有法治学。也就是说,法理是比法治更为宽泛,更具概括性的概念和范畴,法治至多仅是法理学的一个研究领域和组成部分。由此,作为法治真谛的人权不适宜再作为法理学的基石范畴。第二,人权主要针对神权、君权、主权,乃至动物权而言的概念,是人之为人,是人成其为人的权利,其实质与权利本位相同,也有应有人权、法定人权和实有人权之分。人权虽然是一个重要领域和问题,但同样缺乏一般性和普遍性,无法作为一个最具概括性的概念范畴统领整个法理学和法学。第三,人权不仅是法学关注的问题,也是国际政治理论及实务界关注的话题。人权似乎在意识形态方面取得了胜利,然而在现实世界,人权在实践中却产生了种种灾难。由于人权与主权相关联,目前此概念往往过度被意识形态化,很大程度上沦为了国与国之间实现政治利益和政治目的的工具和手段,人权理论却对此巨大反差表现出"后现代主义的犬儒主义"立场。由此,有人提出了"人权的终结"①。从此角度看,此概念也不适宜作为具有统领意义的法理学的基石范畴。

四、法理之法不应作为法理学的基石范畴

那么是否应以法理之法作为法理学的基石范畴呢？既然法理应当作

---

① ［美］科斯塔斯·杜兹纳：《人权的终结》,郭春发译,南京：江苏人民出版社2002年版。

为法理学研究对象的中心主题和法理学的元范畴,那么法作为法理学的基石范畴似乎也有合理性。法同样不应作为法理学的基石范畴,理由至少如下:第一,法不仅是法理学的研究对象,也是所有部门法学的研究对象。法在部门法学中往往意指制定法,与法律同义。而"法律理论所探讨的不限于现行法(原则上它也是超体系地思辨),它也欲探究何谓'正当法'"。① 由此法本身无法为其正当性提供更高层面的判准价值。第二,作为法理学研究对象和中心主题及法理学的元范畴的法理所起的作用不仅仅是引导和统领部门法,而其还应当是法与宗教、道德、习俗,以及经济、政治、社会等交流和沟通的中介,也是法与宗教、道德、习俗的界碑。法理学需要通过法理阐述哪些可以、应当进入法学领域,以及如何成为法的调整对象等道理。如果法作为法理学的基石范畴显然无法完成上述使命。

而对于法理在范畴体系中的地位,笔者认为应当为元范畴,即基石范畴之上的更具统揽性、根本性的范畴,处于法理学和整个法学范畴体系的最高端,对作为基石范畴的正义以及更下层的基本范畴具有决定性指导和支配作用。对于这一问题笔者在前面已作了更为详尽深入的探讨和阐释,于此不再赘述。

六、作为法理学基石范畴的正义

由此,本人认为,作为法理学的基石范畴可能是正义,"法律哲学是探讨正义的学说""其两项根本问题是:其一,什么是正当法?以及其二,我们如何认识及实现正当法?"②。通过对此问题的探究,使法理学发挥"处理法学、社会制度与政治制度的新的(危机)局势的工具""思索如何运用法律手段来防范恶法制度的出现"。③ 之所以认为法理学的基石范畴是正义,至少基于以下理由:

① [德]考夫曼:《法律哲学》,刘幸义译,北京:法律出版社 2003 年版,第 16 页。
② [德]考夫曼:《法律哲学》,刘幸义译,北京:法律出版社 2003 年版,第 9 页、第 11 页。
③ [德]魏德士:《法理学》,丁晓春译,北京:法律出版社 2005 年版,第 17 页。

第一，正义是古今中外法理学或法哲学讨论的永恒话题，具有终极性意义。在西方，古希腊神话、文学作品就充满了关于正义的故事和生活哲理，"公正和正义不仅是凡人而且是众神都尊重的原则"。[①] 古希腊的自然哲学家们则从对自然的探讨中提出了法律与正义问题。柏拉图的《理想国》的副标题就是"论正义"，亚里士多德在此基础上，把正义理论发展为"分配正义"与"矫正正义"，并对城邦正义等进行了详尽阐述。古罗马自然法思想家西塞罗认为，"法律是根据最古老的，一切事物的始源自然表述的对正义与非正义的区分，人类法律受到自然法指导"。[②] 此后的中世纪的神学自然法学、古典自然法学、实证分析法学以及二战后出现的诸多流派，无不围绕最核心的论题——"正义"展开。因此可以说，西方法理史就是"自然法"与"实在法"间关于正义的难题史。[③] 比如说，正义是自然的还是人为的，是绝对的还是相对的，是永恒不变的还是内容可变的，是客观的还是主观的，是实体的还是程序的，等等。美国哲人约翰·罗尔斯的《正义论》、英国的布莱恩·巴里的《正义诸理论》等都对正义理论进行了系统阐述，尤是罗尔斯就社会制度正义作了详细系统而全面的论述，将对正义的讨论推向了一个新高度，也引起了哈耶克、诺奇克、麦金太尔等人的广泛论辩。

在中国，据考证，"正义"一词最早见于《荀子》，其中记载："不学问，无正义，以富利为隆，是俗人者。"[④]多指经史的注疏，如唐代孔颖达等有《五经正义》。此外，"正义"还有如下释义：一是公正、正当的道理，如《史记·游侠列传》有，"今游侠，其行虽不轨於正义，然其言必信，其行必果。"[⑤]二是正确的行为或本来的意义，如三国魏曹植《七启》有："览盈虚之正义，知顽素之迷惑。"[⑥]三是公道正直，正确合理，如汉王符《潜夫论·潜叹》有："是以范武归晋而国奸逃，华元反朝而鱼氏亡。故正义之士与邪

---

① 严存生：《西方法律思想史》，北京：法律出版社 2010 年版，第 19—42 页。

② ［古罗马］西塞罗：《论共和国·论法律》，王焕生译，北京：中国政法大学出版社 1997 年版，第 220—221 页。

③ 参见［德］考夫曼：《法律哲学》，刘幸义译，北京：法律出版社 2003 年版，第 25—51 页。

④ 《荀子》。

⑤ 《史记·游侠列传》。

⑥ 三国魏曹植：《七启》。

枉之人不两立之。"①但在中国传统社会,更常用的是公道、公平、公正。其实,在中国传统思想中,如儒家、道家、法家等,其背后是用不同方式构建起自我的正义社会和生活方式,只不过在不同思想家那里,对何谓正义有着不同的理解而已。比如,在儒家看来,"君君、臣臣、父父、子子""仁义礼智信"即正义;在道家看来,"道法自然""无为而治"等即正义;在法家看来,"壹赏、壹刑、壹教""刑无等级""忠臣不危其君,孝子不非其亲"等即正义。自西汉始,中国逐渐形成了儒法融合、儒释道合一的特征,建立了以血缘关系为纽带的宗法等级制度以及中央集权的,与农业生产方式相适应的,以强调"忠、孝"为鲜明特征的正义观。

第二,正义不仅是法理学的最核心论题,也是各部门法要追求和实现的永恒且最高目标。对于何谓正义,因其如"普洛透斯似的脸"②,或许永远不会有一个既定的答案。但是,或许也正是正义内涵的多元性、包容性才使其具有了高度概括性,才值得人类不懈地思考和追求。尽管如此,我们也应看到,在过去人类无数次论辩和实践经验的基础上,作为法需要共同追求的价值目标的正义已形成了诸多共识,即正义的次级价值,比如平等、自由、秩序、效率,等等。当然在不同的部门法中,正义所表现的次级价值也不一样,其位次不尽相同。比如,在以维护物权稳定和保障交易秩序的为目标的民商法中,正义表现的最核心价值是自由,而平等是每个人得以享有自由的基础,基本秩序是实现自由交易的前提条件,效率则是平等的自由交易的必然结果;在以维持基本秩序为主要目的的刑法中,秩序则是正义的最集中表现,而平等地得到刑法和刑罚的对待,是现代社会的基本要求,如何用好纳税人的钱以提高效率则是次一级的目标追求;在晚近兴起的社会法中,正义的集中表现既不是自由,也不是秩序,更不是效率,而是实质意义上的平等,即为社会中处于最弱势群体提供人的倾斜性保障,以实现实质意义上的平等;对于以通过保障实体法权利的实现而达

---

① [汉]王符:《潜夫论·潜叹》。

② [美]E. 博登海默:《法理学:法律哲学与法律方法》,邓正来译,北京:中国政法大学出版社2004年版,第261页。

致自我价值目的的程序法而言,其正义的最集中表现应该是平等,双方当事人法律地位平等、程序过程平等,却不以追求结果上的平等为最终目标。

第三,正义作为法理学的基石范畴,具有包括法理学在内的整个法学与宗教、伦理学、哲学等人文学科以及政治学、社会学、经济学等其他社会学科之间很好的桥梁与纽带作用,是社会正义或社会问题能否进入法学研究领域的联结点。以宗教为例,在西方中世纪,基督教神学自然法学家们构建了一个以上帝为核心的基督教神学正义观。诸多基督教义,如"上帝面前人人平等"与"法律面前人人平等"理念的关联性、"上帝的归上帝,凯撒的归凯撒"对西方宪政的发展起到了举足轻重的作用。可以说,西方宪法"植根于西方基督教的信仰体系及其表述世俗秩序意义的政治思想之中"。[①]《圣经》中记载的神与人订立的四个重要契约——"诺亚之约""亚伯拉罕之约""西奈之约"及"大卫之约",对近现代契约精神形成具有积极意义等。在东方最具影响力的宗教——佛教则通过"正见""正思""正业""正命""正勤""正定""正念""正知"此"八正道"来引导人的思想意识,教导和指引人们去作正当的事,作有正见、正信、正业等公平正直的人[②]。此外,佛教还倡导"行菩萨道,舍己利人";"主张因果,止恶扬善";"众生平等,反对歧视";"慈悲喜舍,帮助弱者"等[③]。这些教义与近现代法理也有诸多相通之处。

在社会学科中,不论是政治学、社会学还是经济学,都是以揭示、解释及解决当前所面临的社会问题为目的的,只不过在不同的学科那里所关注的对象以及采取的角度和方式有所不同。比如,社会学关注的社会问题,怎么不可能是法学要关注的问题;经济学关注的所谓经济问题怎么会与社会其他问题截然分开而独立存在,等等。由此,从这一角度看,社会

---

① [美]卡尔·费里德里希:《超验正义——宪政的宗教之维》,周勇、王丽芝译,北京:生活·读书·新知三联书店 1997 年版,第 2 页。

② 水野弘元:《原始佛教》,郭忠生译,第四章。

③ 理净法师:"佛教论公平正义观",弘善佛教网 http://www.liaotuo.org/fjrw/hcrw/ljfs/92827.html,2018 - 8 - 21 最后访问。

正义问题也是社会学、经济学、政治学所共同关注的对象。

如果正义是所有人文学科和社会学科公共关注的对象和讨论的中心主题,那么就需要对法学意义上的正义与其他学科意义上的正义从关注角度和研究方法上进行区分。换言之,需要思考哪些社会问题或社会正义论题应该/可以,或不应该/不可以进入法学领域,并成为法学要研究和解决的问题,即进入法学的"门槛"问题。只有法理学通过法理阐释方能起到这样的桥梁和纽带作用。

七、作为元范畴的法理应成为法理学的研究范式和思维方式

"范式"(paradigm)概念最早由美国科学哲学家托马斯·库恩在《科学革命的结构》一书中提出,他试图将"范式"与科学共同体结合起来,把科学史、科学社会学、科学心理学结合起来,把科学的内史与外史结合起来,以对科学发展规律进行综合考察。在库恩那里,范式代表科学界的世界观,指导和决定问题、数据和理论的选择,直到被另一个范式所取代。其后,此概念被人广为套用。此概念是包括规律、理论、标准、方法在内的一整套信念,是某一学科领域的世界观,它决定某一时期的科学家观察世界、研究世界的方式。[①] 在中国法学界,张文显最早将范式概念引入法学研究中,开创性地提出了中国法哲学从"阶级斗争范式"转向"权利本位范式"观点[②]。这一观点的提出对中国法学产生了广泛而深远的影响。后来,邓正来对中国法学界的范式进行了梳理和反思,指出了苏力式范式、梁治平式范式和张文显式范式的共同不足,即忽略了人文社会科学领域中始终存在大量不同的理论模式的事实。因而,与自然科学不同,在人文社会科学领域中追求达致一种涵括所有理论或模式的"范式",既不可能,也不可欲。但同时"范式"多元的可能性却为多种从不同的视角去探究我

---

① 参见张文显:《法哲学范畴研究》,北京:中国政法大学出版社 2001 年版,第 369—370 页。
② 张文显、于宁:"当代中国法哲学研究范式的转换——从阶级斗争范式到权利本位范式",《中国法学》,2001 年第 1 期。

们生活世界的知识类型开放出了某种可能性。①

至于邓正来先生对包括"权利本位范式"在内的中国法学面临的"现代化范式"的危机这一论断,不是本文的论旨。"权利本位"范式对于帮助中国法理学摆脱"阶级斗争范式",使其自身获得独立的学科和学术地位,呈现繁荣发展局面,具有无与伦比的积极意义。但这不是我们停止反思与批判脚步的理由。邓正来提醒我们,"权利本位范式"是否构成中国法哲学的研究范式这一问题值得我们反思与追问。本文认为,"权利本位"作为当前中国法理学的范式,面临以下挑战与困境:

第一,如前所述,由于权利不宜作为以法理逻辑起点的法理学之基石范畴,因此权利本位也不适合作为法理学的研究范式。权利本位是针对义务本位或义务先定论而言的。目前中国法学界对是义务本位还是权利本位已经形成了基本共识,权利本位已经成为整个法学界的常识性公理。因此,权利本位所具有的理论意义已经不明显。第二,经过近几十年的发展,中国法理学界不再仅仅关注于是权利本位还是义务本位这样较集中的论题,而呈现出研究领域宽泛、研究方法多样、研究论点多元的新局面,既有西方法哲学传统研究,又有跨学科的研究;既有基本理论研究,又有新兴领域研究;既有宏大叙事研究,又有对细微问题的深究。由此,在当前情形下,权利本位范式所处的高度和对法理学的概括性、一般性已经不能适应当前中国法理学的现实需要。第三,经过过去几十年的变革和发展,中国所面临的现实问题更为错综复杂。中国目前的诸多问题不仅仅是从个人角度的权益保障就能解决的。比如面对生态环境保护问题,环境权仅对全人类而言有意义,是一种自得权,是"以自负义务的履行为实现手段的保有和维护适宜人类生存繁衍的自然环境的人类权利"②"在人类的环境面前,一切社会主体以及为这些社会主体服务的政治组织,都负有义务",都是义务主体③。第四,中国所处的国际环境也与过去发生了

---

① 邓正来:《中国法学向何处去》,北京:商务印书馆 2006 年版,第 44—45 页。
② 徐祥民:"环境权论——人权发展历史分期的视角",《中国社会科学》,2004 年第 4 期。
③ 徐祥民:"宪法中的'环境权'的意义",《资源节约型、环境友好型社会建设与环境资源法的热点问题研究——2006 年全国环境资源法学研讨会(年会)(2006.8.10—12.北京)论文集》,第 1376 页。

很大变化,中国不再是全球规则、体制机制的单向度的参与者与适应者,而应当为如何作为全球规则、体制机制的主导者或制定者之一提供理论上的支撑和智力支持。作为单向度的参与者,中国往往从自身弱者的角度,探讨如何获取和维护自身的正当性权利。而如果作为规则的主导者或制定者之一,所处的角度则是世界各国或全人类,在确保自身权益不受侵犯的前提下,法学尤其是法理学更多要思考和回答的是,如何承担和履行国际责任,如何维护公正合理的全球秩序,如何在世界成为"人类命运共同体"的当下为寻求人类共同利益和共同价值作出自己的贡献①。显然,权利本位范式所处的高度已经不能完全适应这种现实的要求,对当前中国法治实践以及中国如何与世界对话等方面的前瞻性与引领性功能已不够明显。

由此,法理应该成为法理学的新范式。法理回归法理学,成为法理学的新范式是法理学本身的应有之义,也是自我提升和发展的要求,更是法理学引领部门法学和法治实践的需要。使法理回归法理学,通过理性逻辑的说理和论证使法理学凸显出其自身的特有优势,不仅使其成为一种新范式,还使其成为我们探寻问题、解释问题、推进问题乃至解决问题的思维方式。法理思维既不同于法律思维,也不同于法治思维,而是超越两者的一种更一般性思维,为两者提供更抽象、更深邃的方法论。法律思维更多是规则下的思维,包括权利与义务的分配、责任的划分、证据的甄别及证明力的表达等,更多是在法律适用意义上来思考问题的。法治思维,即法律至上、法的统治、法的治理的思维,在亚里士多德那里,法治应该包含两重含义:"已成立的法律获得普遍的服从,而大家所服从的法律又应该本身是制订良好的法律"②。总体来看,法治是针对人治而言的一种治国方略,更多是从国家和社会治理方式角度来谈的,即"良法善治"。而法理思维则更多具有哲学因素,具有更多的学术和理论因素,其本质是永无止境的质疑、追问、反思和批判,在质疑和追问中培养问题意识,在反思与

---

① 曲星:"人类命运共同体的价值观基础",《求是》,2013 年第 4 期。
② [古希腊]亚里士多德:《政治学》,吴寿彭译,北京:商务印书馆 1965 年版,第 199 页。

批判中不断自我创新和完善,这应该是法理和法理学的真谛。

八、作为元范畴的法理应体现并形成中国法理学与世界对话的话语体系

真正的思想大师无不以关注全人类,关注普遍性的人的生活状态和社会秩序为其思想的终极目标,从西方的苏格拉底到东方的老子、孔子,从西方的理想国到东方的大同世界,从康德到马克思,从乌托邦到共产主义社会,无不如此。法理学作为法学对人类问题的最抽象、最普遍性学科,自然也不例外。康德就认为,法治状态不仅在一个国家内部能够建立,而在世界范围内的产生也有历史必然性,他的《永久和平论》一书就构建了一个世界和平的图景,即"在道德完善的基础上,建立以完善的公民社会为基础的国家联盟""同时也是道德的世界,也就是,自由的王国"[①]。法国公法学家莱昂·狄骥也将其社会连带理论延伸至国际法领域,认为"在多个社会并存的状态下同样存在社会连带关系,即社会际连带关系"。[②] 美国著名社会法学代表人物之一罗斯科·庞德在其《法理学》巨著中也预言了法律发展的第六个阶段,即"世界法"阶段,作为国际法发展的第二个阶段,主张建立"一个世界范围内的法律秩序"。这是因为,"在法理学中,普遍原则(即法律推理的出发点)之一便是一方面对普遍规制社会生活中的关系和行为进行指导,而另一方面则制定与地方的、族群的、地理的、历史的和经济的情势相调适的相近的具体的规则"。由此,庞德提出,"构建一种关于地方性和地方行政与适合于统一化世界普遍法律原则间关系的理论(即世界法理论),有可能会成为未来法学家所面临的迫切任务"。[③] 美国哲人约翰·罗尔斯在论述了其国内政治自由主义理

---

① [德]伊曼纽尔·康德:《历史的理性批判文集》,何兆武译,北京:商务印书馆1996年版,第98—102页。

② [法]莱昂·狄骥:《宪法论》(第一卷),钱克新译,北京:商务印书馆1959年版,第513页。

③ [美]罗斯科·庞德:《法理学》(第一卷),邓正来译,北京:中国政法大学出版社2004年版,第470—471页。

想的基础上,也像康德一样,提出了建立世界政治自由主义理想秩序的方案,即"万民法",意指"规制人民相互间政治关系的特殊政治原则",一种自由人民的联盟。①

从法治实践看,在当今世界,法和讲法理不仅成为了多数国家和地区最主要的治理方式、生活方式和思维方式,而且在当今国际社会组织内部、国与国之间处理国际争端、面对人类共同风险、灾难和挑战,等等,都离不开通过法理来阐释背后的道理和理由,寻求共同的解决之道。当今国际社会,尽管不时存在着摩擦、矛盾乃至冲突,但和平与发展这两大基本主题依然没有变。二战后,这样的世界秩序的获得与维续与包括法理学家在内的思想者们的贡献不无关系。围绕"纽伦堡大审判",西方法理学家们进行了长达几十年的思想论辩,如哈特与富勒、哈特与德沃金,等等。联合国、关税与贸易总协定(现为 WTO)、国际货币基金组织等国际机构的建立,以及《联合国宪章》《世界人权宣言》《国际人权公约》(包括《经济、社会、文化权利国际公约》《公民权利与政治权利国际公约》和《公民权利及政治权利国际公约任择议定书》)及其后的系列国际性法律文件的起草与颁行,法学家尤其是法理学家功不可没。以《世界人权宣言》为例,其主要起草人为加拿大法学专家约翰·汉弗莱和其他参与人:美国总统富兰克林·罗斯福的遗孀埃莉诺·罗斯福、黎巴嫩的夏尔·马利克、新加坡籍华人吴德耀、中国的张彭春和法国的勒内·卡森等人,其中思想家占多数。

从作为全球结构中的当下中国来看,我们处理各种国际问题、解决各类纠纷及争端、在国际社会获得话语权与主动权,无不需要用法律思维尤其是法理思维来武装我们自己,提高自我的水平和能力。当今世界不同于殖民时期以及以前国际社会的重要特征之一就是凡事要讲法和法理,而不能仅靠过去那种帝国主义的力量显示的方式,尽管国家的强大经济、军事等综合国力是解决上述问题的坚强后盾和关键力量。否则,即便是获得了主动权和胜利,但也不能让国际社会信服,不能赢得国际舆论的支

---

① [美]约翰·罗尔斯:《万民法》,张晓辉译,长春:吉林人民出版社 2001 年版,第 38 页。

持。一个国家维护自身的合法权益,也不能仅仅是过去喊口号的方式,这样也得不到国际组织的支持和国际舆论的关注,反而会被认为蛮不讲理,只有通过讲法理的途径才能获得道义上的同情和支持,即便是使用非和平方式,也才能师出有门,才能真正作到有理、有力、有利、有节。不论是维护祖国领土和主权完整,还是实现台湾早日回归和祖国统一,都离不开法理。比如,我们不仅要警惕我国台湾当局某些人的"事实台独"倾向,更应当警惕其"法理台独"。我们应当思考如何用法理更好地揭示其"法理台独"的本质和谬误,用法理为祖国统一提供更充分的正当性依据,获得话语和舆论的主动权和主导权。对于我国钓鱼岛问题,我们不仅要从军事、经济、外交等方面与日本作斗争,还应当思考如何从法理方面更深刻、更彻底地揭示和批驳日本主张的错误性和无效性。就菲律宾南海仲裁案,我国召开了"南海仲裁案法律专家座谈会",从法和法理角度对此案的本质进行了辩驳和揭示,这在中国是不多见的①。以上反映出我国越来越开始注重法理在解决国际问题中的重要性,但还比较薄弱。以上方面往往是在对方有了法理上的行动后,我们才想起被动地运用法理来回应。我国法学界积极主动运用法理来阐释、分析和解决国际问题的意识还不够。我国法学界尤其是法理学界系统运用法理对我国所面临的国际争端和问题进行系统研究的高水平文献不足。我国相关部门积极主动通过法理去解决我国所面临的国际争端和问题的意识还没很好地建立起来,法理思维还没很好地真正形成并运用。比如,就自 2017 年 6 月中旬印度士兵非法侵入我国领土,严重侵犯我国主权这一恶性事件,主动积极地从法理方面对其非法性进行系统而深刻的分析远远不够。又如,我国目前正在倡导"一路一带"国家战略的实施以及主导的"上合组织"深入推进中遇到诸多难题,急需法理学与部门法学联合寻求有力的法理支撑和有效的制度构建,然而目前包括法理学在内的中国法学还远远不能满足各种需求。由此,不论是主张自身合法权益,维护自身合法利益,还是参与处理

---

① 张文显、马新民等:"关于菲律宾提起的'南海仲裁案'的法理分析",《中国法学》,2016 年第 5 期。

国际争端,都要树立法理意识、培养法理素养、学会法理思维。针对南海争端,尽管错综复杂,除了运用行政力量等方式外,还应当学会运用法理来赢取正当性依据和话语权。

另一方面,作为复兴的大国之中国,在国际关系和国际事务处理中扮演和承担着越来越重要的角色和责任。当今世界发展还很不平衡,人类面临着诸多共同的困难、危机和风险,如何在对当今世界文明尽一份中国的责任,赢得世界的尊重,引领世界发展潮流,也是中国面临的不可推卸的使命。这种责任不仅是物质的帮助和给予,还包括对生态、疾病等人类共同难题的应对,更包括价值理念的、精神层面的引领。中国政府开创性地提出了"人类命运共同体"理念,其内涵丰富,需要从包括法理的各个学科和角度进行诠释和具体化,使其成为解决国际人类社会的有力理论武器。"人类命运共同体"需要人类的合作、共享,而不是对抗和争斗;需要责任和绿色,而不是投机和贪婪。这些应该在法理学中通过法理的阐释得以体现和表达。对此,曾有学者试图用"一般法理学"来建构适用于研究法律——社会关系的新的、一般性理论框架,并用此框架对当今世界上各种情境中的法律——社会关系加以研究、理解和批判。① 对其论点暂且不论,但"一般法理学"概念启示我们,法理学也只有通过注重阐释法理,运用法理来建立起与世界法理学者以及国际社会对话的形式、途径和纽带。

第三节　通过法理学引领中国法学

法理学因具有一般性和概括性等特性,所以它应为整个法学提供世界观和方法论。也只有以法理为中心主题和作为法理学的元范畴贯穿始

---

① 威廉·特维宁提出了"一般法理学"概念,参见 William Twining：("General(Jurisprudence", http://www. ucl. ac. uk/laws/academics/profiles/twining/gen_juris. pdf;布赖恩·Z. 塔玛纳哈也提出了此概念和理论框架,参见[美]布赖恩·Z. 塔玛纳哈：《一般法理学》,郑海平译,北京：中国政法大学出版社 2012 年版。

终的方法论的法理学,才能担当引领整个法学的重任。同时,法理学也只有通过从部门法学中抽象出一般性问题和通过阐释法理的方式才能不断丰富和发展自我,进而才能更好地发挥其引领功能。换言之,中国法理学则既要"上得去",也要"下得来"①,同时还要秉持讲好"法理"这一中心主题。而部门法学则要既关注既有局部视角下法律规范的具体法律适用,也要强调整体视野下的宏观反思与构建。这样才能解决目前中国法理学与部门法学之间相互脱节、"两张皮"的问题。通过法理学与部门法学的良性互动,形成立足中国、面向世界,既充分吸收借鉴人类先进法理智慧与有益经验,又符合中国实际,建立具有中国特色的法学理论体系与制度体系,为法治中国提供理论与智慧支撑,为推动世界法治文明提供理论和实践经验。如前所述,中国法理学通过回归法理完成自我重塑,不断增强自身解释力、整合力与批判力等,将会对中国整个法学起到积极的引领作用。其主要途径至少有如下方面:

第一,法理学范畴体系及研究范式的研究可以增强传统部门法学对自我范畴体系和范式研究的关注度,对其发展具有启发和引领作用。

一个部门法之所以能够成立,一般而言,应当具有相对稳定的调整对象和独特的调整方法,如民商法的调整对象是调整作为平等主体的公民与公民之间、法人与法人之间、公民与法人之间的财产关系和调整公民人身关系,调整方法主要是自愿、平等、诚信等原则下的补偿恢复性方式。民商法学的研究对象是关于上述法律关系的法律规范及其体系。刑法则是调整因犯罪而产生的社会关系的,调整方法是最为严厉的刑罚。刑法学的研究对象即规定犯罪、刑事责任和刑罚的法律规范及其体系。

而对于一个部门法学学科而言,只有自己的调整对象和调整方法仅仅是作为部门法获得独立地位的标准,只有研究对象也不足以获得该学科在学理上的独立地位。从学理上讲,一门学科要获得其独立地位,被广为认可和接受,则应当具有自己的范畴体系和研究范式。范畴体系是一个学科的基石与材料,也是研究范式的基础和前提。研究范式则是研究

---

① 张文显:"法理学研究要'上得去''下得来'",《人民检察》,1995年第3期。

方法的哲理化、系统化表达，是一种相对稳定的思维方式。它作为一个学科与部门法所称的研究对象不完全一致。目前，传统部门法学如民商法学、刑法学虽获得了稳定的部门法地位，但是对于其范畴体系和研究范式的关注并不是太多，较早关注并研究该学科范畴问题的是曲新久①。而将刑法范畴上升到体系高度来研究的则属陈兴良②。他不仅首次提出并研究了刑法学科的范畴体系，还为试图探索刑法学与法理学的交叉或刑法哲学理论体系作出了很大贡献。关于刑法学研究范式的文献也不多见，对比系统进行研究的更是不足。③ 而后只有少数人对此问题进行讨论，可以说远未能成为该学科共同关注的论题。④ 民商法学界对于其学科范畴体系的研究文献也不多⑤，关于研究范式的讨论也颇为匮乏。⑥

如果说对于民商法学、刑法学等传统部门法学的范畴体系和研究范式的关注度尚不足，那么对于一些新兴部门法学，如对社会法学范畴体系和研究范式的确立则更具有特殊意义。尽管在国家文件中，其作为与民商法、刑法等部门法视为平等并列地位的主体被提了出来，但目前其研究

---

① 曲新久："试论刑法的基本范畴"，《法学研究》，1991 年第 1 期。
② 陈兴良："论刑法哲学的价值内容和范畴体系"，《法学研究》，1992 年第 2 期；此外专著有：李永升：《刑法学基本范畴研究》，北京：中国检察出版社 2011 年版。
③ 主要有：张心向："社会学视阈中的刑法学研究范式"，《刑法论丛》，2007 年第 2 期；刘远："司法刑法学的视域与范式"，《现代法学》，2010 年第 4 期；刘艳红："我国犯罪论体系之变革及刑法研究范式之转型"，《法商研究》，2014 年第 5 期；李海滢、刘洁："国际刑法学研究范式初探"，《东北大学学报》（社会科学版），2016 年第 1 期等。
④ 如：牛克乾："反思我国刑法解释的范畴及其体系——以刑法解释的效力层次为视角"，《政治与法律》，2004 年第 3 期；刘艳红："犯罪论体系：范畴论抑或目的论"，《中国法学》，2008 年第 1 期；王燕飞："'社会敌意'犯罪学范畴体系中的整体论思考"，《湖南大学学报》（社会科学版），2013 年第 4 期；岳臣忠："犯罪论的范畴体系"，《西部法学评论》，2014 年第 3 期等。还有专著：袁林：《以人为本与刑法解释范式的创新研究》，北京：法律出版社 2010 年版。
⑤ 主要有：申卫星：《民法基本范畴研究》，北京：法律出版社 2015 年版。
⑥ 主要有：周珂："环境法学与民法学的范式整合"，《河海大学学报》（哲学社会科学版），2007 年第 2 期；丁南："略论民法的信赖保护范式——从私法自治到民法范式的二元化"，《深圳大学学报》（人文社会科学版），2007 年第 4 期；马特："从意思自治到人格保护——隐私权视角下的现代民法范式转移"，《私法研究》，2011 年第 1 期；朱广新："民法研究范式转型与学术编辑选稿标准的转变"，《河南社会科学》，2013 年第 7 期；陆青："论民法研究范式的绿色转向"，《北方法学》，2014 年第 5 期；许中缘："论民法解释学的范式——以共识的形成为研究视角"，《法学家》，2015 年第 1 期。

对象和研究方法尚存较大争议和分歧,自身尚未"脱幼",对其作为独立部门法的地位尚未得到学界和实践界的广泛认可和接受,社会法学界的范畴体系更是少有人涉及,深入而系统的研究几乎处于空白①,尤其是关于研究范式上整体不意识,缺乏理论上的共识性自觉②。因此,如何"以学术为本,努力构建中国特色社会法学理论体系和研究范式"是其紧迫而重要的任务③。如果社会法学界对于其学科的范畴体系与研究范式获得广泛关注并展开深入系统的反思与论辩,则不仅可以在逐渐形成的共识上尽快形成自己独特的范畴体系与研究范式,从而使学科自身获得独立成为可能,还有利于在部门法层面将其与其他部门法,如民法、行政法、经济法等相区别开来,从而建构起相对独立和稳定的法律部门。因此,法理学范畴体系及研究范式的研究可以培养新兴部门法学对自我范畴体系和范式研究的意识,提升其获得独立部门法和部门法学的学科地位的能力,乃至"催生部门法学研究范式的新突破"④。

第二,法理学的基石范畴既可以将整个中国法学统合起来的,又有助于在其下进一步深入探究自身的次级范畴体系。

如前所述,如果法理学的基石范畴是正义的话,那么对于各部门法学而言,其主要的使命则是阐释正义在其部门法中的具体体现,一方面在此基础上形成自我范畴体系和研究范式,另一方面探索具体体现的正义的制度化体系的构建与适用。我们知道,近现代法律体系的法理源自于对与经济学类似的"理性人"的假设。这意味着每个人在体力、知识、智力、

---

① 社会法范畴相关的文献主要有:李炳安:"社会法范畴初论",《福建政法管理干部学院学报》,2007 年第 3 期;李蕊、丛晓峰:"历史视角下的社会法范畴",《北京科技大学学报》(社会科学版),2007 年第 2 期;唐整秋、李健:"社会法范畴和体系探究——以社会法立法为视角",《当代法学》,2008 年第 2 期;杨奎臣、覃业庭等:"公共文化服务立法基本问题定位:社会法范畴与促进模式",《云南行政学院学报》,2013 年第 1 期。

② 关于社会法范式较为深入系统的文献只有:赵红梅:《私法与社会法——第三法域之社会法基本理论范式》,北京:中国政法大学出版社 2009 年版。

③ 张文显:"在中国社会法学研究会第二次会员代表大会暨 2017 年年会上的讲话",https://www.chinalaw.org.cn/column/column_view.aspx?columnid=9228&infoid=24373,2017-08-22 最后访问。

④ 张文显:"法理:法学学的中心主题和法学的共同关注",《清华法学》,2017 年第 4 期。

信息知晓度等方面处于平等的地位。民商法则是最能体现这一假设的精神的。由于假定每个人都是理性人，则在此情形下只需给予每个人自由的选择权，就可以实现资源配置效益的最大化，因为每个人在作出选择之前对其选择的可能后果以及对别人产生的后果都有预先理性的判断。在此情形下，遵循自由、平等、意思自治、诚实信用、等价有偿等精神和原则就顺理成章。符合此类精神和原则的，则是正义的，否则就是不正义的。然而，这种理性人的假设毕竟仅是一种理想模型，现实中总是有些人因先天或后天因素在体力、知识、智力、能力、信息知晓度等方面处于绝对弱势的地位，没有能力作到像"理性人"那样思考和选择。比如，未成年人、老年人、妇女在体力上注定处于弱势，患有疾病者、残障人士注定在体力或心智上处于不利地位，劳工也无法与雇主处于同等的地位，普通公民在公共权力面前注定处于弱势地位，等等。由此，针对这种实际存在的不平等状况，不同的法律部门需要对比进行校正。社会法就是对处于弱势需要提供保护或保障的公民提供倾斜性的制度性权益扶助或保障的法律部门。社会法旨在为弱势群体提供救济、福利、帮助等，民商法的平等、自由、意思自治、等价有偿等精神和原则不可能是其正义的体现，如果遵循民商法的这些精神原则，那反而是不正义的了。又如，在民事诉讼法中，由于双方当事人处于民商法的平等地位，因此在法律程序上对双方当事人一视同仁，平等对待，即秉持"谁主张谁举证"原则，除非一方当事人在信息知晓度上普遍处于极为劣势局面，如环境污染诉讼，则秉持"举证倒置"原则。而在行政诉讼法或刑事诉讼法中，由于个人相对于国家公共权力处于绝对劣势地位，因此，代表国家的公共权力机关负有举证责任，方才能使其对行政相对人或被告的违法或犯罪行为诉讼得到法律的支持。因此，民诉讼法与行政诉讼法或刑事诉讼法中正义的具体体现截然相反，否则就违背了正义的精神和原则。

由此，在法理学的正义这一基石范畴下，各部门法学需要通过法理阐释来探寻和构建自身的范畴体系，形成自身特有的研究范式。在此方面，法理学具有不可替代的引领作用。

第三，法理学通过其对法理的强调和关注，使包括部门法学的整个中国法学更注重法理阐释,从而引领中国法学不断发展,形成和完善中国特色法学体系。

与其它学科相比较,法学是门讲理的学科和学问,而法理学则更注重讲法理,在整个法学中起到表率和引领作用。法学的这一特征与近现代法律的特质不无关系。自十六世纪以来,法律之所以作为社会控制的最主要方式,而"其它所有社会控制的手段被认为只能行使从属于法律并在法律确定范围内的纪律性权力"①,就是因为与其它社会控制相比,法律在适应"社会政治组织"形态方面具有特殊优势,即讲道理。对于宗教而言,其教徒对其教义常常不是通过经验世界的方式来获得认同,而是通过启示、感悟或顿悟形成对超验世界的认同,进而达到内心对其信仰的虔诚。宗教各教派之间、教徒之间虽然也会有论辩,但其只是在具体的问题上进行,而其对所属宗教的基本教义还是有基本的认同和共识的。道德则是通过一种说教的方式来培养人们对其的认同进而对其践行,也不可能主要是以论辩的方式来发挥其作用的。而习俗则通过一个地方人们长时间的广泛认同和普遍遵循而发挥作用,使人们不再问为什么,不再有反思意识和能力。

与法律相比较,这几种规范都不是或主要不是以说理的方式来被认同和发挥实际作用的。只有法律,不论是宗教的、道德的,还是习俗的,只要是进入了法律的门槛,成为了法律的必要部分,其实际作用的发挥就会遵循公开而透明的说理程序而展开。这种法定程序的核心和灵魂就是法庭辩论。而以法律和法为主要研究对象的法学自然也以讲道理为其特征。而对作为法学之法学的法理学而言,其所关注的研究对象的一般性、普遍性以及研究方法的思辨性自然要求法理学是最讲道理的学科。具体言之,与部门法学相比,将法理作为其中心主题、法理学元范畴和研究范式的法理学,从具体社会问题、社会现象、社会事例等当中抽象出更一般的问题作为自己的研究论题,通过质疑、反思、追问和批判的说理方式,旨

---

① ［美］罗斯科·庞德:《通过法律的社会控制》,沈宗灵、董世忠译,北京:商务印书馆 1984 年版,第 12 页。

在或推进对此整类问题的更本质、更深入的理解和认识,或提供另一种解释的视角,或提出更好解决此类问题的可能建议。

以法理为中心主题和元范畴的法理学,必定更加注重说理性、逻辑性和体系性,说法理、讲法理将会贯穿始终,同时,此法理学也会更加注重质疑、反思、追问和批判的思维方式和研究范式的运用,注重提出问题、分析问题等问题意识和能力的培养,使学术批判、问题导向和创新思维成为其灵魂和品格。由此,法理学自然将部门法学领域的活生生的现实问题和重大理论问题,作为自己关注和研究的对象。而其所不同的是,法理学从更深层次、更透彻、更宽广的角度,通过讲道理的理性思辨,将问题"连根拔起,使它彻底地暴露出来"①,把握问题的本质性的核心,将其抽象成一般性问题,进行更深入系统的研究和探讨。法理学的这种研究范式必将会使部门法学更加注重对自身领域问题的深入思考和研究,更加注重说理性、反思性和批判性,促使法理研究范式在部门法学中得到更广泛的运用,同时也会激发部门法学者对自身研究范式等本学科根本性问题的研究意识和研究动力。

第四,以法理为中心主题、元范畴和研究范式的法理学,使部门法学更加注重与法理学、其他学科的跨学科研究,运用更宽广的学术和理论视野来解释、解决现实问题。

法理学的这种说理讲理特性不仅可以直接给部门法学者对某些具体问题的研究提供可能的理论借鉴,还会使部门法学在关注部门法学具体研究领域和具体问题的同时,具有更加开阔的学术和理论视野,更多地关注部门法学自身的整体性问题,各部门法学之间的边缘交叉性问题,部门法学与法理学之间的沟通、衔接等问题。众所周知,当今我们学科之所以如此分化,只不过是始于近代西方科学的兴起,而在此之前的中西方古代社会,并未有明确的学科划分。中国往往用"经、史、子、集"来涵括中国古代典籍。始建于 1088 年的西方最古老的近代意义上的被誉为欧洲"大学

---

① [英]路德维奇·维特根斯坦:"札记",转引自[法]皮埃尔·布迪厄、[美]华康德:《实践与反思:反思社会学导引》,李猛、李康译,邓正来校,北京:中央编译出版社 2004 年版,第 1 页。

之母"的博洛尼亚大学当时的主要学科为法学,后陆续开设了逻辑学、天文学、医学、哲学等,再后来又增设了神学,直到十六世纪才开设了被称为"自然魔法"的教学,即现在的实验科学。这种学科的分化是社会日益复杂和社会分工日益精细化的结果。其好处是能使人在有限的时间和精力内专注于某一领域,从而提高劳动效率,因为"分工是劳动效率提高的主要原因"[1]。但是,这种学科的划分也带来人们认识问题和思维的狭隘化。这种基于学科分化而形成的狭隘化思维与日益复杂的真实社会现实之间形成了矛盾。更可怕的是,我们对于这种僵化而狭隘思维的不意识。而实际上,我们今天所面临的问题是波普尔说的"开放"社会[2]中众多复杂问题交织在一起形成的"问题束",单靠一个学科往往是不可能很好解决的,而需要一种基于问题导向的跨学科交叉思维和研究范式才可能作到。

对于法学也是如此,法学所面对的是一个整体社会的社会现象和社会问题,其自身并没有部门法之分,而只不过是为了学习和研究的方便,才人为地将其划分为民商法、刑法等不同的法律部门。其中有些可以很容易地归入其中一个法律部门,而有些则就不那么容易。因为,只要是存在分类,都是主观人为的结果,都不可避免地会存在交叉和边缘处的灰色地带或模糊地带。这些处于灰色或模糊地带的问题往往就是我们难以处理的棘手问题。近年兴起的混沌学、模糊论及后现代主义思潮等无不是由对这些问题和领域的关注而产生的。

以法理为中心主题、元范畴和研究范式的法理学则为部门法学研究各部门法学之间、部门法学与法理学之间、部门法学与其它人文学科之间的交叉性、跨学科问题提供了有利的可能和借鉴,同时也为部门法学者提供更宽广的学术和理论视野和对问题更敏锐、更深透的洞察力和把控力,不仅能够带动部门法学研究深度和水平的提升,也能够提高其对现实具体问题的解释力、解决能力。

---

① 参见[英]亚当·斯密:《国富论》,唐日松等译,北京:华夏出版社 2005 年版,第 1—15 页。
② [英]卡尔·波普尔:《开放社会及其敌人》(第 1 卷),陆衡等译,北京:中国社会学出版社 1999 年版,第 15 页。

第四章

宪法学范畴及其体系

第一节　引言

如前所述,在学理和思维维度,法理学具有衔接法学与伦理、宗教及其他人文社会学科之关系的最佳优势和重要使命。不过,若从制定法体系维度看①,法理学在衔接法学理论与部门法,法学与伦理、宗教等之关系方面却不再具有这种优势地位,因而也无法承担起这方面的重要使命。由此,这种优势地位和重要使命就不得不由部门法学及以其为基础的部门法理学来完成了。

我们知道,在一特定地区,宪法在其法律体系中处于极为特殊的重要地位,其在成文法传统中具有至上地位、最高效力和最高权威。由此,在一特定地区,宪法是其法律体系中的一个法律部门,且为这一法律体系的法律部门之首。但宪法又不能仅仅被视为一个法律部门,因为,至少在成文法体系,宪法应是高于并处于对其他任何法律部门的统帅、引领和支配

---

① 需要说明指出的是,本文所说的制定法体系不完全是在成文法与不成文法相区分的意义上讲的。在这里主要是强调在一个国家或地区具有实际法律效力的规则法体系,以与抽象的、不具有国家强制力为后盾的自然法相区分。

地位的,成为其他任何法律部门的立法依据和效力渊源。

宪法的这种特殊地位决定了宪法学的特殊地位和使命①。宪法学则是以宪法为主要研究对象的法学学科之一。具体而言,宪法学的研究对象不仅是以宪法文本为基础,包括其自身概念、规范、结构、体系、适用等内部的教义法层面的宪法,而且由于宪法在制定法与自然法、法学与伦理学等所处的最为前沿的纽带和桥梁地位决定了宪法学还应当将宪法与其它部门法、其它非法学学科的人文社会学在制定法层面的彼此关系作为研究对象。如果前者称为宪法教义学,则后者可称为宪法法理学。后者这种纽带和桥梁既包括法学与非法学之间的阻隔,也包括了彼此间的交流与互鉴,不仅使得法学成为独立的学科,而且又具有开放和包容的思维和学科视野,使其获得持续生命力。由此,与宪法在法律体系中所处的地位类似,宪法学也承担着较为特殊的使命。对宪法学的研究不应只是一种宪法教义学维度,还应当关注宪法法理学维度。

第二节　我国宪法学范畴及其体系的研究现状与剖析

过去几十年来,随着我国法治实践和法学教育的发展,我国宪法学研究也取得了很大成就,从宪法学科的自主性确立到宪法理论体系的发展完善,基本形成了具有中国特定时空的宪法知识体系和制度体系,同时也对国家政治稳定、社会秩序、经济发展、文明提升、国际交流等作出了不可或缺的独特贡献。但是,既有研究还不能很好地满足国家经济社会发展的实际需要,还不能完全满足"人民对美好生活的向往"②,对我国法治建

① 在西方法律传统中,宪法在大陆法系与英美法系中的地位、效力和作用并不相同。在英美法系,尤其是英国,宪法为不成文法,并不具有大陆法系中的最高地位、最高效力和最高权威。但是,即便如此,笔者认为,宪法学在英美法系中同样担负着宪法教义学和宪法法理学所具有的这两种功能,尤其是后者,承担着法学与政治、社会、伦理、宗教等其他学科及其相关的问题的阻隔和纽带的双重功能。

② 习近平:《决胜全面建成小康社会　夺取新时代中国特色社会主义伟大胜利》,北京:人民出版社 2017 年版,第 21 页。

设实践的引领作用还未得到更充分的发挥。

从既有研究看,过去几十年来,国内对宪法学的关注多还是一种宪法教义学的视角。不过,在我国宪法学界,不论是直接提出并关注宪法范畴,还是从对宪法这一概念来关注和思考其基本理论问题,都是比较早的。早在二十世纪八十年代,就有学者从比较法视角对宪法概念进行了研究,在对社会主义宪法与西方资本主义宪法进行归纳梳理的基础上,提出了宪法的科学性和阶级性两大本质特征①。这种宪法观将马克思主义哲学置于支配地位,具有鲜明的意识形态特色。它在突出社会主义宪法观的同时,也使得宪法学乃至法学无法获得与哲学相较的独立自主的学科地位。几乎同时,宪法学者也注意到要进行对"宪法学基本范畴的再认识",并对宪法、国体、政体、国家区域结构、法制、权利和义务、国家结构作为宪法基本范畴进行了再解读。② 可见,虽然此时提到了宪法学基本范畴,但更多是对宪法学基本概念的松散式罗列,并没有对宪法学范畴及其内在关系进行体系性的展开和逻辑的论证和阐释。到了二十世纪九十年代,宪法学界开始将宪法概念置于与宪法范畴的关系中进行思考和研究,在对当时宪法学研究和宪法概念进行反思的基础上,有学者提出了"将社会权利或社会权利关系作为宪法学研究的最基础的范畴对待"观点,以克服当时宪法学面临的一个根本缺陷,"即无法在必要的抽象程度上概括出不同历史类型、不同国别的宪法所共同包含的最基本的内容或所要解决的最根本的问题"③。可以看出,我国宪法学者在面对当时迅速发展的时代需要和服务于完善社会主义民主政治和改革国家宪制管理体制新形势时,在寻求宪法学科自主性和宪法理论体系深化和更新的思想意识中开始学术努力。④ 后来,宪法学界越来越多地关注宪法学的范畴及其体系,尤其对宪法的基石范畴、核心范畴或基本范畴着重进行研究,⑤

---

① 张卫华:"宪法概念的比较研究",《法学评论》,1986 年第 2 期。
② 张光博:"宪法学基本范畴的再认识",《法学研究》,1987 年第 3 期。
③ 童之伟:"论宪法概念的重新界定",《法学评论》,1994 年第 4 期。
④ 参见梁忠前:"宪法学理论体系更新论要",《法律科学》,1993 年第 1 期。
⑤ 在笔者看来,如果不从范畴体系角度看,何者被称为宪法学基石范畴、核心范畴、基本范畴还是中心范畴等都没有多大区别性意义,因为无法确定其在整个宪法学范畴体系的具体位阶。由此,在对非体系性对宪法学范畴进行阐释的研究中,笔者并未对不同称谓进行详细的界分。

提出了多种宪法学范畴观点。其中又分为多元说、单一说等。多元说认为宪法的基本范畴存在多个或者多对①。单一说中则又有基本权利说②、法权说③、人权说④等。近年来,宪法学界也开始从体系化角度对宪法学范畴及其体系展开论述,试图在学理上构建起逻辑严密的中国宪法学范畴理论体系。⑤ 尤其是自 2004 年缘起于韩大元、胡锦光及林来梵诸位教授的基础共识而举办的首届"中国宪法学基本范畴与方法"研讨会以来,中国宪法学的范畴问题和宪法方法论问题已成为我国宪法学研究的两大热点。⑥ 截至 2019 年,中国宪法学界连续成功举办了十五届,吸引了大批宪法学者,取得了丰硕成果,足以显示出宪法学范畴问题在中国宪法学研究中的重要地位和持久魅力。⑦

---

① 如李龙、周叶中的宪法与宪政、主权与人权、国体与政体、基本权利与基本义务、国家权利与国家机构说;童之伟的法权、权利、总体权和剩余权说;王建华的公民权利、国家权力、宪法、宪政说;韩大元的国家-社会、宪法-法律、立宪主义-民主主义、人权-基本权利、主权-国际社会说;范进学等学者的民主与共和、宪法与法治、基本权利(人权)与国家权力、宪法职权与宪法责任、宪法规范与宪法效力、宪法救济与宪法诉讼、宪法概念与宪法解释、宪法监督与宪法审查说等。

② 韩大元:"基本权利概念在中国的起源与演变",《中国法学》,2009 年第 6 期;周叶中、夏正林:"从基本权利到宪法权利",《法学研究》,2007 年第 6 期;韩大元:"中国宪法学上的基本权利体系",《江汉大学学报》(社会科学版),2008 年第 1 期。

③ 这一观点主要是由童之伟提出来的,他对早期的社会权利说进行了修正,提出了法权说。当然他主张的法权说旨在用来解释适用于包括宪法学在内的整个法学学科,具有普适性。但是从实质上讲,他这种法权说还是基于宪法学维度对权利本位进行反思和修正基础上的结果。这种法权观,主要参见:童之伟:"以'法权'为中心系统解释法现象的构想",《现代法学》,2000 年第 2 期;童之伟:"法权中心的猜想与证明"——兼答刘旺洪教授,《中国法学》,2001 年第 6 期;童之伟:"法权中心说补证——对刘旺洪、范忠信两教授商榷意见的进一步回应",《法商研究(中南政法学院学报)》,2002 年第 1 期;秦前红:"评法权宪法论之法理基础",《法学研究》,2002 年第 1 期。

④ 管华:"从权利到人权:或可期待的用语互换——基于我国宪法学基本范畴的思考",《法学评论》,2015 年第 2 期。

⑤ 参见范进学、杨阿妮:"中国宪法学基本范畴体系新论",《四川大学学报》(哲学社会科学版),2009 年第 6 期;范进学、夏泽祥等:《中国宪法学基本范畴体论》,上海:上海三联书店 2013 年版;仇永胜等:"宪法学范畴的逻辑研究",《学术探索》,2014 年第 10 期。

⑥ 参见韩大元、林来梵等:《中国宪法学基本范畴与方法》(2004—2009),北京:法律出版社 2010 年版,内容简介。

⑦ 以 2019 年 6 月 21 日至 23 日由苏州大学王健法学院等承办的第十届学术研讨会为例,共有来自中国人民大学、中国社会科学院法学所、中国政法大学、武汉大学、上海交通大学、浙江大学、山东大学、吉林大学、中南财经政法大学、西南大学、郑州大学、中央财经大学、华(转下页)

然而,宪法学界对宪法范畴问题的讨论依然存在诸多不足:一是既有研究多从作为部门法学的宪法学维度对宪法范畴问题进行讨论,缺乏对宪法学在部门法学与法理学、宪法学与其他非法学学科之间所具有的特殊关系之维度的考量,即多是制定法维度的思考,而从宪法法理学维度的思考不足。二是既有研究过多以宪法文本作为研究对象,着眼于规则法下的宪法教义学的研究,这样导致宪法范畴与宪法学的范畴两者间缺乏必要而清晰的界分。而作为部门法的宪法范畴与作为部门法学的宪法学范畴虽然存在着密切关系,但两者间不宜相互混淆。三是既有研究对宪法范畴体系的研究多还停留在概念的归纳与罗列,虽然也有少数学者意识到体系化逻辑化的宪法学范畴研究的重要性,但并未成为广泛关注的研究视角,缺乏深入的讨论。

　　由上,我们有必要从宪法法理学的维度就作为宪法学学科理论体系的支柱和基础的范畴及其体系问题进行逻辑化、体系化讨论,探寻与一般法理学范畴及体系密切相关且又有区分的宪法法理学范畴及其体系,为构建和完善新时代中国宪法学学科理论体系提供支柱性要素基础和理论构架。

第三节　宪法学范畴及其体系

　　在本人看来,作为部门法理学之首的宪法法理学之范畴体系应该由元范畴、基石范畴、基本范畴及其他范畴共同构成逻辑清晰、层次分明的等级性范畴体系。这种范畴体系理论下的各层次的范畴之间类似于凯尔

　　(接上页)东师范大学、对外经济贸易大学、东南大学、西南大学、北京航空航天大学、南京师范大学、辽宁大学、青岛大学、山东师范大学、广西财经大学、苏州市检察院法律政策研究室、江苏省区域法治协同创新中心及苏州大学等三十余所高等院校、科研院所的50余位专家学者参加了为期一天半的学术会议。"第十五届中国宪法学基本范畴与方法学术研讨会在我院成功举行",参见 http://law.suda.edu.cn/fa/58/c1054a326232/page.htm,2020-2-2最后访问。

森的规范等级体系,所不同的是,后者是针对规范的理论,而前者是针对学科意义上的范畴理论的。

一、作为宪法法理学元范畴的宪法法理

如前所述,法理不仅是法理学研究的主题和部门法学共同关注的对象,还应该成为包括法理学和部门法学在内的整个法学学科的元范畴。这种元范畴不仅是具体研究对象,同时也是一种方法论意义上的思维方式。

就宪法学而言,宪法学的元范畴应该是宪法法理。作为宪法学元范畴的宪法法理不仅是宪法学的重要且基础的研究对象,而且也应是研究宪法学的一种方法论维度和方式。通过宪法法理这一元范畴将宪法学在学理上和方法论上与法理学、宪法学与其他非法学人文社会学科相勾连,同时又使其能够与后者保持必要的区分性张力。由此,从宪法法理学角度探讨作为宪法学元范畴的宪法法理是讨论宪法学范畴体系的逻辑起点和首要问题。

至于何为宪法法理,则是仁者见仁、智者见智的问题了。比如,宪法法理是关于宪法的道理、原理、机理、情理、事理、义理,等等。这或许是宪法学者需要广泛持续讨论的重要问题。不过,不论学者们持何种观点,严肃认真地对待并研究宪法法理应该成为宪法学界的学术共识。由此,作为宪法学元范畴的宪法法理具有高度抽象性、概括性和一般性,在宪法学范畴体系中居于逻辑起点地位,成为讨论宪法学范畴体系时不可或缺的一环。

如果仅从语义分析,对于作为宪法学元范畴的法理之内涵进行讨论,似乎难以给出合理且有说服力的阐释。而且,就本文论旨,对于这一问题的详尽讨论也不是笔者的目的。不过,从法理在宪法学理论体系尤是其范畴体系中的地位和作用看,法理至少在宪法学中应承担如下功能:

第一,为宪法作为根本大法在宪法学上提供理论支撑。我们知道,在

大多数国家,宪法在其国家整个法律体系中都具有根本大法地位。迄今为止,不论是社会主义国家,还是资本主义国家,不论是在西方的大陆法系,还是英美法系,都体现了这一点。即便是在英美法系中颇具代表性的美国,宪法的根本地位丝毫不比其他国家弱。从某种意义上讲,西方法律人对法治、法律、法理等的讨论,其根本在于对宪法的地位和作用的确认和捍卫。西方自然法流派与实证主义法学流派之争,其背后却是为作为根本大法的宪法寻求学理上的理论渊源。比如,在古典自然法那里,霍布斯、卢梭等思想家试图通过社会契约论来为宪法提供正当性学理,实证主义法学代表人物之一的凯尔森则创造出纯粹法学,通过以基本规范为基础的规范体系为法律尤其是宪法的最高效力提供学理上的逻辑支撑。

由此,在部门法学中,宪法是与法理学最近的重要学科,也是最需要深厚的法理支撑的学科。换言之,如果没有深厚的法理支撑,就不可能构建起具有根本大法地位的宪法和与之相适应的宪法学。也正是如此,不论是宪法学与政治学、社会学、哲学、伦理学、环境伦理学等其他学科在原理上关联,还是宪法学学科内部理论上所有的范畴、原理、逻辑及其实践实施方面的机制、体制,以及其所有问题的提出、分析、阐释与建构,只要深入思考和研究,无不需要宪法法理层面的有力支撑和证成。比如,针对近年来生态给人类敲响的警钟,我国学者多从生态文明、环境权等宪法的关系或从宪法维度对此类问题的阐释展开研究,这些问题无不关涉到生态文明及其背后的生态学、生态伦理学等,这都需要阐释这些原理与宪法学问题是如何通过法理勾连起来的。① 另外,近年来,我国宪法学界有学

---

① 近年来我国宪法学界对此领域的研究,代表性成果有:姜峰、郑晓军:"厘清与重构:生态文明建设的宪法规范内涵",《江汉学术》,2019 年第 6 期;巩固:"'生态环境'宪法概念解析",《吉首大学学报(社会科学版)》,2019 年第 5 期;张震、杨茗皓:"论生态文明入宪与宪法环境条款体系的完善",《学习与探索》,2019 年第 2 期;陈海嵩:"生态环境损害赔偿制度的反思与重构——宪法解释的视角",《东方法学》,2018 年第 6 期;张震:"生态文明入宪及其体系性宪法功能",《当代法学》,第 6 期;陈海嵩:"《民法总则》'生态环境保护原则'的理解及适用——基于宪法的解释",《法学》,2017 年第 10 期;吴卫星:"生态危机的宪法回应",《法商研究》,2006 年第 5 期;陈泉生:"环境时代宪法的权利生态化特征",《现代法学》,2003 年第 2 期;陈泉生:"论生态危机对传统宪法的挑战",《法制与社会发展》,2002 年第 2 期等。

者关注宪法学与社会学的关系,试图从社会宪法学维度推动我国宪法学基本理论的研究和对宪法问题的诠释,其中系统论宪法学即是代表性论题之一,这与传统的政治宪法学、伦理宪法学、实证宪法学、教义宪法学等维度有很大不同,因而需要新的法理提供理论支撑。①

第二,为宪法学研究在方法论上提供学理指引。同其他部门法一样,宪法是一种规范体系,然而其规范体系的背后却是基于不同学理对宪法及其自身领域问题的揭示、诠释、建构。宪法学是以宪法为主要研究对象的学科,不同的方法论为这种宪法规范的诠释提供不同的维度和路径。从方法论上讲,不同的思想理论流派不仅是各种不同的理论体系,也是不同的方法论。是对宪法或宪法学本身的发展历程进行历时性阐释,还是通过实证调研对不同国家地区的宪法进行共时性比较,每种方法论的选取都需要一定的法理作为基础。如果说包括宪法在内的社会学科是在探求某种真理的可能及其限度,那么这与其所选取的研究方法及其所植根的方法论具有密不可分的关系。当我们说宪法和法律是一种规范体系时,其实我们是将这种论断建立在对法规范的明确性、确定性以人们对事实的可认知性予以认可并依赖的前设之上的,而这种前设又是在自康德以来建立起来的现代哲学的确定性、必然性以及人类对客观世界的可认知和可改造性基础之上的。然而,一旦我们对现代哲学的这种人之理性产生了质疑和反思,那么建立在人之理性基础之上的现代哲学以及作为这种法哲学方法论的具体外在体现的宪法法律规范之特性就值得我们深思。由此,法学界也有学者对规则确定性或事实确定性产生了质疑,产生了美国的现实主义法学中重要的一个流派,对这种确定性进行质疑更彻底的则是后现代主义法学学者,他们试图颠覆、解构法律规范所依凭的确定性和必然性根基,将其连根拔起。由此,宪法学研究的深入开展,离不

---

① 对这一问题研究的代表性成果有:陆宇峰:"系统论宪法学",《华东政法大学学报》,2019 年第 3 期;李忠夏:"宪法学的系统论基础:是否以及如何可能",《华东政法大学学报》,2019 年第 3 期;曹勉之:"建构地认识宪法:一个系统论宪法学的视角",《华东政法大学学报》,2019 年第 3 期;陆宇峰:"系统论宪法学新思维的七个命题",《中国法学》,2019 年第 1 期;陆宇峰:"'自创生'系统论宪法学的新进展——评托依布纳《宪法的碎片化:全球社会宪治》",《社会科学研究》,2017 年第 3 期等。

开具体的研究方法,更离不开某种具体研究方法所植根的方法论法理。因为,从研究层面,理论只有偏激才可能深刻,而偏激不是非理性的胡言乱语,而是建立在某种方法论基础上的理性质疑、推理和阐释。

第三,为宪法学研究在法学与其他人文社会学科间架起彼此沟通和联系的桥梁。宪法学既是整个法学学科中的一个部门法学学科,同时又是一个极为特殊的部门法学学科。它不仅是法理学之法理理论进入到部门法学学科中的第一步,也是能否在部门法学中得到真正系统性体现的最为关键的一环。这是由宪法学所研究的对象——宪法在整个法律规范体系中所具有的统领性、至上性地位和作用所决定的。因此,宪法学需要更扎实充分的法理基础,这需要同其他人文社会学建立更为紧密的学理联系,与包括生态伦理学、科技伦理学、医学伦理学、生命伦理学在内的伦理学、政治学、哲学、社会学、经济学、逻辑学、历史学、宗教学以及心理学与精神学、混沌学,乃至诸如计量数学、物理学等自然科学的原理、学理等发生学理上的联系,为宪法学的法理根基提供正面或反面的学理支撑。比如,宪法学所研究的对象——宪法之所以在人类历史上出现,其初衷就是为了规制权力,规范权利与权利之间、权力与权力之间、权力与权利之间的各自边界与彼此之间的关系,并围绕这些目的实现如何构建其包括实体和程序上的规范体系。而在前近现代社会,权力的边界思维及其建立在其上的权力规制法理并未获得广泛认知,更无法获得社会实践。这背后其实是更深层的现代法理意识和启蒙程度的问题,比如说宪法在法理上是建立在人至上的人本之上,还是神至上的神本之上?是普通人至上的平等人学理上的人本,还是身份或权力至上的等级性人本?这些都需要深厚的法理提供学理上正面的证立或反面的驳斥。

第四,为宪法学对宪法实践提供理论支援和科学指引提供充分的学理理据。

如果把一个国家地区的法律体系看作是一个大厦,那么宪法则是其他理论、精神、原理等能否进入这个法律体系大厦的第一道门坎。换言之,宪法的特殊之处在于它是连接法律规范与非法律规范、通过法律控制还是通过非法律控制的入口。也正是如此,宪法一面具有规范法律的基本特性,如规范性、明确性、司法性等,另一方面也具有非规范法律的特性,如伦理性、科学性等。这一点从宪法的序言就能得到证实。与其他法律部门相比,只有一国的宪法才需要通过表述的方式而非法律溯源的方式获得宪法自身正当性基础,而其他法律部门则仅仅可以通过"依据宪法,制定本法"这样的表述就可以完全获得效力上的充分正当性理据。只不过有的国家宪法是通过追溯过去获得法理上的正当性,有的国家宪法则通过展望未来而获得,还有的国家宪法通过超验层面的教化而获得①,等等。因此,与其它法律部门相比较,宪法在获得其正当性时尤其需要法理的支撑,而宪法学则需要在法理层面承担起这样特殊的学科和学术使命。

因此,只有深深植根于法理之中的宪法学才能为宪法的正当性提供充分的养分支持。由于宪法本身是一个法律部门,自然也同样具有同其他法律部门相似的实践属性。有人说过,"法律必须被信仰,否则它将形同虚设"②,然而,包括宪法在内的一切法律,如果不能得到实践,它同样形同虚设。就连亚里士多德在阐释何为法治时,除了强调了"法律本身应该是制订的良好的法律"外,同样强调了法的实践属性,即"已成立的法律获得普遍的服从"③。

由此,具有深厚法理的宪法,通过其在整个法律体系中特殊的准入性地位,为其他法律部门的正当性、科学性提供独特的法理支撑,为其真正实践提供规范性指引。

---

① 比如,美国宪法序言为"We the people of the United States, in order to form a more perfect Union, establish justice, insure domestic tranquility, provide for the common defense, promote the general welfare, and secure the blessings of liberty to ourselves and our posterity, do ordain and establish this Constitution for the United States of America",即"我合众国民,为立善盟,树正义,护国安,保共守,促公利,而使吾辈及后世得享自由之幸,特为美利坚合众国制定此宪";我国宪法序言则用较多篇幅采取了回顾描述方式对中国近代革命及建设历程进行梳理总结,以确认中国各族人民奋斗的成果;在政教合一的国家,宪法的正当性则来自宗教教义和神权至上的精神。

② [美]哈罗德·J.伯尔曼:《法律与宗教》,梁治平译,北京:生活·读书·新知三联书店1991年版,第28页。

③ [古希腊]亚里士多德:《政治学》,吴寿彭译,北京:商务印书馆1981年版,第199页。

二、作为宪法法理学基石范畴的宪法正义

正如博德海默所言,"正义有一张普洛透斯似的脸,变幻无常,可随时呈现出不同形状并具有极不相同的面貌,当我们仔细查看这张脸并试图解开其背后的秘密时,我们往往会深感迷惑"①。如果说正义是包括法理学在内的整个法学的基石范畴的话,那么作为部门法学中具有特殊地位的宪法学,正义在其中的具体所指涉的内涵也具有其独特性。尽管对于何为正义,何为宪法正义之具体内涵的理解存在诸多观点,但若将宪法、宪法学视为与正义毫无关涉的法律部门和学科,则是极其危险的。那种将宪法学视为自然科学意义上的宪法科学,必须认识到只能在有限的限度内才可以,而应与纯自然科学具有很大的不同。也就是说,即便我们承认宪法科学这种论断,但是在在价值位阶上,宪法的科学性应该次要或次优于宪法的正当性或正义价值。也就是说,当宪法的正义性与科学性发生冲突时,应当是正义性优于科学性。在价值位次上,宪法的科学性与正义性之间是手段与目的的关系,即宪法的终极目的应当是追求和实现正义而非科学性,后者只是作为宪法实现前者终极目的的手段而已。

宪法及宪法学对正义的不可或缺性在人类过去历史的惨痛教训与宝贵的经验中也得到了验证。有学者认为,人类曾遭受的两次世界大战这种前所未有的浩劫就与法律尤其是宪法对正义的缺失以及由此导致的对非正义与邪恶进行有效约束规制的失灵不无关系。如我们所知,德国《魏玛宪法》是人类历史上较早具有社会属性、体现浓郁社会本位的宪法文本,然而由于其对非正义有效约束的缺乏导致了其颁行不久就被废止,继而被德国法西斯主义系列法律所取代。也正是如此,法与正义良善是否存在必然联系这一古老问题在西方至少掀起了持续达数十年的论辩风

---

① [美]E.博登海默:《法理学:法律哲学与法律方法》,邓正来等译,北京:中国政法大学出版社 2004年版,第26页。

潮,使西方的"难题史"之辩得以重新延续。① 美国著名法哲学与政治哲学家约翰·罗尔斯则干脆重新回到对正义这一根本问题的讨论上,完成了《正义论》及系列论著,专门对正义进行深入系统的讨论和阐释,构建其对正义的理论大厦,掀起了人们对正义给予高度关注和讨论的又一次高潮。

那么,接下来需要讨论的是,正义在宪法学中是如何体现为其基石范畴的,或者说,作为宪法学基石范畴的正义具体体现在哪些方面。

第一,正义作为宪法学的基石范畴对其整个价值体系具有定盘星的意义和作用。如前所述,宪法学是以宪法来作为主要研究对象的一门法学学科,是法学的一门分支学科②。具体而言,其研究对象主要包括关于宪法的基本理论、公民的基本权利与基本义务、国家的性质和政府组织形式、国家政权的组织及其根本制度以及中央与地方关系,等等。③ 这样一来,即便正义可以作为宪法学的一个范畴,它或许也仅仅是如同自由、平等类似的诸多价值范畴中的一个而已,如何可能成为宪法学中具有定盘星地位的基石范畴呢? 比如,在对宪法学的产生与发展进行历时性研究时,我们主要采取的是一种客观中立的描述性思维与研究方法,而与正义与否并未有必然联系。另外,如果对宪法进行分类,从传统的一种分类方法——从制定机关的不同而作的分类,可以分为钦定宪法、协定宪法和民定宪法④;如果从宪法学对宪法的现代方法进行分类,则有卡尔·罗文斯坦的规范宪法、名义宪法、语义宪法的三分法以及惠尔、沃尔夫·菲利浦斯、科瓦奇斯等学者的创成宪法与派生宪法、生来宪法与外来宪法、显在宪法与潜在宪法、意识形态纲领性宪法与意识形态中立——实用主义宪法、竞合宪法与统合宪法、有条件宪法与无条件宪法、优越的宪法与从属

---

① 德国法哲学家考夫曼曾说,西方法律哲学史就是"自然法学与实证论"之间的"难题史",其实质是对法与正义良善等价值是否存在必然关系的论断。参见[德]考夫曼:《法律哲学》,刘幸义译,北京:法律出版社 2004 年版,第 25 页。

② 也有学者认为"宪法学是以宪法规范和宪法实现作为研究对象的一门法律科学",但同时又认为它"是法学的一个重要分支学科"。参见董和平:《宪法学》,北京:法律出版社 2015 年版。

③ 参见张千帆:《宪法学》,北京:法律出版社 2014 年版,目录第 1—3 页。

④ 参见林来梵:《宪法学讲义》,北京:法律出版社 2015 年版,第 66 页。

的宪法、实质意义的宪法与形式意义的宪法等分类①,都似乎看不到正义在其中的统摄性、定盘星的指引。另一方面,也有宪法学者认为,即使宪法学存在基石范畴或者核心范畴,那也未必是正义,如认为"法权"才是宪法学的基石范畴②。这些都似乎表明,正义难以担当起宪法学基石范畴的重任。

然而,正如前所述,包括宪法学在内的法学是根植于人文的社会学科,其最终目标,与其他人文社会学科一道,都应是保障、维续和增进人类文明,而这也决定了其社会实践特性。只不过,对人类文明的贡献体现在法学这里,往往表现为对正义的保障、捍卫和推进。更具体言之,包括宪法学在内的法学通常通过不断消除或减少非正义而促进对正义的实现。如果说宪法学的研究对象或其针对某一具体特定问题所采用的客观中立的描述性研究,那也应只是局部的、工具层面的手段选择。对于任何问题的梳理、阐释和研究都不应偏离有利于其终极目标的促进和实现。因此,如果宪法及宪法学离开了对正义的追求,偏离了正义的目标,那它就可能失去对邪恶和非正义的约束,无法将其限制在笼子里或正确的轨道上,甚至宪法和宪法学有意或无意地成为了邪恶和非正义的帮凶。这与人类对宪法及宪法学的初衷是背道而驰的,也是非常危险的。也正是如此,权利、法权乃至权利与义务虽然可以成为宪法学范畴或者说基本范畴,但还不能成为基石范畴,在其他章节笔者对于这一问题进行了更为专门的讨论,于此不赘述。因此,宪法学在讲述一般意义上的宪法原则时,往往认为至少主要包括如主权在民原则(或人民主权原则)、尊重人权原则、权力行使民主化原则、依法治国或法治原则等。③ 学者们虽然对于宪法原则的具体内容或理解存在分歧,但不可否认的是,人本、人权、法治等构成了

---

① 参见林来梵:《宪法学讲义》,北京:法律出版社 2015 年版,第 67—68 页。

② 我国著名宪法学者童之伟教授就曾对作为宪法学核心范畴的"法权"进行过深入系统的研究与阐释。对于"法权"这一范畴,笔者在第八章还将进行更为详尽的分析与讨论。

③ 需要强调指出的是,此处所谈的是一般意义上宪法原则,如果就中国宪法学而言,则坚持中国共产党的领导是最重要和最核心的原则。另外,严格意义上讲,主权在民原则与人民主权原则、依法治国原则与法治原则并非完全等同,限于本文论旨,在此不作详细区分性论述。具体参见董和平:《宪法学》,北京:法制出版社 2015 年版,第 107—111 页。

宪法学认为宪法所应秉持和追求的共识性原则。这就表明了近现代宪法所具有一般意义上的共同精神追求，是有人性和温度的，而非纯科学意义上的冷冰冰的教义学上的规范体系。而所述这些原则不过是正义这一基石范畴所具有的价值意义在宪法学中的具体体现，或者说是通过这些基本原则在宪法中的贯彻来追求和实现宪法学意义上的正义。

第二，正义作为宪法学的基石范畴是其价值范畴中的中流砥柱。如果法离开其正义良善之价值，就可能沦为邪恶非正义的帮凶，对于宪法尤其如此。为此，在一国宪法中如何体现贯彻正义，就显得极为重要，它构成了宪法中其他价值范畴的最核心元素。不过，由于宪法所承担的使命之特殊性，相较于其他部门法，正义在宪法中也有其特殊性。因此，宪法学所关注的正义是作为最基础、最根本、最一般的正义，或者说是社会正义。宪法学自然也应当将正义视为其重要的研究论题和基石范畴。宪法法理学则应着重探讨宪法正义的法理，即宪法学中的正义一般理论。比如，有学者认为宪法的正义或正当性源于超验层面[1]，有的则认为来自身份或者祖先的历史性传承[2]，也有论者更强调客观环境及人文历史的特殊性对一国宪法正义的决定性影响[3]，还有的则认为来源于广大民众的合意同意[4]，等等。不过，在现代社会，人们已普遍认识到，宪法所秉持的正义来自于广大普通民众的合意，因为宪法所关照的是世俗社会的普通

---

[1] 有西方学者就从宪政论的宗教基础问题进行专门讨论，阐释了在西方宪政发展历程中的每一个关节点上超验正义观念所起的重要作用。参见［美］弗里德里希：《超验正义——宪政的宗教之维》，周勇译，北京：生活·读书·新知三联书店1997年版。

[2] 马克斯·韦伯在对人类社会统治类型进行梳理总结时，认为这类属于权威性秩序类型，参见［德］马克斯·韦伯：《经济与社会》（上），约翰内斯·温克尔曼整理，林荣远译，北京：商务印书馆2006年版，第251—268页。

[3] 西方启蒙思想家孟德斯鸠在其《论法的精神》巨著中，通过对其所生活的世界主要国家地区的法律类型进行分类，认为气候、地理环境、土壤、民族一般精神、风俗等都会对一国的法律秩序类型起到决定性影响，乃至这种决定性结果是无法改变的。参见［法］孟德斯鸠：《论法的精神》（上），张雁深译，北京：商务印书馆2002年版，第三卷。

[4] 西方古典自然法学派的霍布斯、洛克及卢梭等，都强调了契约对基本法律的正当性渊源。历史法学派代表人物之一的梅因甚至将"从身份到契约的运动"视为其发现的人类法律文明发展的规律。直到美国法哲学、政治哲学家罗尔斯依然坚守契约对基本法律——宪法的正当性渊源，提出了"无知之幕"下的"重叠共识"的正义实现路径。

人的平凡而平等的生活。宪法的这种正义通过其他的价值原则来具体得到体现和贯彻。其具体价值原则至少包括平等、自由、人权等并被具体化为权利保障、权力制约、民主、法治等原则。不过需要补充说明的是,在一特定时空国家地区,其宪法正义价值的具体原则因其历史传统、现实国情等也会体现其一些特色元素。但就现代社会宪法所应秉持和坚守的基本性价值原则而言,还是具有共识性的。比如,美国宪法序言开始的内容是"我合众国民,为立善盟,树正义,护国安,保共守,促公利,而使吾辈及后世得享自由之幸,特为美利坚合众国制定此宪"①,并在此基础上确立了人民主权、共和制、联邦制、三权分立、制约与均衡、有限政府、个人权利七大基本原则;法国宪法序言为"法国人民庄严宣告,他们热爱 1789 年的《人权和公民权利宣言》所规定的,并由 1946 年宪法序言所确认和补充的人权和国家主权的原则。根据这些原则和人民自由决定的原则,共和国对那些表明愿意同共和国结合的海外领地提供以自由、平等、博爱的共同理想为基础的,并且为其民主发展而设计的新体制",并在其正文第二条明确规定,"共和国的口号是:自由、平等、博爱""它的原则是:民有、民治、民享的政府"②;我国现行宪法则规定了平等、人民主权、基本人权、法治、权力制约和民主集中制原则③。另外,我国宪法第 24 条规定了"国家倡导社会主义核心价值观",更体现了我国宪法所具有的一般正义与中国特色的结合。④

---

① 美国宪法序言原文为:"We the people of the United States, in order to form a more perfect Union, establish justice, insure domestic tranquility, provide for the common defense, promote the general welfare, and secure the blessings of liberty to ourselves and our posterity, do ordain and establish this Constitution for the United States of America."

② 参见《法兰西第五共和国宪法》序言及第 2 条。

③ 我国宪法第 33 条规定"中华人民共和国公民在法律面前一律平等""国家尊重和保障人权",第 2 条规定"中华人民共和国的一切权力属于人民",第 5 条规定"中华人民共和国实行依法治国,建设社会主义法治国家",第 3 条规定"中华人民共和国的国家机构实行民主集中制的原则"。

④ 党的十八大提出,倡导富强、民主、文明、和谐,倡导自由、平等、公正、法治,倡导爱国、敬业、诚信、友善,积极培育和践行社会主义核心价值观。2018 年 3 月 16 日,十三届全国人大一次会议通过宪法修正案,将宪法第 24 条第 2 款修改为"国家倡导社会主义核心价值观,提倡爱祖国、爱人民、爱劳动、爱科学、爱社会主义的公德"。

具体而言,宪法法理学所关注的宪法正义是近现代社会平等人本理念和精神在作为最根本部门法或教义法中的体现,即康德所提出的"人是自身目的"而"不是工具"的法哲学原理①,主要表现为平等、自由、人权乃至秩序、安全等基本精神和价值理念。这些基本价值精神再具体化为上面的一些宪法所应遵循的基本原则。不过现代宪法所要保障捍卫的正义主要是防范和规制来自公权力的侵害,因为在现代社会里,这个"利维坦"的力量实在太大了,成为了"必要的恶"或"危险的善"。除了上面所提到的宪法基本原则外,还有一个原则也通常被认为是现代宪法所应秉持的,即比例原则。这一原则最初来自于行政法学领域,主要目的是处理政府控制中的公共权力的干预行为与公民私权保护之间的关系问题。它最早出现于 19 世纪德国的《警察法》,后来逐渐发展成为行政法的基本原则和行政法学所关注和研究的重要范畴。由于宪法学者们认识到宪法所应防范和规制的公权力主要还是来自于行政权,因为现在社会越来越像"行政国",而且这也是由行政权具有天然的自我扩张性所致。由此,比例原则也进而成为了现代宪法所应秉持的一个基本原则和宪法法理学所应重点关注的基本范畴。通常认为,比例原则有广义和狭义之分。狭义的比例原则又称为"法益衡量原则""利益衡量原则"或"相当性原则",意指公权力的行使,即使是为实现公共利益目的所必须,也不可给予人民超过该目的之价值的侵害。换言之,比例原则要求,我们在行使公权力时,不但应符合公共利益之目的,而且也不应当采取总成本大于总收益的行为。这类似于密尔所倡导的"最大不伤害"(Do no harm)的自由原则②。只不过与密尔的自由论相比,可以说这种比例原则背后的法理与前者一起共同

① [德]伊曼努尔·康德:《实践理性批判》,韩水法译,北京:商务印书馆 2003 年版,第 95 页。
② 密尔在其《论自由》中,明确表达了其研究目的,即力主一条极其简单的原则:"使凡属社会以强制和控制方法对付个人之事,不论所用手段是法律惩罚方式下的物质力量或是公众意见下的道德压力,都要绝对以它为准绳。这条原则就是:人类之所以有理有权可以各别地或者集体地对其中任何分子的行动自由进行干涉,唯一的目的只是自我防卫。这就是说,对于文明群体中的任一成员,所以能够施用一种权力以反其意志而不失为正当,唯一的目的只是要防止对他人的伤害。"这一就如何在个人独立与社会控制之间作出恰当划界提出的原则通常被称为"最大不伤害原则"或"避免伤害原则"。具体参见[英]约翰·密尔:《论自由》,许宝骙译,北京:商务印书馆 1959 年版,第 10 页。

构成了一枚硬币的两个面。密尔是从个人自由的维度就个人自由的范围边界进行的讨论，提出了个人自由的边界止于对社会的公共利益的伤害，因而被认为开启了"由个人本位转向社会本位之自由思想"的积极自由主义趋向[①]，同时也是对过度强调个人本位的适当修正。而比例原则则是基于对公权力的有效规制而被提出来的，旨在对个人自由和个人权利免受来自公权力的侵害提供有效保障。这样两者结合起来能够更好地遵循和捍卫宪法意义上的正义。对于行政法学的范畴体系的诸问题，笔者将在第五章展开详尽而专门的讨论和阐释，于此不赘。

第三，正义作为宪法学的基石范畴对宪法解释、运行、修正及实施具有至高指导性。我们知道，具有代表性的部门法，如民法、刑法和行政法等，主要规定的是实体性权利义务等方面的内容，而其程序性内容则有专门的法律来规定，即民事诉讼法、刑事诉讼法以及行政诉讼法。同样，以研究这些部门法为主要研究对象的部门法学也主要关注自身的实体性问题。与其他部门法相比，宪法还有另一个鲜明特征，即宪法不仅包括实体权利义务等内容，还包括了宪法解释、修改、运行、监督等程序性内容。甚至有学者认为，在某种意义上，宪法就是一部程序性法律。"宪法的程序规则具有权力的正当化功能、规范化功能和形式合理化功能"，因为现代法治"是一种以正当程序为主要内容的人们服从规则治理的过程，而法治的正当程序则以宪法程序为根本"[②]。近年来，我国宪法学者也日益关注宪法程序法的研究，建议出台《宪法解释程序法》等。[③]

由此，宪法学尤其是宪法法理学还应当为宪法提供程序正义上的学理支撑。换言之，正义作为宪法学的基石范畴还应当为宪法解释、运行、修改、监督等在程序层面提供基石性的正当性学理。这也从宪法程序属性为宪法正义作为宪法学基石范畴提供了理论上的证成。

---

① 叶勤：《密尔'不伤害'原则及其对行政权力的道德限定》，《道德与文明》，2007 年第 1 期。

② 汪栋：《论美国联邦宪法的程序规则》，《法学论坛》，2009 年第 3 期。

③ 参见张翔："'合宪性审查时代'的宪法学：基础与前瞻"，《环球法律评论》，2019 年第 2 期；韩大元："论当代宪法解释程序的价值"，《吉林大学社会科学学报》，2017 年第 4 期；秦前红："《宪法解释程序法》的制定思路和若干问题探究"，《中国高校社会科学》，2015 年第 3 期等。

三、作为宪法法理学基本范畴的权利与义务

如果说宪法正义是宪法学的基石范畴,那么在这一基石范畴之下则是其基本范畴。笔者认为,在宪法法理学中,其基本范畴应当是宪法权利和宪法义务。

如笔者前面所述,在一般法理学中,权利是其基本范畴,甚至有学者称为"权利本位"或"权利范式"①。但是,如我们所知,权利作为范畴其实是在多个层面上讲的,比如应有权利、法定权利、习俗权利或实有权利等。② 因此,当我们说权利是法学或法理学的基本范畴,到底是在哪个层面上讲的呢? 因为在不同的层面,权利这一范畴内涵及其背后的学理是有差异的。应然权利,顾名思义,是在应然层面上谈的,尽管有人称之为道德层面或理性层面等。人们越来越认为,这主要是作为衡量规范法的判断标准而具有价值意义。而法定权利则是从规范法学角度而言的,其最终目的是可操作的实践。若从前者层面,权利本位或权利范式具有很强的解释力,同时权利作为基本范畴也是没有问题的。但是,如果从规范法学角度而言,权利并非比义务具有更高的地位,而是彼此难以分出高低,即马克思所说的"没有无权利的义务,也没有无义务的权利"③。由此,笔者认为,从部门法学角度而言,权利与义务共同构成了宪法法理学的基本范畴。

不过需要特别指出的是,由于宪法是规制权利与权力之间关系的部门法,或者说主要是通过权利约束权力和通过权力制约权力来实现对权利的有效保障。因此,宪法学与权力之间具有很密切的关系。而在现代法治社会,法谚道"法无授权不可为""法定职责必须为"④。这就意味着

---

① 参见张文显:《法哲学基本范畴研究》,北京:中国政法大学出版社 2001 年版,第384—408 页
② 此为学界根据权利和义务的存在形态进行的分类,参见张文显:《法理学》(第5版),北京:高等教育出版社 2018 年版,第132 页。
③《马克思恩格斯选集》(第1卷),北京:人民出版社 1972 年版,第18 页。
④ "法无授权不为"其实源于私法土壤,是对"法无禁止即可为"在公法意义上的保障,如今已成为宪法原则,也应成为中国宪法学者维护的价值标准之一。参见童之伟:"'法无授权不可为'的宪法学展开",《中外法学》,2018 年第3 期。

公权力一方面表现为专有垄断性的职权,另一方面同时又表现为无法抗拒或放弃的职责。也正是这种公权力在宪法中的特殊性,有学者认为,宪法学的基本范畴应当是法权,而非权利或权利义务,提出了宪法学的法权中心主义论①,进而提出了"中国实践法理学的话语体系构想",即构建一个以法权为其重心,由权、权力、权利、法权、剩余权和义务为普通范畴的中国实践法理学范畴体系和话语体系②。

　　然而,在笔者看来,由于法权范畴论并未对权利自身的模糊性与多层次性进行区分,从而导致其对权利本位论的批判也不够充分。如果从一般法理学而言,应有权利层面的权利居于权利本位或者说权利基本范畴地位,应该是可以成立的。如果从部门法学,或者说实践法学而言,单靠权利是无法实现正义的,由此,从对正义的实现角度,权利与义务可能居于同样重要的位置。作为具有鲜明宪法学特色的法权基本或重心范畴说,其所对应的批判且替代的对象只能应然层面的权利。法权被置于至高的位置。在其法权重心范畴论中,权利和义务只处于普通范畴的位置。这种范畴体系构想其实是将一般法理学与宪法法理学的位置给颠倒了。因为,如前所述,不论是权利、义务,还是这种法权,其最终都应当服务于正义,旨在保障正义的实现和扩展。而不论是理论还是实践,从法学整体或一般法理学看,通过权利和义务的创设、划分、分配是实现正义的最基本也是最有效的方式和途径。由此,从正义的实现和法的实践性出发,宪法权利和宪法义务同样应该是宪法学的基本范畴,共同维护和保障宪法正义。只不过,在宪法学中,由于公权力的存在,导致宪法权利和宪法义务具有了自身的特殊性。具体而言,宪法权利一方面针对的是自然人的基本义务而言的基本权利,如平等权等,另一方面还包括作为公民所拥有的针对公权力而言的那部分权利,如政治自由等;宪法义务一方面针对的

---

① 作者认为,法权中心法学是在与权利义务法学和权利本位研究范式的对立和竞争中发展起来的,是在对后者的批判与吸收基础之上发展起来的宪法学范畴理论。参见童之伟:"法权中心主义要点及其法学应用",《东方法学》,2011 年第 1 期。

② 童之伟:"中国实践法理学的话语体系构想",《法律科学》(西北政法大学学报),2019 年第 4 期。

是作为自然人层面所具有的基本义务,如赡养老人等,另一方面还包括作为公民所具有的针对公权力而言的那部分义务,如依法纳税、服兵役等。而法权就是针对公权力并以此为中心而创设的范畴理论。不过,与本文所说的宪法权利和宪法义务不同,法权是从公权力的视角来思考的产物,而前者是从人或者说平等的人、公民角度来思考的结果。但从其对正义实现的重要性以及对个人权利的保障而言,法权的地位不可能是最高的,宪法的最终目的不可能是法权的运行。由此,法权替代宪法学的权利与义务不仅是不合适的,也是不可能的。可见,从部门法学角度,宪法学的基本范畴只能是宪法权利和宪法义务。只不过,从两者的目的与手段关系来看,应当是以权利为目的而以义务为手段。但是,在两者对宪法正义的功能实现看,两者并没有明显的高下之分,具有同样的地位。而法权所关注并倡导的核心问题实质上是权力。权力只能是实现宪法正义而必须面对和处理的极为重要的问题,因而是宪法学中与宪法权利跟宪法义务基本同样需要研究讨论的重要范畴和理论问题。因而,退一步讲,宪法学的基本范畴也可以被认定为是权利、义务和权力共同构成的基本范畴。这也是宪法学基本范畴与其他部门法学相比较的重要区别之一。总之,法权既无法替代宪法权利和宪法义务实现对宪法正义实现的保障,又无法涵括宪法权利、宪法义务以及公权力所具有的理论内涵和范畴意义。

四、宪法法理学的普通范畴

由上可知,从宪法法理学视角而言,宪法学的范畴体系应当是以宪法正义为基石范畴,统领着以宪法权利、宪法义务及权力为基本范畴,并进而统领着诸多普通范畴共同构成的范畴体系。由此,宪法学的普通范畴是其范畴体系的基层范畴,是其肌肉和枝叶。有了诸多普通范畴,才使得整个宪法学范畴体系得以支撑起来。

具体来讲,普通范畴分布于宪法学的各个部分和环节。当然,因不同学者所选取的角度不同,这使得对宪法学范畴的理解存有不同的理解。有学者认为中国宪法学的基本范畴由公民权利、国家权力、宪法规范与宪法实施组成。[1] 也有学者认为,宪法学范畴由宪法与宪政、主权与人权、国体与政体、基本权利与基本义务、国家权力与国家机构构成。[2] 还有学者认为,宪法学范畴应由包括民主与共和、宪法与法治、基本权利(人权)与国家权力、宪法职权与宪法责任、宪法规范与宪法效力、宪法救济与宪法诉讼、宪法概念与宪法解释在内的共 7 组 14 个范畴组成,[3]等等。其实,各种不同理解的背后是以其所依凭的理论前设为基础的。这些不同的界定在其秉持的范式和维度内,都有一定的合理性和解释力。比如,如果把宪法学理解为宪法科学,那对于其背后的价值取向以及学科使命就不是那么关注,而更多关注其规范属性的范畴及理论体系,其所依凭的更多是实证主义;如果将宪法学理解为宪法学科,则可能更关注宪法学的价值取向以及所应秉持完成的学科使命,那就对于宪法规范层面的范畴不是那么关注了,其所反应的更多是自然法的理论属性。

在笔者看来,如果宪法法理可以作为宪法学的元范畴以及宪法正义被认可为其基石范畴和学科使命,那么通过宪法权利与宪法义务的分配与安排,以及两者与宪法权力之间的张力及处理就是实现上述使命的路径和方法,具有工具范畴的意义。而普通范畴同样也是具有类似的意义和功能。因此,普通范畴是否应表现为对偶性则并非完全必要。由于普通范畴在整个宪法学范畴体系中的地位和作用有限且数量众多,囿于本文论旨及篇幅,我们没有必要对其一一作详尽的阐述。本人认为,作为宪法学的普通范畴与宪法范畴既有联系又有区别,宪法学的普通范畴应包括除了元范畴、基石范畴以及核心范畴之外的,与宪法学学科各部分密切相关的最普通的范畴。它们分布在宪法学理论体系的各个部分与环节。就中国宪法学而言,作为学科的普通范畴既应考虑到一般宪法学的普通范畴,同时也应体现中国宪法所具有的特色性的普通范畴。比如,在宪法学的本体论或基本理论部分,其普通范畴应包括宪法、宪法属性、宪法地

---

[1] 刘斌:《中国宪法学基本范畴研究》,云南大学 2009 年硕士论文。

[2] 李龙、周叶中:"宪法学基本范畴简论",《中国法学》,1996 年第 6 期。

[3] 范进学、杨阿妮:"中国宪法学基本范畴体系新论",《四川大学学报》(社会科学版),2009 年第 6 期。

位、宪法本质、宪法分类、宪法结构、宪法渊源、宪法规范、宪法效力、宪法原则、宪法制定、宪法解释、宪法惯例,等等;在宪法学的历史发展论或运行与发展部分,其普通范畴包括宪法产生、宪法演变或宪法变迁、宪法发展等;在宪法学的运行论或国家机构部分,其基本范畴应包括国家、国家本质、国家类型、国家性质、国体、国家形态、政体、国家权力、国家机构、民主集中制、全国人民代表大会、国家主席、国务院、中央军事委员会、地方各级人大和地方各级人民政府、监察委员会、人民法院、人民检察院、村民自治、民族自治、政党、选举,等等;在宪法价值论或基本权利部分,其普通范畴应包括基本权利、基本权利保障、基本权利限制、基本权利效力范围、平等权、政治权利、选举权与被选举权、言论出版结社游行示威自由、宗教信仰自由、人身自由、人格尊严、精神自由、文化活动自由、经济社会权利、私有财产权、生存权、受教育权、获得物质帮助权、获得权利救济权利、裁判请求权、权利救济型的监督权,等等;在宪法运行保障论部分,其普通范畴应包括宪法实施、宪法审查(违宪审查或合宪性审查)、宪法监督、宪法诉讼,等等①。

---

① 以上主要参考目前有代表性的《宪法学》教材,如林来梵:《宪法学讲义》(第三版),北京:清华大学出版社 2018 年版;焦洪昌:《宪法学》,北京:北京大学出版社 2013 年版;董和平:《宪法学》(第四版),北京:法律出版社 2018 年版;张千帆:《宪法学》,北京:法律出版社 2015 年版;胡锦光、韩大元:《中国宪法》(第四版),北京:法律出版社 2018 年版。

第五章

行政法学范畴及其体系

第一节　引言

　　行政法学是现代法学体系中极为重要的一门独立的部门法学。有学者认为,它是以行政法以及行政相关的社会关系为研究对象,主要研究行政法产生和发展的规律,行政法的本质、内容和形式,行政法的地位和作用,国家行政管理关系及在此关系中当事人的地位以及在前述基础上确立的行政法原则、原理和理论体系等的法律科学。[①] 也有学者认为,行政法学是研究行政法学基本原理、基础知识、基本概念,即行政法序论、行政主体与行政组织法、行政行为与行政程序法、行政救济与国家赔偿法为内容的部门法学。[②] 还有学者则认为,行政法学是研究行政法规范、行政法实践活动以及人们关于行政法的观念和学说的科学,其主要内容包括:导论、行政法的基本原则、行政法律关系主体、行政行为、行政立法、行政处理原理、行政处理制度、行政程序、行政法制监督与行政救济、行政监

---

① 参见罗豪才、湛中乐:《行政法学》,北京:北京大学出版社 2012 年版,第 1 页及目录页。
② 参见周佑勇:《行政法学》,武汉:武汉大学出版社 2009 年版,第 1 页及目录页。

察、行政复议、国家赔偿和国家补偿等内容。① 由上可以看出,行政法学作为一门独立的部门法学是得到普遍认可的。一般而言,之所以说行政法学具有独立性主要是因为其主要研究对象——行政法具有相对独立的调整对象和调整方法。具体言之,行政法以行政关系和监督行政关系、行政救济法律关系和内部行政关系为调整对象;其调整方法主要以公法或行政方法为特征。因而,它被认为是与民法、刑法相并列的宪法统领下的传统三大部门法学之一。然而,若从行政法学作为法学学科的一个部门法学及其在其中的地位和功能而言,行政法学在现代整个法学学科所秉持和追求的价值研究和实践中承担着独特且不可或缺的使命。换言之,如前所述,如果说宪法学承担着由法理学所揭示并倡导的正义这一基石范畴进入部门法学和法律实践的接力赛的第一棒的话,那么行政法学则与民法学、刑法学一道将宪法学所承接过来的正义之接力棒在各自的法域内继续传承并使正义得以践行。

由此可见,行政法学作为一门独立的部门法学,其独立性是相对而言的,我们不能因为只顾强调其学科的独立性而忽略了其与宪法学乃至法理学之间的理论、原理与逻辑上的内在通约性,即从某种意义上,我们可以说,行政法学应该就法理学和宪法学的正义之基石范畴在其领域的独特性的理论展开和现实实践。之所以说行政法学相较于民法学、刑法学等具有其独特性,在本文看来,这还在于它在整个法学的正义保障和维续中具有更必要更迫切的功能和作用。这是因为行政权对民众的可能侵害不仅具有更大可能性、普遍性等,还有前置性特征。也就是说,在现在社会,由于行政法治国的形成,与刑法学所关注的司法权相比,公众受到来自行政权的侵害的可能性更加普遍和广泛;而与民法学所关注的平等的私人之间的民事侵权或纠纷相比,行政权对公众的侵害是否能够以及在多大范围内得到规制与约束在某种意义上决定了民事主体能够自由行为的范围与限度。更确切地说,民事主体的民事权利自由范围的大小往往

---

① 参见姜明安、皮纯协:《行政法学》,北京:中共中央党校出版社 2002 年版,第1—2页及目录页。

与行政权范围的大小成反比。也就是说,行政权范围大就可能意味着民事权范围变小,或者更准确地讲,意味着民事权利范围受到公权力干预和限制的领域、范围及可能性就会变大。这也就是,对于行政权而言的"法无授权不可为"和对于民事权利或私权利而言的"法不禁止即自由"的内在法理。它们是一个硬币的两面,一个数轴以零为分界点的两端。因而,本文认为,行政法学对行政权的限制和约束与对民众就行政权带来的侵害所提供的保护具有前置性特征。

由此,对行政法学范畴及其体系的讨论也具有独特且必要的价值与意义。因为没有其范畴及其体系,就无法真正厘清其在整个法学学科中的地位以及其与宪法学的内在关系,也无法在学理上洞见其与法理学、宪法学等之间的内在通约性、原理上的共识性,并在此基础上揭示出其独有范畴体系及其特征。

第二节　我国行政法学范畴研究现状及其剖析

上面至多也只是阐释了行政法学范畴及其体系在学理上的正当性及其在整个法学学科范畴体系以及以宪法学为统领的部分法学范畴体系理论中的独特而重要的地位和作用。若要阐明行政法学范畴体系理论的现实必要性和学术意义,还应当就我国行政法学范畴体系的研究现状进行梳理,通过归纳当前研究的成就和不足,揭示对这一论题进一步研讨和阐释的现实基础。

一、我国行政法学范畴研究之现状梳理

就目前我国行政法学研究而言,在我国行政法学界一些论著中多提到了行政法学范畴,甚至认识到了行政法学范畴的重要性并对其进行了较为认真的研究,有的就如何在吸收行政管理学之最新研究成果的基础上,回归行政之本质,科学阐释行政法基本范畴与具体范畴,发展与完善

我国自足、自洽的行政法理论问题展开讨论[①];有的将行政法范畴论与行政法基本原则论、行政法律关系论、行政行为概念论、行政行为形式论、行政行为程序论等并列,作为行政法学中的重要命题之一[②];也有学者将行政法基本范畴与行政法的历史发展与变迁、行政法的基本原则、行政法主体、国家行政机构、行政行为、行政法制监督等内容一起进行专门分析和讨论[③];另有学者将行政诉讼视为连结司法政策与法律之间关系的基本范畴并对其进行专门研究[④],等等。然而,大多数学者主要就行政法学或行政法的某一范畴进行专题讨论[⑤],或者仅从行政法学的某一子法律部门的范畴进行较深入细致的研究[⑥],直接对行政法学范畴及其体系展开专门系统研究讨论的论著还较为少见。

如果说在我国行政法学界存在可以称得上对行政法学范畴进行较为专门的代表性研究著述,那当属关保英教授了,在其《关保英文集》第三卷专门有"范畴篇",对行政法学中的一些重要范畴进行了较为系统的研究和探索,如瑕疵具体行政行为、行政相对人权利保护、行政法关系、行政法

① 参见朱维究主编:《中国行政法概要》,北京:中国人民大学出版社 2009 年版,第二章第一节。
② 参见杨海坤、章志远:《中国行政法原论》,北京:中国人民大学出版社 2007 年版,第一章及目录页。
③ 参见杨翔:《行政法学:关于行政法基本理论的分析》,长沙:中南工业大学出版社 2000 年版,目录页。
④ 李大勇:《行政诉讼司法政策原论》,北京:法律出版社 2017 年版,目录页。
⑤ 有学者将行政裁量视为行政法基本范畴之一并对其专门研究,如王贵松:《行政裁量的构造与审查》,北京:中国人民大学出版社 2016 年版;有的学者则认为,行政行为是行政法学尤其是大陆法系行政法学所普遍接受和广泛使用的法学范畴,也是行政法尤其是大陆法系行政法的核心,因而对此进行详尽系统讨论研究,如叶必丰:《行政行为原理》,北京:商务印书馆 2019 年版,等等。其他还有对行政处罚、行政执法、行政决策、行政立法、行政复议、行政公诉权、行政给付、行政不作为、行政伦理、行政文明、行政职权、现代公共行政、行政公益诉讼、司法行政、行政强制、行政许可、行政相对人、行政解释、行政救济等概念范畴,进行了一定的研究。
⑥ 有学者对教育行政法进行专门研究,如金国华主编:《教育行政法新论》,北京:中国政法大学出版社 2008 年版;也有学者就海关行政法学作了专题研究,如毕家亮:《海关行政法学》,北京:中国海关出版社 2002 年版;还有学者对自然资源行政法进行专门研讨,如关保英主编:《自然资源行政法新论》,北京:中国政法大学出版社 2008 年版;另外还有对体育行政法的专门著述,如宋剑英主编:《体育行政法新论》,北京:中国政法大学出版社 2010 年版;关于社会行政法范畴的讨论,如张淑芳:"社会行政法的范畴及规制模式研究",《中国法学》,2009 年第 6 期,等等。

制度,等等,试图构建起行政法学相关理论体系或制度范畴。① 另外,在我国行政学界,有学者"从学科基本问题及其元概念出发",对"行政学基石范畴的谱系"进行了专门讨论和阐释,提出并阐释了行政质料范畴和形式基石范畴理论,并在此基础上归结出纯粹行政的特点与属性,即"以责任为本位,以制度性为基本属性,以有序为目标,治理方式向网络化转换"②。

二、我国行政法学范畴研究现状剖析

由上可以看出,目前我国行政法学界对与其范畴体系理论的研究主要呈现出以下特点:一是将行政法学范畴视为行政法学的必要组成部分,而没有认识到行政法学范畴体系理论在行政法学学科中的独特地位并加以专门研究;二是对行政法学范畴研究往往仅集中于其中的一个或几个,或作为行政法学下的一个子学科来进行研究,而缺乏将行政法学范畴体系理论自身视为独立的理论体系并对其进行有逻辑地体系化研究;三是将行政法学范畴研究仅限于行政法学这一部门法学内部视野内,而缺乏从行政法理学视角,将行政法学范畴体系理论的研究置于行政法学与宪法学、法理学等共同组成的整个法学学科这一视野来研究和阐释行政法学范畴体系的构成及其如何独特性地展开;四是未将行政法学范畴与行政法范畴、行政学范畴等加以区分,因而对作为学科角度的行政法学范畴体系理论的认识与讨论不够深入、具体和鲜明。

简言之,我国行政法学界对与行政法学范畴的研究还较少,虽然有不少涉及其范畴的研究成果,但多是停留在行政法学基本概念与专门术语的层面,缺乏从行政法理学角度就行政法学范畴体系论进行专门的研究。之所以如此,从更深一步讲,这与当前部门法学研究过于部门法学化和教义法学化不无关系。具体言之,一方面,包括行政法学在内的部分法

---

① 参见关保英:《关保英文集》第三卷,"范畴篇",北京:法律出版社 2015 年版。
② 罗梁波:"行政学基石范畴的谱系",《中国行政管理》,2019 年第 1 期。

学界往往对问题的研究仅限定在本学科自身,缺乏从整个法学学科以及本部门法学与其他部门法学在学理上内在勾连性、通约性与共识性的意识、思维和方法层面来进行研究和讨论。而我们对整个法学学科人为地进行学科化分类仅仅是为了学习和研究的方便,而我们所面对的整体社会并非也因我们的这种人为分类而随之分割成互不相干的若干领域或部分。另一方面,包括行政法学在内的部门法学多秉持教义法学思维,以其所对应的实在法律规范文本为研究对象,并着重于对具体案例纠纷问题的解决技术来展开研究。因各学科所面对的研究领域和问题不同,因而这一点也可以理解且有其合理性。但是,由于过于强调这种规范法学及其教义法学思维,从而将其作为本部门法学唯一正当或正确的研究范式、思维方式,就会有意无意形成对上述所说的整体性视角的无视乃至排斥,看不到行政法学与法理学及其他部门法学内在的法理勾连和学科之间分工与统一关系。

由此,本文将从行政法理学这一部门法理学视角,将行政法学的范畴体系置于包括法理学与其他部门法学在内的整个法学学科之中,就行政法学的范畴体系理论进行较为系统的讨论,试图揭示行政法学范畴体系的构成及其内在关系,以及其在整个法学学科范畴体系理论中的独特性展开。

第三节 行政法学范畴及其体系

由前述内容可知,本文认为,行政法学范畴体系也应当是由作为行政法学元范畴的行政法理、作为行政法学基石范畴的行政正义、作为行政法学基本范畴的行政法权利和行政法义务,以及其他普通范畴共同构成的行政法学范畴体系。因此,本文将重点围绕这几个方面展开讨论。

一、作为行政法学元范畴的行政法理

我们知道,行政法在现代社会的法律体系中居于非常独特而重要的地位。其所面对和调整的是行政权这一具有自我扩张性而人类又不得不面对的一种权力。可以说，从规范法学角度，行政法律规范乃至行政法典在很早就已经出现了，比如我国的《唐六典》。有学者认为，《唐六典》是我国古代最早的一部行政法典，是我国法律制度发展史上的一项创举，具有重要历史意义，该法典规定了我国封建国家行政管理的基本原则与活动，其编纂是中华法系"礼制为本，法制为用"基本特点的具体体现。① 也有学者从宏观角度对我国封建时期行政管理体制的变化与沿革进行描述，并对封建时代职官的任免铨选、考课奖惩、监督弹劾、致仕休假等制度进行扼要阐释，从而论证了中国封建时代行政法的不同发展阶段及其主要特点。② 甚至有学者从思想史角度出发，认为中国早在先秦诸子百家时期就已经出现了丰富的行政法思想。如《管子》就从人性本恶观点出发，以维护君权和阶级统治为目的，不仅对行政过程中应遵循的一些基本原则进行了理论阐述，而且还对行政机构的设置、官员的选拔任用、官吏的职责规定和行政管理的法律监督等行政法基本问题展开了较为全面的探讨。③

不过，这是从一定历史时期的同情式维度来看待的结果。然而，若从现代社会维度考量，则未必是这样一个结论，因为不同的维度所秉持的法理会导致对行政法范畴有不同的界定和理解，因而有人提出我国古代有无行政法这样的疑问与讨论。④ 这看似不同的回答背后实质上所涉及的是行政法法理问题，即需要我们反思在现代社会行政法学的法理是什么、其所应遵循和秉持的内核与根本是什么，以及对建立在其上的行政法学在整个法学学科中的责任担当和学科使命的思考与回答。

对于上述行政法学学科中最基本也最重要问题的思考与回答，无不需要以行政法法理这一元范畴作为其理论支撑和方法论基础。也就是说，行政法学学科属性以及由其所指导下的行政法的理论定位，实质上都

---

① 参见王超："我国古代的行政法典——《大唐法典》"，《中国社会科学》，1984年第1期。
② 张晋藩："中国古代的行政管理与行政法"，《中国社会科学》，1985年第1期。
③ 张越："试论《管子》的行政法思想"，《齐鲁学刊》，2005年第6期。
④ 如艾永明："中国古代有无行政法之我见"《华东政法大学学报》，2002年第4期；李韬："中国古代有没有行政法"，《贵州大学学报》（社会科学版），2003年第6期。

需要行政法理这一元范畴来起最根本的决定作用。具体而言,行政法法理作为元范畴主要表现在以下方面:

第一,现代行政法学在整个法学学科中作为相对独立部门法学的证立离不开法理的支撑。如我们所知,即便是在传统社会存在我们同样称为行政法或行政法律规范的东西,但不可能存在今天我们在学科意义上的行政法学。因为,传统社会的行政法并非是通过对其法理的考量、探求和研究并形成系统逻辑的理论体系的产物并反过来影响、指导、引领乃至型塑行政法的灵魂、精神与原则,更无法考虑到它与整个法学学科之间的逻辑联系和相互关系问题。之所以可以称之为现代行政法和行政法学,本文并非是对文化阐释学维度下的文化多样性的无视[①],也不意味着对传统现代二分定然意味着落后先进之必然关系这一观点不加思索的接受[②],而只是说,在当今世界主要社会,对于行政法及其所依凭的行政法学已经基本形成了一些共识性理念,对于这种共识性的东西,我们在此用现代来称谓一下而已。之所以我们称之为现代行政法学,是因为其背后由通过法理将其富有逻辑地连结起来而形成的知识结构和理论体系,并由其法理表达和阐释具有现代社会基本理念共识和规制着实践行动。也就是说,现代行政法学的背后定然是以现代行政法理来作为其精神和灵魂,贯穿其学科及理论始终,否则它就无法成为首尾相连、逻辑一致的知识统一体、理论统一体和具有相对独立的学科地位。

第二,现代行政法的效力正当性渊源需要依赖于行政法法理。从某种意义上讲,人与动物的重要区别之一就是人会思考,理性思维是其重要体现。而与传统知识的传承与增量实现相比,现代社会的学术与思想的主要途径和显明特征则是对建立在理性与逻辑思维之上的说理的更加强调。现代法律实践的特点是辩论,同样法学学科的理论建构和证成也无

---

① 人类阐释学大师吉尔兹曾用"文化的意义之网"来为文化多样性正当性进行证成,提出了"地方性知识"观。这给西方文化普适性命题带来巨大挑战。参见[美]吉尔兹:"地方性知识:事实与法律的比较透视",载梁治平:《法律的文化解释》,北京:生活·读书·新知三联书店1994年版。

② 邓正来先生曾在其《中国法学向何处去》中对这种观点进行了反思和批判。详细参见邓正来:《中国法学向何处去》,北京:商务印书馆2003年版,第82—114页。

不强调并依赖于其学理、道理和原理。其中,行政法中行政权及建立其上的行政处分、行政处罚、行政管制、行政强制、行政征收征用、行政许可等诸类行政行为的正当性依凭则是其理论证成的最为核心和重要的问题。简言之,就是在开放而复杂的现代大社会,一切公共权力来源的正当性不可能也不应该仅仅再建立在英雄、领袖人物的人格魅力之上或长期传统的神圣性和由传统授权实施权威的统治者之上,而应当是通过法理形成的良法善治的法治社会,即"法理型统治"①。作为现代社会中极为重要又无法避免且容易给人带来侵害的行政权,如果想要得到合理的规制和约束并能够按照人们的预定目标提供服务和保障,那自然也无法抛开法理型治理理论而顾其他。这一重要而艰巨的使命的实现则落在了现代行政法学之上。换一个角度,这也就为现代行政法学的重要使命,即为现代行政法提供正当性法理,提供了很好的诠释。也就是说,现代行政法学通过法理不仅为现代行政法提供正当性依凭,而且证成了自身存在的学理上的正当性。由此,从范畴体系论角度,行政法理自然也可以且应当成为行政法学范畴体系中起到中流砥柱或承重墙作用的元范畴。

第三,现代行政法的实践及其效果的评估考量同样离不开法理的思维和方法。与其他社会规范相比,法律规范具有很强的实践属性,即以实践为其显明特性。因为,法律只有被实践才具有真正生命力。也正是因此,亚里士多德在对法治的诠释中,一方面强调了法的德行,即良法,另一方面也强调了法得到普遍服从这一实践性。② 作为现代社会法律体系中具有独特且重要地位的行政法自然也离不开这一特性。由此,与其他人

---

① 此处只是借用了马克斯·韦伯的理论概念。不过本文并不赞同他那种价值无涉的实证社会学研究范式,而是认为即便是社会学科也不应当与自然科学截然区分,而是应当秉持最基本的共识性价值。马克斯·韦伯曾将人的行为和社会类型归纳为三种,即人格魅力(Chrismatic)型统治或"卡里玛斯"统治、传统型统治和法理型统治,而最后一种类型才符合现代社会的发展趋势。不过他的这种观点却可以给我们带来启示,即现代社会权力的法理型特征。具体参见[德]马克斯·韦伯《经济与社会》(上卷),林荣远译,北京:商务印书馆1997年版,第241页。

② 亚里士多德认为,"法治应包含两重意义:已成立的法律获得普遍的服从。而大家所服从的法律又应该是制定良好的法律"。参见[古希腊]亚里士多德:《政治学》,吴寿彭译,北京:商务印书馆1981年版,第199页。

文社会学科相比较,现代行政法学体现着这一特性并以行政法的实践性向度为其重要使命。不仅部门法学如此,法理学的生命力也离不开在对特定时空社会问题的关注、诠释和指导方面的体现。由此,有学者认为中国新时代法理学的显明特征即是实践性,法理学所关注和研究的方向由形而上的思辨转向为具体的理论范畴与实践问题,尤其是法律方法论和跨学科法学研究的逐渐成长已成为中国法理学的新趋势,并搭建起了法理学与部门法学及社会实践对话的桥梁。[①] 作为连结行政法学与法理学之本体论与方法论意义上的行政法理学,其自然也应具有这种实践属性。换言之,从行政法学范畴体系角度而言,行政法理也同样如此,具有元范畴的价值意义和实践作用。具体言之,行政法理作为行政法学的元范畴对行政法学的实践具有规定性作用,而且还在其实践效果之评估中具有理论和逻辑上的判准意义。

二、作为行政法学基石范畴的行政正义

如前面章节所述,现代法学离不开正义的价值取向和实践追求,否则其正当性就会失去根基,成了无本之木、无源之水。行政法学也不例外,在整个法学学科中发挥着独特且极为重要的功能。换言之,行政法学应该通过在其行政法领域的学术上正义价值取向和法律上的实践追求承担起在整个法学学科中应当发挥的功能和作用。如果我们认可正义作为中国法理学的基石范畴,那么从法学范畴体系角度而言,行政正义则也应当成为行政法学的基石范畴。具体而言,行政正义作为行政法学的基石范畴至少表现在如下方面:

第一,行政法学中的行政正义为行政法律体系的结构提供基石性价值导引。我们知道,现代政治哲学和法哲学中的基本理论假定是,一切公共权力来源于个人权利的认可与授权。也就是说,与认为公共权力或来

[①] 参见付子堂、王勇:"1978—2018:走向实践的中国法理学",《山东大学学报》(哲学社会科学版),2018 年第 5 期。

源于暴力战争（即"成者为王败者寇"），或来源于传统习俗，或来源于个人魅力，或来自于上天或神意等传统权力理念不同，现代社会中的一切人和机关的一切公共权力效力的正当性只能来源于民众，而不可能来源在于其他。如果从这个角度讲，不论是西方启蒙思想家，还是伟大的思想家卡尔·马克思，都不否认这一效力来源的理念基础，其分歧多在于到底哪一种理念思想及其所指导下的制度安排能够真正实现了这一点。也正是如此，"民有、民治、民享"①理念与"为人民服务"②宗旨都有着不同于前现代社会的这种类似的共识性理论根基。而在法哲学和行政法理学中，这种思想理念要变成现实并得以持续规范的贯彻，就需要通过法治的建构和运行，而行政法治则是其重要的支柱之一。

因此，行政法学中的行政正义体现在：一方面它肩负着如何通过行政法治对行政权力的约束和规制，使其不能因自己的肆意妄为的"脱轨"而成为侵害民众权利的"利维坦"③；另一方面它还肩负着行政法治对行政权力的有效规范运行进行督促和监督，使其不因自己的喜好和随心所欲的"懒政"而不愿意或选择性地为人民服务。简言之，行政正义体现在行政法学中就是在行政权力的作为与不作为之间进行有效权衡，使这种行政权力在预设的轨道上有效而安全地运行，并最终达到对民众权利的有效保护和可能侵害的避免或减少之目标。因此，这种行政正义既与整

---

① 这是美国第十六届总统亚伯拉罕·林肯在盖茨堡（又译为"葛底斯堡"）演讲中描绘美国政府时的表达，其原文是"……government of the people，by the people，for the people"。不过也有学者认为这一表达并非林肯首创，而是引用自社会改革家哲奥多尔·派克（theodre Parker）或 14 世纪的英文圣经译者、英国宗教家约翰·威克里夫（John Wcyliffe）。参见马新德："也谈'民有、民治、民享'的政府"，《英语知识》，1995 年第 2 期。

② "全心全意为人民服务"是我们共产党的宗旨，也是马克思主义思想原理的应有之义。马克思恩格斯就提出了"为绝大多数人谋利益"，后来毛泽东主席 1944 年 9 月 8 日在张思德同志追悼会上的演讲中将这种思想理念精辟概括为"为人民服务"。后来在"论联合政府"中再次强调"全心全意为人民服务"思想，分别参见《毛泽东选集》第 3 卷，北京：人民出版社 1991 年版，第 1004 页、第 1094—1095 页。

③ 在霍布斯的论著中，"利维坦"（Civitas）主要是被用来隐喻强大的"国家"或"国民的整体"，而"主权"是这个"人造人"之"人造的灵魂"，作者对这种国家呈现出积极的拥抱态度。而此处则是具有洛克、孟德斯鸠等意义上的，即对强大国家的个人权利可能造成的威胁的担忧。参见〔英〕霍布斯：《利维坦》，黎思复、黎廷弼译，北京：商务印书馆 1997 年版，引言第 1 页。

个法学学科的正义密不可分且成为后者极为重要的组成部分，又体现出自我特有的属性与特点。

我们知道，在西方近代社会早期，民众对于行政权力的担心主要是如何防治其可能带来的侵害，而因担心这种可能的侵害而对行政权力的约束与规制比当今更容易实现。这是因为在那个时期，民众对于行政权力的期望值并不太高，这也就使得行政权力得到授权以及可据此支配的资源都比较有限，仅限于"守夜人"①的角色。而在现代社会，民众将越来越多的期望和责任赋予行政权力，不再满足于其早期那种"守夜人"的消极而克制的角色，而是让其为民众提供越来越多的服务乃至福利。这也就必然使得行政权力得到授权种类越来越多、范围越来越大，与之相应的对资源和财富的垄断与支配力相应大大增加。这也就使得这个"利维坦"被规制和约束起来的难度越来越大。这也就意味着民众权利受到来自这种行政权力的限制的可能性大大增加，以至于"行政权的行使与其公益目的相偏离的现象是无法避免的"②。由此，这也意味着对行政正义的坚守与维续更为必要和重要。

总之，行政法学应当将这种行政正义作为极为重要的理论内容和价值精髓，进而为行政法体系与行政法治提供理论依据。反言之，如果行政法学离开了对这种正义的理论探讨，则必然会导致其下的行政法体系之价值目标的丧失，误入迷途，成为了似乎是价值无涉的工具而被任意宰制。因此，即便行政法学应关注行政法规范，关注行政教义法学，或者强调实证意义上的行政法与行政法治，但其前提应该建立在对基本行政正义的遵循、追求和维续之上。由此，从法学范畴体系理论视角来看，行政正义不仅是行政法理在行政法学中的体现，而且是行政法学范畴体系的基石范畴，是引领其他诸范畴的范畴，具有连结行政法理元范畴与行政权利与行政义务基本

---

① "守夜人"是亚当·斯密（Adam Smith）就政府在市场经济中基本职责的隐喻，主要是：1、保护社会免遭其他社会之暴力入侵；2、尽可能地保护每个社会成员免受其他社会成员之不正义的压迫；3、建立和维护特定的社会公共工程和公共制度。参见［英］亚当·斯密：《国富论》，唐日松等译，北京：华夏出版社 2005 年版，中译本导论第 9 页。

② 罗豪才：《行政法学》，北京：北京大学出版社 1996 年版，第 5 页。

范畴之间纽带的作用,同时也为后者提供基石性的范畴理论的学理基础。

第二,行政法学中的行政正义为行政程序提供基石性原理。如前所述,行政法学的实践性特征是由行政法的这一属性所决定,当然这也是所有法律规范与道德、宗教等相比较所具有的共同基本特征。只不过,与其他部门法相比,由于行政法所涉及和规制的行政权力具有的自我膨胀性等特点,这导致行政法要实现其预定价值目标显得更加困难。也正是基于此,行政法学更应当强调行政正义的实践性。而这种实践性得以实现的依凭就是行政程序,即行政权力运行、行政责任追究以及行政救济获得等系列程序,甚至从某种意义上讲,行政法本身实质上就是程序法,"程序是依法行政的基础和保障"[1]。自然,行政程序正义就显得不仅尤为重要而且是必须。也正是基于此,与其他部门法学相比,其他部门法学往往将实体法与程序法相对分离,甚至视为两个不同的部门法[2],而在行政法学中作为行政实体法部分的行政法与作为行政程序法部分的行政诉讼法之间的联系则是最为紧密的,往往被看作一个整体性的行政法学。[3] 以上就可以证实,行政程序在行政法和行政法学中的特殊重要地位。而程序正义在行政法学及行政法中就显得极为重要了。

行政法学的程序正义则是行政正义在行政程序法乃至整个行政法体系中的具体体现和必然要求。由此,行政法学非常重视行政正当程序原则。如前面所述,这一原则不仅与现代西方宪政原理有关,更与现代行政法基本原理密切相关。从其最早在英国诞生,到在美国得到确立和发展,再到大陆法系"从严格规则模式到正当程序模式"[4]的转向,就说明了这一点。如果说,在

---

[1] 应松年:"行政法:程序是依法行政的基础和保障",《中国改革》,2011 年第 3 期。

[2] 比如民法学与民事诉讼法学、刑法学与刑事诉讼法学之间的关系就相对分离,几乎看不到两者实体法与程序法合二为一的教材编排形式。

[3] 这一点从行政法学的诸多教材的编排中就可以看出来,如姜明安:《行政法与行政诉讼法》(第 7 版),北京:北京大学出版社、高等教育出版社 2019 年版;叶必丰:《行政法与行政诉讼法》,北京:中国人民大学出版社 2003 年版;张正钊:《行政法与行政诉讼法》,北京:中国人民大学出版社 2009 年版;陈咏梅:《行政法与行政诉讼法》,广州:中山大学出版社 2008 年版;曹胜亮、刘权:《行政法与行政诉讼法》,武汉:武汉大学出版社 2015 年版;贺奇兵:《行政法与行政诉讼法》,北京:中国政法大学出版社 2016 年版,等等。

[4] 周佑勇:"行政法的正当程序原则",《中国社会科学》,2004 年第 3 期。

其他部门法学中,程序正义相对于其实体法可能涉及"程序工具主义"①与"程序本位主义"②之争,那么在行政法学中,程序正义则应当是包括行政实体法与行政程序法在内的整个行政法和行政法学都应当秉持的基石性理念、原则与范畴,是整个行政法学的支柱,因而就毫无疑问地被赋有了本位之义。

第三,行政法学中的行政正义为行政法治实践提供行动方针与价值判准。如果说,行政法及行政法学所应秉持的行政正义是对于法学学科内部以及法律规范自身作为一个相对封闭的自创生系统而言的,那么行政正义在作为行政法学乃至整个法学与其他学科的内在价值共识的连结方面也具有不可或缺的意义。我们知道,如果说法律是静态的规范性制度体系形态,那么法理则是其背后构建这一形态的正当性依凭,而法治则是建立且植根于法理之中的法律从静态走向动态,从相对封闭的自我系统到构建与其他学科、其他社会实践有效沟通的通道。换言之,法治是法理之法律的更宽泛的法律实践,是与政治实践、社会实践在现实动态中的有机融合与共享。由于行政法所具有的独特地位,行政法治则是构筑起现代法治大厦的重要支柱之一。也正是如此,我国近年来逐渐意识到,行政法治是实现法治中国梦的中流砥柱,它意味着法治政府的依法行政。没有行政法治就无法约束和控制行政权力的任性,不可能打造高效、廉洁、公正的为民众服务的政府及其队伍,无法真正作到全心全意为人民服务。

近年来,我们党和国家提出了"法治政府""法治社会""法治中国"的

---

① 程序工具主义认为,程序不具有自主和独立存在的价值,而只是在实现实体法价值目标上具有功利性的工具意义。通常认为,这一观点始于英国功利主义学派创始人杰里米·边沁(Jeremy Bentham),后来尤以罗斯科·庞德(Roscore Pound)以及理查德·A.波斯纳(Richard Allen Posner)为代表。

② 程序本位主义认为,程序不仅仅具有实现实体目的的工具性价值,评价法律程序的价值标准还应立足于程序自身具有独立于其结果的"内在品质"。这一观点根植于古罗马时代的"自然正义"论,近代以来被世界多数国家所认可,并成为越来越多的国际文件的基本原则。美国学者更多坚持这一观点,如约翰·罗尔斯(John Rawls)、朗·富勒(Lon Fuller)、萨默斯(Robert Summers)、贝勒斯(Michael D. Bayles)等。

"三位一体"法治战略建设目标①。这其中最为关键和基础的就是"法治政府",它应该走在其他两者的前面,要求更加严格,在践行法治中应该起到表率和带头作用。可以说,法治中国能否以及何时真正实现的关键在于行政法治、依法行政的落实与践行,在于法治政府的建设如何。

而行政法治的要义是良法善治,其背后就是行政正义的具体化。也就是说,行政法治是遵循和践行行政正义的外在表现和途径。行政法治不仅是法学关注的命题,而且也是现代政治学等需要研究和关注的重要乃至核心命题,不仅是包括立法实践、司法实践与执法实践在内的整个法律实践的重要支柱,而且也是政治实践、社会实践的重要组成部分。与此类似,行政法治所依凭的行政正义不仅是执法实践的价值判准,同样也是立法实践与司法实践的价值判准。此外,它同样也是社会法治乃至政治实践的重要价值依凭。

在中国特色社会主义新时代的法治,是党的领导、人民当家作主与依法治国的有机结合与辩证统一。② 它不仅体现了新时代中国特色社会主义政治文明的基本特征,也是新时代中国特色社会主义法治文明的必然要求。从某种意义讲,不论是法治政府、法治社会、法治国家三位一体法治建设战略,还是坚持党的领导、人民当家作主、依法治国有机结合,其背后都蕴涵、秉持着正义。只不过在不同的领域、不同的场合、不同的话语中,这种正义理念体现出不同的表达形式和方式,有时是集体的民族正义,体现为民族独立、民族解放,有时是民众正义、社会正义,体现为对集

---

① 中国共产党第十八届四中全会指出,全面推进依法治国,必须坚持依法治国、依法执政、依法行政共同推进,坚持法治国家、法治政府、法治社会一体建设。可见,法治中国是由法治国家、法治政府、法治社会共同构成的奋斗目标之一,是决定国家治理体系与治理能力现代化的必然要求,是实现中华民族伟大复兴的应有之义和必要组成部分。

② "坚持党的领导、人民当家作主、依法治国辩证统一"思想由时任党的总书记的江泽民同志首先在"五三一"讲话中提出。在党的十九大报告中,习近平总书记再次强调指出"坚持党的领导、人民当家作主、依法治国有机统一是社会主义政治发展的必然要求"。党的十九大报告将其作为发展社会主义民主政治的首要战略任务,鲜明地揭示了我国社会主义政治制度的本质属性,也指出了中国特色社会主义法治的最重要特征。参见习近平:"决胜全面建成小康社会夺取新时代中国特色社会主义伟大胜利——在中国共产党第十九次全国代表大会上的报告",北京:人民出版社 2017 年版,第 22 页。

体利益和公有财产的保护,有时是对个体层面的正义的关注,体现为司法公平、执法公平等。而对于民众而言,这些正义往往多是通过行政正义的方式才得以具体展现出来,通过民众对行政正义的日常性的心理体悟,形成对前述几个层面正义的整体性感悟。

由上,行政正义在行政法学与行政实践,乃至政治学及政治实践,尤其是新时代中国特色社会主义政治实践与法治实践中都具有极为重要的作用。在行政法理学范畴体系理论中,行政正义构成行政法学的基石范畴,引领着行政实践,并成为行政实践的精神原则之一,构筑起行政实践、法治实践与政治实践的互联互通式价值与目标的纽带。

总言之,从法学范畴体系理论视角,行政正义不仅是行政法理在行政法学中的体现,而且是行政法学范畴体系的基石范畴,是引领其他诸范畴的范畴,具有连结行政法理元范畴与行政权利与行政义务基本范畴之间纽带的作用,同时也为后者提供实践上的价值指引。此外,行政正义还为使行政法治在更宽泛的实践领域与法治社会、法治国家等社会实践、政治实践之间构筑起互联互通的价值纽带提供最主要的实践载体。

三、作为行政法学基本范畴的行政权利与行政义务

如果作为行政法学元范畴的行政法理着重强调的是行政法学在哲理上贯穿始终的内在逻辑理路,作为行政法学基石范畴的行政正义强调的是行政法学在价值目标和判准方面所蕴含和秉持的学理灵魂与红线,那么行政权利与行政义务则是行政法学为体现行政法理、实现行政正义的两大支柱性途径与手段。

但是,对于上面的表述,似乎并不太符合行政法学界的通例,因为行政法学者很少用行政权利与行政义务这两个法学范畴,而更多的是行政法律关系中的行政机关、行政组织等行政主体所拥有的行政权力以及与行政主体相对应的另一方当事人的行政相对人的权利。这是因为当前的行政法学主要是教义行政法学,着眼于法律规范及其适用的原理与技术,旨在调整具体行政行为与解决其纠纷。然而若从作为部门法理学的行政

法理学角度,则传统的行政主体的行政权力与行政相对人的权利这对范畴与本文所说的行政权利与行政义务并不相悖,其都受行政正义这一基石范畴所支配,都是体现和践行这一基石范畴的途径与工具。

在本文看来,从作为部门法理学的行政法理学角度,行政权利与行政权并不一样。行政权实际上就是通常说的行政权力,被认为是政治权力的一种,是国家行政机关依靠特定的强制手段,为有效执行国家意志而依据宪法原则对全社会进行管理的一种能力。它有时又被称为行政职权或行政职责,实质上是公职人员基于法律授权下的公务行为所具有的排他性支配力。这种行政权是集特定的公共性权利与义务于一身,即职权与职责,如同一枚硬币的两面。至于是称其为职权还是职责,只是站的角度和强调的重点不同而已。当我们着重强调行政权或某一具体行政权力的正当性来源及其排他性特征时,通常称其为行政职权。当我们着眼于对行政权力进行限制与约束,强调其有限性时,通常称其为行政职责。由此,现代行政权不仅强调其有强制性、法律性,还强调其公益性、优益性、单方面性、不可处分性等特征,主要包括规范制定权、证明确认权、对权力的赋予及剥夺权、对义务的可以及免除权、对争议的调处权等。这是一种层次的特定权利义务,即法定授权下的公共性权利。

而对于行政相对人的权利义务则可以称为另一层次的权利义务范畴。行政法律关系中相对人的权利义务,是指有行政法所规定或确认的,在行政法律关系中由行政相对人享有和履行,并与行政主体的义务和权利相对应的各种权利义务。[①] 其权利内容通常包括申请权、参与权、了解权、受保护权、收益权、受平等对待权、陈述申辩权、抵制违法行为权、行政监督权以及行政救济权等;义务内容主要是服从行政管理的义务、协助行政主体正常执行公务的义务、接受行政监督的义务以及遵守法定程序的义务等。

而上述的作为一个层次的权利的行政权与作为另一个层次的权利的

---

① 应松年:《行政法与行政诉讼法》(第二版),北京:中国政法大学出版社 2011 年版,第 95—97 页。

行政相对人权利又分别包含了实体性权利与救济权利两个层面,尽管这两个层面的权利并不像其他部门法学那样清晰界分。① 为了便于厘清不同层次之间的权利义务关系,我们将具有优先权的权利称为第一层权利,而优先需要承担的义务则相应称为第一层次的义务。比如,我们将行政相对人权利与行政权分别称为第一层权利与第二层权利,这一是基于行政法的价值取向和最终目标而言,二是对两者的保护和救济程度以及举证责任要求而言的。而如果按照行政权的运行过程,两者权利之间却是遵循行政权先行或优先,即"行政诉讼期间,不停止执行"的原则。这样,在行政法学所研究的行政法律关系中,其实表现为这两类基本范畴下的共四对具体范畴,分别是行政实体法的第二层权利及相应义务、行政救济法的第二层权利及相应义务、行政实体法的第一层权利及相应义务以及行政救济法的第一层权利及相应义务。就行政法律关系的两个代表性主体,即行政主体和行政相对人而言,与这四对具体范畴关系的对应关系如下(见附表1)。

附表1

实体法/救济法	行政法律关系的主体		显示的对应关系
	行政主体	行政相对人	
实体法	第一层次权利	第二层次权利	行政权优先于行政相对人权利
	第一层次权利	第一层次义务	
	第二层次义务	第一层次义务	行政相对人义务优先于行政机关
	第二层次义务	第二层次权利	

---

① 需要说明的是,如前所述,由于包括行政实体法与行政程序法在内的整个行政法部门都表现出其程序法特征,因此,本文不再将实体法与程序法相对应对行政法进行分类,而是分为实体法与救济法两个场合或领域。实体法主要指行政主体的各类执法领域,而救济法则主要是指当行政相对人就其合法权益受到行政权力侵害时依法启动的救济权利,主要包括行政复议、行政诉讼等。本文并不以教义行政法学那种旨在解决某个具体行政行为的纠纷为论旨,而是从作为一个重要部门法理学的行政法理学角度,试图厘清在范畴体系理论行政法学基本范畴与一般法理学基本范畴(即权利与义务)之间的内在关联与一致性。由此,囿于本文论旨及讨论的便利,本文并未对行政权主体范围以及行政相对人的具体范围进行详尽阐述,而对只是选取各自代表性的一类来进行分析。

实体法/救济法	行政法律关系的主体		显示的对应关系
	行政主体	行政相对人	
救济法	第二层次权利	第一层次权利	相对人权利优先于行政机关
	第二层次权利	第二层次义务	
	第一层次义务	第一层次权利	行政机关义务优先于行政相对人
	第一层次义务	第二层次义务	

由上图可以看到,在行政法学所关注和研究的行政法律关系中,两大行政法律关系的主体在权利义务上的对应关系以及在不同场合彼此间的优先次序。这不仅反映出彼此的权利的实现与对方义务履行之间的互相依存、对立统一的关系,而且也反映了不同场合的彼此权利间的优先次序关系。具体言之,一是在实体法领域,行政主体的行政权要优先于行政相对人的权利,即行政机关为第一层次权利,而行政相对人必定为第二层次权利;同时,行政主体的第一层次权利的实现却需要行政相对人依法履行义务来配合,即行政主体的第一层次权利意味着行政相对人的第一层次义务。若从实体法的义务优先次序看,由于行政主体作为第一层次权利主体,那么其必定就是第二层次义务主体,这样第一层次义务主体也只有行政相对人了,与此相一致,后者也只能是第二层次权利主体了。二是在救济法领域,目前行政救济对于行政相对人在起诉权限、起诉条件、责任认定、证明责任及风险承担等方面都是倾斜性保护的,即行政相对人权利优先于行政权。由此,这意味着行政主体只能为第二层次权利主体,而相对人则为第一层次权利主体,同时也表明行政相对人为第二层次义务主体。与此相一致,行政相对人第一层次权利的实现也需要行政主体义务的履行才可能,即行政主体作为第一层次义务主体为行政相对人第一层次权利实现提供前提条件。从两者义务的先行次序看,那也只能是行政主体为第一层次义务主体,行政相对人为第二层次义务主体,即行政主体的义务先行于行政相对人的义务。

由上可知,从部门法理学角度而言,行政法学中基本范畴在法理上与法理学基本范畴存在内在一致性,只不过更加复杂而已。也正是这种复杂关系,在行政法学界存在着"管理论""平衡论"[①]和"控权论"[②]等不同观点。但若从行政法学基石范畴行政正义的具体展开与实现看,"平衡论"与"控权论"之间并非存在不可逾越的鸿沟。也就是说行政法学基本范畴在法理上与法理学的权利义务关系基本是一致的,即权利义务之间结构上的相关关系、数量上的等值关系、功能上的互补关系以及价值上的主次关系。[③]

四、行政法学的普通范畴

如同其他部门法学的范畴体系,行政法学范畴体系中必然也包括成

[①] 行政法"管理论"即行政主体与相对方之间是一种支配与被支配的服从关系。也就是说,行政权优先于个人权利,公民完全处于被管理、被支配的地位,二者法律地位不平等。这一观点过于强调通过维护行政特权保证行政管理的秩序与效率。其实在我国行政法学界提出"管理论"的同时,还有"为人民服务论""人民政府论"等其他观点。这些都是 20 世纪 80 年代中后期针对以前那种以"阶级斗争为纲"下的阶级法律观进行反思性突破的产物,在当时具有一定积极意义,但依然未真正摆脱政治理论、计划经济思维范式的影响。正是在此背景下,由行政法学泰斗罗豪才先生与袁曙宏、李文栋最早于 1993 年在《中国法学》第 1 期发表的"现代行政法的理论基础:论行政机关与相对一方的权利义务平衡"一文中提出了行政法"平衡论"基本观点,后经过近二十余年的系统研究,已形成较为系统理论框架、成熟的理论体系、丰富的思想内容,已成为新中国行政法学有重要影响的代表性流派之一。此观点"主张行政权力与公民权利应当保持平衡状态的一种行政法理论,强调从关系角度研究行政法,运用制约、激励与协调机制,充分发挥行政主体与相对方的积极能动性,维护法律制度、社会价值的结构均衡,促进社会整体利益的最大化"。参见罗豪才:"中国行政法的平衡理论",《法制日报》,2009 年 7 月 1 日,http://www.chinalawedu.com/new/21606_138/2009_8_31_ji71294233111389002-10656.shtml,2020 - 4 - 14 访问。

[②] 行政法"控权论"是西方行政法学的主要理论,此观点认为,控制政府的行政权不仅仅是人民主权的体现,也是使行政权力得以正当行使的现实必然要求。此观点在我国行政法学界也很具有代表性,产生了较大影响。近几年来,有学者又对前期的观点进行了修正,提出了"新控权论"观点。在我国,有学者就认为,行政程序最重要的特征就是通过行政相对人参与,实现公民权利对政府权力的有效制约。控权论的早期代表性学者,如姜明安教授,参见姜明安:"行政程序:对传统控权机制的超越",《行政法学研究》,2005 年第 4 期。新控权论相关理论,请参见楚德江:"新控权论:构建双重责任机制",《郑州大学学报》(哲学社会科学版),2009 年第 1 期。

[③] 不过在法理学中,权利义务之间价值上的主次关系是从两者之间的目的与手段关系角度得出的结果,但是若从作为法学基石范畴的正义之价值目标的实现角度,本文认为,权利与义务之间并非存在这种目的与手段截然二分之关系。对于法理学的权利义务关系之阐释,参见张文显:《法理学》(第五版),北京:高等教育出版社 2018 年版,第 134—140 页。

为范畴体系的肌肉与枝叶不可缺少的大量普通范畴。它是指行政法学某一具体领域、理论中的专门范畴概念。这类范畴如同建筑材料,虽然普通而平凡,却是构成整个行政法学范畴体系的基本材料,充斥在行政法学的各个章节、各个领域之中。它们是作为行政法学基石范畴的行政正义与作为行政法学基本范畴(或核心范畴)的最为外层化的体现,一方面使行政法学包括范畴体系在内的整个理论体系得以构建起来,另一方面也使得行政法学形成专门的系统化的行政法话语体系、思维方式和特有想象力,使其在行政法治实践中发挥界定、支撑、指引等功能成为可能。

具体言之,我们就整个行政法学的普通范畴大致梳理如下:就行政法学理部分,主要有行政法学研究对象、行政法学研究方法、行政权、行政法、行政法律关系、行政法的渊源(包括正式渊源、非正式渊源)、行政法基本原则(包括行政合理性原则、行政合法性原则等)等。在体制行政法部分,主要有体制行政法、体制行政法功能、体制行政法立法技术、行政组织法(包括国务院组织法、地方组织法等)、行政主体、内部行政合同、公务员、公务员法、公务员义务与权利、行政编制法、行政编制立法等。在行政行为部分,主要有行政行为(包括抽象行政行为、具体行政行为等)、行政立法行为法、行政处罚、行政许可、行政强制、行政执法、行政执法承诺制、行政执法责任制等。在行政救济法部分,主要包括行政救济、行政救济法、行政司法化、不良行政校正、行政复议、行政复议法律主体、行政复议程序、行政复议法律责任、行政诉讼、行政诉讼法、行政诉讼参加人、行政诉讼一审程序、行政诉讼二审程序与审判监督程序、行政诉讼证据、行政赔偿、行政赔偿法、行政赔偿的请求人、行政赔偿义务主体、行政赔偿的范围、行政赔偿的程序等。①

---

① 在不同的行政法学教材中,编者们就行政法学的普通范畴的表述并不完全一致,各有取舍。鉴于本文讨论的重点并非是对所有范畴尤其是普通范畴的范围进行一一表述,而重在讨论不同类范畴之间的关系以及在整个范畴体系中的不同地位与功能,因此此处主要以关保英编著的行政法学教材为例来作简要梳理。参见关保英:《行政法学》(第二版),北京:法律出版社2018年版。

第六章

刑事法学范畴及其体系

第一节　引言

从人类的发展历程看,可以说刑法是出现最早的法律规范类型之一。① 可以说,如果从人类学或功能主义角度来看,自从人类开始有意识地过上有序的生活,就应该已经出现类似于刑法的法律规范了。不论是在早期的中国还是其他古老的文明地区,尽管有的是世俗的,有的则是与早期禁忌混在一起的,都出现了以维持政治、社会、家族、宗教等各种秩序为目的的强制性规范。也正是如此,刑法也成为部门法最为悠久的法学

---

① 一般认为,西方法律制度起源于古希腊、古罗马时代。但若从刑事法律制度角度看,其源头却可以追溯至古代西亚的两河流域地区。第三王朝时期(前 2113 年—前 2006 年)制定的《乌尔纳姆法典》据说是迄今为止人类所知的历史上第一部成文法典,其中涉及刑法刑罚的有通奸、强奸、伤害等罪名。而公元前 18 世纪时期古巴比伦王国第六代国王汉穆拉比制定的《汉穆拉比法典》则被认为是世界上完整保存下来的最早的一部古代法典,其中就例举了死刑、体刑、烙印、罚金、驱逐等,而且还残留着原始社会同态复仇的印记,如自由民损坏他人的眼睛、骨骼、牙齿的,则"应毁其眼",或"折断其骨",或"击落其齿"。即便是在西方法律制度的另一个重要源头,即宗教的源头古希伯来法的主要文献《旧约》中,其"摩西十诫"在惩罚方式方面依然体现出来的是同态复仇的习俗。"参见《刑法学》编写组:《刑法学》(上册·总论),北京:高等教育出版社 2019 年版,第 7—8 页。

学科之一。在我国第一部系统分析汉字字形和考究字源的典籍，同时也是世界上最早的字典之一的《说文解字》中，法干脆直接等同于刑，认为"灋，刑也，平之如水，从水；廌，所以触不直者去之，从去"①。这除了说明刑在古代中国法律中的支配性地位外，还足以说明刑法的悠久。也正是因此，发展到今天，关于刑法的理论体系也较为成熟、丰富与复杂。

然而，上述刑事法律规范的出现并非意味着刑法学的诞生，更非意味着现代刑法学的出现。这是因为刑法的出现并不伴随着系统逻辑的刑法理论的形成与人们有意识地对刑法背后的正当性的追问、反思与阐释的开始。我们知道，对于人类社会中刑法的出现，学者通常认为或者来自于战争，或来自于内部秩序的维续，或来自于原始社会的禁忌等。比如，通常认为，我国古代的刑法就来自于战争。其证据主要是从词源学角度对刑的解读。"刑"在古汉语中为"井刂"或"邢"，即"刜"或"刑"，与战争有关，认为"刑起于兵"，具有惩罚之义。《说文、井部》说，"刑，罚罪也，从刀井"。《易》曰，"井者，法也"。后来的《说文解字约注》卷十注曰，"刑字从井，盖与灋字从水同意。可知古人言法，皆取向于水之平"。清代的段玉裁在其《说文解字注》中认为，"刜（刑）者，罚罪也。易曰，利用刑人，以正法也。引申为凡模范之称"。另外，在法人类学家或精神分析法学家眼里，"禁忌是人类最古老的无形法律，它的存在通常被认为是远比神的观念和任何宗教信仰的产生更早"②。而此时之所以认为禁忌即为无形法律，是因为禁忌不仅在心理上产生的强制性令当时的人们确信自然惩罚的存在，更是因为它使得社会开始参与到对违禁者的积极惩罚当中，以确保社会群体的秩序安宁与稳定，即禁忌在外在行为上也具有了刑罚意义上的那种惩罚强制性特征。也就是说，禁忌通过强制、惩罚达到对人们行为的制裁和社会秩序维续之目的。由此，有学者就提出了这样一个观点，即原始社会的原始禁忌（如性禁忌）通过各种行为方式，对人类自身欲望进行控制，协调社会内部关系，实行社会监督和限制，维续着原

---

① ［晋］许慎：《说文解字》。
② ［奥］西格蒙德·弗洛伊德：《图腾与禁忌》，《弗洛伊德文集》（第8卷），长春：吉林人民出版社 1997年版，第22页。

始社会的秩序①。也就是说,人类最早的刑罚体系可以追溯到禁忌②。可见,不论是古代中国的刑,还是西方法人类学家所说的古代禁忌法,都有一个共同之处,即与其说其是强调刑法之法,毋宁说是强调刑罚之罚。

此外,前现代社会刑罚方式、种类等繁多,比今天有过犹而无不及。比如,以我国古代为例,据说夏代就有五刑共三千条,分为大辟二百,膑辟三百,宫辟五百,劓墨各千。③ 大辟即夏朝对死刑的统称,主要分诛、杀、戮、弩戮四种。而且我们知道,关于刑罚的法典出现的并不晚,据文献记载,夏有《禹刑》,商有《汤刑》,周有《吕刑》,到了春秋时期据说出现了中国历史上第一部比较系统的封建成文法典——《法经》。但是我们古代先民并没有在此基础上演化出相对独立的系统的理论体系和学科(即刑法学)。又如,古代印度曾长期是政教合一的文明国家,其较早关于刑及刑罚的文献主要集中在《摩奴法典》中,主要反映了吠陀时代以及后吠陀时期的古印度社会的犯罪及刑罚观。《摩奴法典》记述道,"刑杖管教一切生物,只有刑杖保护一切生物;当所有的官吏都睡着的时候,刑杖则醒着。智者们视刑杖为法"④。然而,从古印度"法经"开始,许多资料却都把施行刑罚列为国王的义务。其第一要务是,"一方面注视着在其领土内所有法(习惯)、种姓的分化及各家族集团的状况,一面监督和监视四个基本种姓的属民,是否忠实地履行了所规定的义务"⑤。古印度这种政教合一的传统同样也没有演化出关于刑法与刑罚的系统独立的理论体系与学科——刑法学。前现代社会的刑罚不仅数量种类繁多,适用上也具有很大随意性,甚至不受当时法律的制约,比如我国传统社会中的凌迟、车裂、"紧箍咒"、烹刑、炮烙刑、剖心刑、醢刑、剥皮刑等曾作为法外刑存在,有的还存在相当长时间。

从整个人类来看,相较于刑事法律规范、刑罚,刑法学的诞生是比较

---

① [美]E. 霍贝尔:《原始人的法》,张文青译,贵阳:贵州人民出版社1992年版,第256页。
② 参见[奥]西格蒙德·弗洛伊德:"禁忌的起源",《图腾与禁忌》,文良文化译,北京:中央编译出版社2015年版,第28—41页。
③ 《晋书·刑罚志》。
④ 《摩奴法典》7.18。
⑤ [日]白井骏:"古代印度社会的犯罪及刑罚观",孟昭容译,方广昌校,《中外法学》,1990年第5期。

晚的,即便是在西方社会,也仅是近几百年前的事。通常认为,1764年意大利著名刑法学家贝卡利亚的《论犯罪与刑罚》是西方现代刑法学的奠基之作,该论著的出版标志着现代刑法学的正式诞生。[①] 此后,经过了西方哲学家、法哲学家及刑法学家费尔巴哈、龙勃罗、菲利、李斯特等人的持续努力,先后形成了刑事古典学派与刑事实证学派(包括刑事人类学派与刑事社会学派),最后才创立和发展了刑法理论体系,形成了较为成熟系统的刑法学科乃至刑法科学。如今刑法学具有相对独立的研究对象、框架体系与研究方法,分为规范刑法学、理论刑法学、比较刑法学以及国际刑法学等分支类型,已经成为部门法学乃至整个法学学科中最为重要的支柱性学科之一。

之所以将贝卡利亚以来的刑法与之前的刑法相区分,最主要的依据是两者是否对刑罚的正当性进行理性反思与追问,各自所依凭的正当性学理是什么,以及在自我正当性学理的基础上如何构建起自身的范畴体系、制度体系及运行体系等。也就是说,刑法学理论体系大厦的架构首先需要其范畴体系理论为支撑,否则是不可能形成今天如此系统、缜密的刑法学这一学科及其思维方式、研究方法的。为此,可以说,对刑法学的范畴体系理论进行专门探讨就初步具有了学理上的价值和学术意义。

第二节　我国刑事法学范畴研究现状及其剖析

在我国刑法学界,学者对于刑法学的范畴及其体系的关注与研究属于部门法学中相对比较早的了。[②] 据现有文献,我国刑法学界最早对刑

---

① 参见高铭暄、马克昌主编,赵秉志执行主编:《刑法学》(第八版),北京:北京大学出版社、高等教育出版社2017年版,第1页。

② 之所以这样说,是因为刑法学界早在1991年就有学者针对这一问题进行研究的高水平成果(曲新久:"试论刑法学的基本范畴",《法学研究》,1991年第1期)。后来在1992年,陈兴良教授又对这一问题进行了更抽象的哲理化的研究(陈兴良:"论刑法哲学的价值内容和范畴体系",《法学研究》,1992年第2期)。而法理学界对这一问题的真正关注与学术成果的(转下页)

法学的范畴体系进行较系统的思考与阐述是曲新久教授。他认识到范畴在科学研究中的重要性,认为如果没有范畴这种抽象化手段,我们就无法掌握如此多样化的个殊情况。因此,刑法学理论的深化同样需要对其基本范畴进行探讨。最后他认为,刑法学的基本范畴主要是刑事责任、犯罪、犯罪人、刑罚、量刑、行刑。[①] 经过了将近十年,曲新久教授又在专门的论著中讨论和阐释了刑法的精神与范畴及其两者的关系问题。他认为,一方面,实体范畴是实在化了的刑法精神,如果没有实体范畴的存在,刑法的精神也就失去了依托;另一方面,关系范畴不仅将刑法精神与实体范畴联系起来,而且也将实体范畴彼此联系起来,并将这些范畴与刑法之外的东西尤其是立法与司法相联系起来。由此,他提出了刑法的四大基本精神,即自由、秩序、正义、功利,四大基本实体范畴,即犯罪、犯罪人、刑事责任、刑罚,以及四大基本关系范畴,即罪刑法定、罪刑相当、刑罚个别化、刑罚人道主义。[②] 对于其对刑法学实体范畴与关系范畴的类分及其具体内容,我们未必完全赞同。但值得肯定的是,他十分敏锐地洞见到范畴及其理论在刑法与刑法学中的重要地位,对刑法范畴与刑法的价值精神之间密切关系进行了较为系统的思考。在这本专著面世不久的后来的另一部论著中,曲新久教授又对刑法学范畴体系进行了系统化的修补与完善,最后总结出了刑法学的十大基本范畴,即包括刑罚、保安处分、犯罪、犯罪人及刑事责任在内的五大基本概念和包括罪刑法定、罪刑相适应、刑罚个别化、刑罚人道主义及法律面前人人平等在内的五大基本原则。[③] 至此,可以说,他的刑法学范畴及其体系理论已经全面形成。

（接上页）出现甚至比刑法学界还稍微晚了些。可查到的文献最早也是出现在 1991 年（张文显:"论法学的范畴意识、范畴体系与基石范畴",《法学研究》,1991 年第 3 期）。宪法学界直到 1999 年童之伟教授才正式提出并形成其较为完善的"法权"核心范畴论（童之伟:"论法学的核心范畴和基本范畴",《法学》,1999 年第 6 期）。

① 参见曲新久:"试论刑法学的基本范畴",《法学研究》,1991 年第 1 期。
② 参见曲新久:《刑法的精神与范畴》,北京:中国政法大学出版社 2000 年版。该书后于 2003 年再版。对这本论著的评介,参加刘仁文:"《刑法的精神与范畴》评介",《政法论坛》(中国政法大学学报),2001 年第 3 期。
③ 参见曲新久:《刑法学原理》,北京:高等教育出版社 2009 年版,第一章。

刑法学界另一位对刑法学范畴进行特别关注并系统研究的是陈兴良教授。他早在 1992 年就从刑法哲学角度对刑法学的范畴体系理论进行了更一般、更抽象的系统思考与阐释,认识到了刑法学的价值内容与范畴体系之间的关联性,认为刑法学的范畴之间的理论体系不是价值无涉的例举,而对其价值内容存有不可或缺的依凭关系。① 在这一基本论题研究的基础上,陈兴良教授形成了其刑法哲学理论体系,即由刑法哲学的法学范畴体系为支撑和载体型塑起来的刑法哲学价值内容并与前者一起组成的刑法哲学体系。可见,在其刑法哲学体系中,对刑法哲学范畴的关注与研究成为其主要内容、主体结构和主要目的。其刑法哲学理论实质上是由犯罪本体论(即犯罪部分范畴体系)与刑罚本体论(即刑罚部分范畴体系)以及建立在两者之上的罪刑关系论构成。② 与曲新久教授的范畴理论相比较,陈兴良教授的刑法学范畴体系理论更具有法理性,更强调范畴所具有抽象性、一般性以及相互之间的内在逻辑性。因而,可以说陈兴良教授的理论更具有哲理性,更多是关于刑法学而非刑法的范畴及其体系的思考与表达。这实际上是他在学术上一以贯之的立场的一部分。在后来的论著中,他再次重申了他的这种学术研究范式与立场,也是他的学术使命,即体系性、法理性和私人性叙述的刑法学。从中可以看出,他的这种哲理化的刑法学研究旨在有意地超越作为一种刑法教义学的规范刑法学的立法刑法学,即那些尽管有刑法法条却没有刑法条文并超越刑法条文的,或者说"不以刑法法条为本位而以法理为本位"的刑法学教科书。③

另外,我国刑法学界还有其他学者对刑法学中的某些具体范畴进行过一些探讨。有学者从刑法解释的效力层次视角对我国刑法解释的范畴及其体系进行了专门反思与讨论,认为刑法解释分为正式解释和非正式

---

① 参见陈兴良:"论刑法哲学的价值内容和范畴体系",《法学研究》,1992 年第 2 期。

② 详见陈兴良:《刑法哲学》,北京:中国政法大学出版社 2004 年版。该书迄今为止已经出版了六版,足见其在中国刑法学界乃至整个法学界的影响力。

③ 参见陈兴良:"一种叙述性的刑法学",载于《本体刑法学》(代序),北京:中国人民大学出版社 1999 年版,第 2—3 页。

解释两大类。其中正式解释又可分为规范性刑法解释和适用性刑法解释;非正式刑法解释则可分为刑法学理解释与刑法任意解释。进一步分析,则规范性刑法解释可再分为刑法立法解释和刑法司法解释。[①] 也有学者认识到国际刑法学的范畴论题并未引起学界足够重视,因而对国际刑法学的若干基本范畴进行了类型化思考与探析,认为国际刑法学的本质属性、机能、功能与作用构成其四大基本范畴。[②] 可见,此研究仅限于对国际刑法学领域的讨论,缺乏从整个刑法学乃至整个法学学科的维度对其在整个范畴体系理论的思考与讨论。还有学者根据认知语言学等原理,从刑法解释的立场对刑法范畴进行了研究,认为刑法范畴不是特征范畴,而是以典型原型为核心事实建立起来的原型范畴,因而其范畴都有明确核心和不明确边缘,无法用共同的语义特征描绘其内部所有成员。[③] 可见,此研究更多是认知语言学的研究,研究范围也明确地限定在刑法范畴,而未对刑法学范畴进行区分和研究,或者说至多只是将刑法解释作为刑法范畴中的一个具体范畴展开的讨论。对于刑法解释,也有学者将之视为刑法解释学的基石范畴并对其进行法理阐释,尤其着重对其进行了类型化研究。[④] 与前面相比,该研究更多注重了刑法学下的刑法解释学角度而非刑法视角下对"刑法解释"范畴的讨论,不过依然没有将其置于刑法学乃至法学学科的范畴体系中来展开思考与讨论。

还有,我国刑法学界有学者在对犯罪论体系的属性进行讨论时,将范畴论视为与目的论并存的不同观点来看待,并认为现代刑法倡导的是目的论的犯罪论体系,即为基于实质可罚性把握的实质目的论的犯罪论体系。[⑤] 若从现代刑法角度看,作者的犯罪论体系的目的论不能说没有道

---

① 参见牛克乾:"反思我国刑法解释的范畴及其体系——以刑法解释的效力层次为视角",《政治与法律》,2004 年第 3 期。

② 张光君:"国际刑法学的若干基本范畴探析",《西南农业大学学报》(社会科学版),2006 年第 2 期。

③ 参见王政勋:"范畴理论与刑法解释立场",《法律科学》(西北政法大学学报),2009 年第 6 期。

④ 魏东:"刑法解释学基石范畴的法理阐释——关于'刑法解释'的若干重要命题",《法治现代化研究》,2018 年第 3 期。

⑤ 参见刘艳红:"犯罪论体系:范畴论抑或目的论",《中国法学》,2008 年第 1 期。

理,该研究对于厘清刑法视野下的犯罪论体系属性具有积极意义。但是若从刑法学学科,尤其是刑法法理学出发,犯罪论体系的范畴论与目的论是否就是"零和"关系以及犯罪论体系是否就与范畴论无涉都是值得商榷的问题。可见,该学者并未看到刑法学学科尤其刑法法理学角度范畴论与目的论以及犯罪论体系的法理关系。此外,其他一些研究虽然也称为与刑法范畴相关,但要么实质上并未涉及范畴理论,要么过于强调技术性的讨论,因而对刑法学范畴及其体系研究的推进并未产生太多知识增量。[1]

最后但绝非不重要,对在我国刑法学界颇有趣却又无法绕过去的一点需要给予特殊关注和交代。就是有我国刑法学者在新刑法(即于 1997 年 3 月 14 日由第八届全国人民代表大会第五次会议通过,自 1991 年 10 月 1 日起施行的《中华人民共和国刑法》)颁行后就犯罪本质进行论辩时,针对当时更具影响力的规范违反说提出了颇有新意的法益侵害说,认为"刑法目的是保护法益、犯罪本质是侵犯法益"[2]。该刑法目的与犯罪本质的法益说在自此以来的二十余年里具有越来越广泛的影响,不仅在刑法学界,而且如今已大大超越了刑法学界,已在包括民法学、法理学、环境法学、社会法学、劳动法学等整个法学学科广为知晓并持续被视为一个重要的研究范式、话语方式或分析框架。[3] 之所以说颇有趣味,并不是基于其广泛的影响力,而是因为我国刑法学界最早提出这一理论的张明楷教授并未把其视为一个范畴来看待或使用。据可查文献,他曾把法益在概念层面上来使用,或者将法益保护视为刑法的一个原则,如在有的文献中

---

[1] 就笔者阅读的文献,到目前为止,这类的研究成果主要有:陈伟、熊波:"刑法中的生态法益:多维转型、边缘展开与范畴匡正",《西南政法大学学报》,2018 年第 1 期;阎二鹏:"非传统安全犯罪:范畴厘定与刑法教义学转型",《法治研究》,2017 年第 2 期;孙道萃:"网络刑事制裁范畴的理论视域与制度具象之前瞻",《西南政法大学学报》,2019 年第 4 期;赵合理:"刑事违法性的源流及相关范畴",《当代法学》,2008 年第 3 期;冯仁强、李益明:"刑事和解的理论基础与案件范畴",《法治研究》,2007 年第 3 期,等等。

[2] 张明楷:"新刑法与法益侵害说",《法学研究》,2001 年第 1 期。

[3] 截止到 2020 年 4 月 20 日,在中国知网,在 CSSCI 期刊范围中,篇名为"法益"的论文多达 277 篇,涵盖了法理学、刑法学、民法学、知识产权法学、宪法学、环境法学、经济法学、劳动法学、社会法学等几乎整个法学学科领域。

他指出,"近年来刑法立法中出现的法益概念的抽象化、处罚的早期化以及重罚化现象,并不意味着法益保护原则面临危机,相反说明需要发挥法益概念的批判性机能"。① 然而,在后来有刑法学者乃至其他部门法学或法理学界学者却将法益提炼升华为范畴来作为讨论对象或研究范式,② 尽管他们对法益何以成为其法学学科范畴这一问题并未进行专门讨论。不过,需要指出的是,我国法学界包括刑法学在内的大多数学者依然将法益作为一个概念来进行讨论或使用,即将"法益概念"一起使用③,也有学者将"法益保护原则"或"法益原则"合在一起使用④。对于"法益"是概念、原则还是范畴,或者说在何种维度是概念、原则或范畴,本文在后面还会涉及,于此不赘。但需要指出的是,对于"法益",我们却不能视而不见。

综上所述,我国刑法学界对于其学科领域的范畴问题基于不同论旨、维度或方法都进行了一定的关注与研究,并取得了很大成就。但是同时也

① 张明楷:"法益保护与比例原则",《中国社会科学》,2017 年第 7 期。
② 如有法理学界学者认为"法益是法律的基本范畴",参见董兴佩:"法益:法律的中心问题",《北方法学》,2008 年第 3 期;环境法学界也有学者认为,"环境法学的核心范畴应当为公众环境利益,其在本质上是一种法益而非权利",参见巩固:"私权还是公益?环境法学核心范畴探析",《浙江工商大学学报》,2009 年第 6 期;另有环境刑法学者也在就现行刑法围绕传统法益构成重大污染事故罪进行反思时,指出根源在于"将环境利益排除在法益范畴之外",参见孙思佳:"重大环境污染事故罪之探讨——以法益为中心",《学术交流》,2008 年第 2 期;刑法学界有学者在探讨刑事政策对刑法解释的影响时,也指出"它借助目的的管道进入刑法体系,通过作用于作为规范保护目的的法益的范畴,来影响与形塑刑法条文的解释",参见劳东燕:"功能主义刑法解释论的方法与立场",《政法论坛》,2018 年第 2 期,等等。
③ 代表性文献有:关哲夫、王充:"法益概念与多元的保护法益论",《吉林大学社会科学学报》,2006 年第 3 期;刘芝祥:"法益概念辨识",《政法论坛》,2008 年第 4 期;杨萌:"德国刑法学中法益概念的内涵及其评价",《暨南学报》(哲学社会科学版),2012 年第 6 期;于飞:"'法益'概念再辨析",《政法论坛》,2012 年第 4 期;邓国良、石聚航:"法益概念的扩张与生态刑法的重构",《南昌大学学报》(人文社会科学版),2014 年第 6 期;克劳斯·罗克辛、陈璇:"对批判立法之法益概念的检视",《法学评论》,2015 年第 1 期;孙山:"民法上'法益'概念的探源与本土化",《河北法学》,2020 年第 4 期;陈璇:"法益概念与刑事立法正当性检验",《比较法研究》,2020 年第 2 期;叶良芳、武鑫:"法益概念的刑事政策机能之批判",《浙江社会科学》,2020 年第 4 期等。
④ 比如,姜敏:"危害原则与法益保护原则比较研究",《比较法研究》,2019 年第 6 期;冀洋:"法益保护原则:立法批判功能的证伪",《政治与法律》,2019 年第 10 期;廖兴存:"法益保护原则视阈下儿童色情制品持有入罪论",《当代青年研究》,2018 年第 4 期;高巍:"新法教义学视野下法益原则的畛域",《法学》,2018 年第 4 期等。

不可否认的是,既有研究多是对刑法范畴而非刑法学范畴的关注与研究。虽然也有学者从刑法哲学角度对范畴及其体系进行了讨论,但是并没有对刑法哲学与刑法法理学进行区分,而且从刑法学范畴体系维度来讨论刑法学诸范畴之间的关系以及刑法法理学与一般法理学及其他部门法学的整体性维度的思考性依然还不够。由此,从我国刑法学研究现状看,对刑法学范畴及其体系进行较为详细的讨论也具有现实的学术基础与价值意义。

第三节　刑事法学范畴及其体系

与前述类似,我们认为,刑事法学的范畴体系也应当是由作为刑事法学元范畴的刑事法理、作为刑事法学基石范畴的刑事正义、作为刑事法学基本范畴的刑事法权利和刑事法义务,以及其他普通范畴共同构成的刑事法学范畴体系。因此,本文将重点围绕这几个方面展开讨论。

一、作为刑事法学元范畴的刑事法理

如我们所知,与传统法律或法学相比,现代法学是以求理、循理、讲理、辩理、行理为鲜明特点的学科,在某种意义上讲,是以"理"为本位的一门学问。这也构成了现代法律所遵循的基本精神与灵魂。刑法学作为现代法学体系中重要组成部分,作为部门法学的支柱性构成之一,自然也应理所当然地承担起其自我特有的学术使命与理论担当。我们常说,与宗教规范、道德规范、习俗规范等治理方式相比较,现代的法律规范的治理"是维护社会正义的最后一道防线",或者说"司法公正是社会良知的底线"①。与此类似,与其他部门法相比,现代刑法则是维护法律内部正义

---

① 这一常识性观点源自英国著名哲学家培根在《论司法》中的一句名言,"一次不公正的判断比多次不平的举动为祸尤烈。因为这些不平的举动不过弄脏了水流,而不公的判断则把水源败坏了"。参见[英]弗兰·培根:"论司法",《培根论人生》,徐奕春译,北京:中央编译出版社2009年版。

的最后一道防线。也就是说，现代刑法是维护社会公平正义最后一道防线的最后一道防线，是真正的最后一道防线。这是因为，"自从国家代替受害人实施报复以来，国家就承担着双重使命：国家的任何行动不仅要保护共同体更好地对抗犯罪，而且要保护犯罪人不受受害人的报复"，所以，今天的"刑法不仅用来对抗犯罪人，而且用来照顾犯罪人"①。这样，现代刑法学就需要为这种真正的最后一道防线提供法理依凭。这一方面说明了刑法学所肩负的使命之特殊，任务之神圣与艰巨，另一方面也揭示了刑事法理在刑法学中所具有的极其重要的元范畴地位与功能。也正是如此，陈兴良教授认为刑法法理是刑法理论中的最高层次的理念与学说，强调并倡导从部门法理学维度对刑法法理给予关注与重视。②

具体而言，刑事法理在现代刑法学元范畴的地位体现在如下方面：

第一，刑事法理作为刑法学的元范畴为现代刑法学的诞生提供学理支撑。我们说，现代法学是最讲究说理的学问，讲究法理是其最突出的特征，也是其独立于其他学科的重要依凭。而在现代法学的诞生中，除了众所周知的民法学及民法典的诞生外，其另一个标志就是现代刑法学的出现。据考证，刑法学作为一门规范学科的确立，应追溯到德国著名刑法学家费尔巴哈 1801 年出版的《德国刑法教科书》。③ 然而，刑法学界却通常认为，意大利贝卡利亚《论犯罪与刑罚》（1764 年首次出版）论著的问世才是现代刑法正式诞生的标志。这是因为该论著中的学说奠定了现代法律和司法制度以及刑事法学、犯罪学理论的理论基础，其所阐释的一些基本原则，如今已被人类广为认可为基本共识，当作制度文明、进步及民主的基本标志。有人统计认为，《论犯罪与刑罚》不仅是刑法学历史上最重要的经典著作之一，而且成为"自《圣经》以来译本最多的著作之一"④。我们通常简单地评价该论著为，它仅是在启蒙思想盛行及欧洲刑事法律制

---

① ［德］拉德布鲁赫：《法学导论》，米健译，北京：法律出版社 2012 年版，第 116 页。
② 参见陈兴良："部门法理学之提倡"，《法律科学（西北政法大学学报）》，2003 年第 5 期；陈兴良："刑法法理的三重语境"，《中国法律评论》，2019 年第 3 期。
③ 陈兴良："刑法学：向死而生"，《法律科学（西北政法大学学报）》，2010 年第 1 期。
④ 参见郭成伟：《中外法学名著指要》，北京：中国法制出版社 2000 年版，第 410—422 页。

度遭到强烈批判背景下的产物,是建立在对当时刑事司法制度种种黑暗、残酷、野蛮事实之上的必然结果,是深受卢梭、孟德斯鸠、休谟、伏尔泰等启蒙思想家著作影响下与其朋友集体讨论的结果。然而,若从法学内部视角看,贝卡里亚这部论著中所展现出来的问题意识、反思思维及法理逻辑与其丰富的想象力、雄辩的论理、优美的文笔之间完美结合才是为许多思想大师所折服并产生如此影响力的关键之所在。① 也就是说,贝卡利亚论著获得巨大成功的实质是其对刑事法理的精辟阐释,刑法学诞生并获得独立地位最根本的依凭在于刑法法理的力量。其后不论是作为前期刑事古典学派的代表人物的德国的费尔巴哈、英国的边沁,还是作为后期刑事古典学派代表人物的德国学者宾丁、毕克迈耶、贝林格等,或是刑事近代学派以及现代西方刑法思想的代表人物,如晚近崛起并在诸多国家产生较大影响力的新社会防卫论代表人物法国学者安塞尔等②,他们在某种意义上讲都是深谙法理之精髓并熟练将其作为方法论来灵活运用的思想家,其在刑法学中知识增量的实现实质都是通过建立在对既有刑事法理的质疑、反思基础上的超越、创新获取的。由此可以说,西方近代刑法学的诞生发展史就是刑法法理的变迁史,就是通过不同的刑法法理的思维与方式来揭示、提出、分析并解决不同时代所面临的刑事方面难题的历史。

就我国刑法学的诞生与发展历程看,推动其不断进步的动力也是刑事法理。我们知道,我国刑法制度出现的很早,我们的刑法典如《唐律疏

---

① 比如,法国著名哲学家伏尔泰评价此论著时说道,"这本小书具有宝贵的精神价值,好似服用少许就足以缓解病痛的良药一样。当我阅读她时真感到解渴,我由此相信这样一部著作必定能够清除在众多国家的法学理论中依然残存的野蛮内容"。参见金歌等:《中外名著博览·人文社科卷》(WORLD'S CLASSIC INTRODUCTION),上海:上海科学技术文献出版社2015年版,第125页。

② 新社会防卫论是法国学者塞安尔针对格拉马蒂卡的社会防卫论提出的。该观点对格拉马蒂卡主张的以社会防卫法取代刑法,废除犯罪、刑罚等刑法基本概念并由"反社会性""保安处分"等概念来代替的理论进行了批判性吸收,在此基础上提出,根据健全的刑事政策来修改刑法,将社会防卫运动统一到刑法中,用以保障复归社会者的自由和权利,同时主张改革现有刑罚制度,把刑罚和保安处分合并为刑事制裁的统一体系,根据具体情况来选择适用刑罚还是保安处分。参见马克昌:《近代西方刑法学说史》,北京:中国人民公安大学出版社2008年版,第467—468页。

议》也曾在历史上达到了很高水平并在世界上产生广泛影响，"然而这仅是种律条与注释完美结合的形式，只能算作一本很好的刑法适用宝典，却算不上刑法学著作，难以提炼出精深的现代刑法理论。由此，虽然我国古代的刑法实践相当发达，刑法思想也比较丰富"，但不可否认的是，我国的传统社会"并没有孕育出现代意义上的刑法学"①。我国现代意义上刑法学的形成，是清末西学东渐后在吸收和借鉴西方理论与实践基础上的产物。更确切地讲，中国近代刑法学的理论体系及其概念术语，基本上都是来自日本，且在相当一段时间里，只是一种注释刑法学。将民国刑法学提高到法理水平，实现了对以前注释刑法学超越的是民国时期著名学者蔡枢衡教授。他认为刑法学不应仅限于以刑法条文之解释为满足的目的与境界，因而提出了刑法学品格这一刑事法理学的命题，旨在使中国刑法学成为具有独立自主性的中华民族自我刑法学。② 新中国成立后，我国的刑法学的演进是以马克思主义思想为指导的。马克思、恩格斯的刑法思想则是在吸收同时期西方近代刑法思想基础上形成并逐渐发展起来的。后来，经过列宁、毛泽东、邓小平等进一步的发展、完善、创新，形成了中国特色社会主义的刑法法理及思想。这奠定了中国刑法制度体系、机制体制与实践的底色、特色与本色。这些刑事法理奠定了新中国刑法典的学理基础并逐渐得到完善和发展，成为中国刑法实践的根本指导和精神指引。

由此，不论是诞生近现代刑法学的西方社会还是中国近现代刑法学的出现及发展历程，其根本动力都是法理及刑事法理的每一次的进步与转变。若从刑法法理学范畴体系角度而言，作为元范畴的刑事法理在刑法学范畴体系中具有根本地位，贯穿刑法学发展历程始终，是刑法学的骨架、精神与灵魂，决定这刑法体系的每一次脱胎换骨。

第二，刑事法理作为刑法学元范畴贯穿于现代刑法学体系始终。现代刑法学的研究对象不可能完全离开刑法文本，尽管不应仅限于对尤其

---

① 参见《刑法学》编写组：《刑法学》（上册·总论），北京：高等教育出版社 2019 年版，第 19 页。
② 陈兴良："百年刑法学"，搜狐网 https://m.sohu.com/a/306067811_120032，2020 - 6 - 30 最后访问。

是某个具体刑法文本的注解。若从刑法学学科理论构成来看，通常认为，除了包括对刑法学自身基本理论等部分外，现代刑法学的主体部分包括犯罪论、责任论及刑罚论。如前所属，现代刑法学应是最讲法理的学科。这不仅是因为它共享着现代法学基本属性之缘故，更是因为刑法学所关注的刑法自身的特殊性所致。即使是现代刑法，也是整个法律治理中制裁与惩罚最为严厉的部门法。在其合法名义下，有关机关及其个人掌握着可以针对每个人发起的生杀予夺的公共职务性特权。它不仅可以让人一无所有，而且还可能让人失去自由，甚至被剥夺生命。通俗地讲，刑法是"最要命"的部门法，刑法学也是"最要命"的部门法学。也正是在此意义上，刑法品格极为关键，刑法成为维护社会正义的最后一道防线的最后一道防线。然而决定刑法品格，使其不像发狂的猛兽，它不但不能保护我们的自由和秩序，还可能恣意伤人，最为关键的一步就是犯罪论部分，即对何为犯罪必须给出正当而充分的法理依凭，以最大限度地将这个现代社会最可怕的公共权力之猛虎始终有效地控制在笼子里，或者更为准确地讲，使其能够在预定轨道上有序运行。而就刑法学所关注和研究的刑法背后所关涉的刑事公共权力而言，能否有效担当起最后一道防线这一使命的关键就是犯罪论部分，这是能否进入刑法调整的第一步。坚守好刑法的大门，是控制住刑事公共权力这头猛兽的关键。由此，必须有充分的法理、明确的标准、严密的程序，才能确保这种刑事公共权力在不恣意的前提下为民众提供安全、为社会提供秩序保障与服务。这也是为何在现代刑法学非常强调罪刑法定原则的原因之所在。也正是基于此，不同的法系基于不同的历史传统与法理基础，形成了不同的犯罪本质及其相应的犯罪构成理论，如西方大陆法系以法益侵害论为核心的三阶层构成要件理论与强调"规范必须捍卫"的规范违反论、英美法系强调程序正当优先的双层次犯罪成立论、前苏联社会主义法系强调主客观相结合耦合式四要件犯罪构成论等。①

---

① 目前我国刑法学界也有类似几种观点，除了传统的建立在社会危害犯罪本质论基础上的四要件说之外，近年来又出现了以张明楷教授为代表的法益侵害说、以周光权为代表的规范违反说等。参见欧阳本祺："规范违反说之批判"，《法学评论》，2009年第6期。

可以说,以犯罪概念及犯罪构成论为主体的犯罪论是把好刑法大门的关键第一步,但这一开端仅意味着能否实现刑法使命和秉持刑法学价值目标的一半。这样能否实现最后目标就取决于后面的阶段,即刑事责任论与刑事处罚论部分。在现代刑法学中,刑事责任论是连接犯罪论与刑事处罚论的必要中介,使得两者在逻辑上能符合法理属性。也就是说,如果在法理上不能充分论证刑事责任的有无及其大小,就无法获得刑罚论部分这一结果,即意味着刑事权力不具有通过国家公共资源行使对犯罪主体惩罚力的正当性理据。如果刑罚不讲学理,那就如同英国著名法理学家、现代分析法学创始人赫伯特・A・哈特(Herbert Adolphus Hart)对这一早期学派创始人约翰・奥斯丁(John Austin)的"主权命令说"法律观进行质疑、反思时所指出的那样,这种法律的强制性与惩罚性就与"强盗的命令"无法区分。[①] 在这样的刑法中最具其特性的刑罚部分也就成为不讲道理的恣意的命令,其之所以能够具有强制性效果,也仅仅是因为其依靠类似于强盗具有的那种外在的暴力所带来的恐惧与威胁而已。在现代学法学中,刑事责任就在法理逻辑上成为这一个中间链环。这也是现代刑法学所强调的"罪、责、罚"相适应原则中三者成为一个不可分割的逻辑整体的法理基础,同时也为刑法学中将犯罪行为与结果之间的因果关系视为是否构成犯罪提供学理指引。至于现代刑法学中的惩罚论部分,则是前两部分理论在现代法理逻辑上的必然结果,是一种水到渠成的产物。具体言之,这就是,除了我们通常所强调的无罪不罚、有罪必罚、重罪重罚、轻罪轻罚、同罪同罚、异罪异罚等刑事法理外,同时还应当符合与秉持不罚应无罪、罚应必有罪、重罚应重罪、轻罚应轻罪、同罚应同

---

① 其实,在西方社会,从中世纪神学家圣・奥古斯丁开始,法律思想家就一直试图将法律与强盗的命令相区分。只到哈特才将这一问题进行了深刻的反思与精辟的阐释。他极富洞见地指出,奥斯丁对定义法律的方式存在严重不足。令人信服的现代法律必须解决如何与强盗的命令区分开来这一根本问题。就两者的差异性方面,他指出了命令说无法体现法律的持续性、法律的连续性、法律的多样性以及与"主权者受到法律的限制"这一法治观念相悖等方面的不足,从而成为构建其现代分析法学理论大厦的逻辑起点。尽管对于哈特的结论未必完全赞同,但他却洞见到现代法学对于现代法律所应探讨解决的最为基本的问题,即法为何具有强制性以及人们守法的正当性理据问题。对于哈特对法律命令说的反思与批判,参见[英]哈特:《法律的概念》,张文显等译,北京:中国大百科全书出版社 1996 年版,第 77—92 页。

罪、异罚应异罪的刑事法理。

由此可见，现代刑法学中的各个理论部分无处不体现着现代法理，现代刑法没有一个环节不受着现代法理精神与原则的引领。实质上，平等刑法、公平刑法、人权刑法等在现代法理是一脉相通的，是现代法理在刑法学中的具体化表现。

第三，刑事法理作为新法学元范畴为刑法适用提供方法论基础。刑法学及其所研究的对象——刑法的说理性不仅体现在静态的、书本上的知识与理论体系中，还在于刑法适用过程中所遵循和体现的方法论方面。与传统刑法学相比，现代法学的不同还体现在方法论方面，现代法学是非常讲究方法的学问。刑法学对正义的秉持与追求不仅存在于宏观而整体的理念层面的法理上，而且还需要在一个个具体的真实案例中来体现和捍卫。由此，"对于法官如何借助法律（或者在没有法律的情况）获致正当的个案裁判之问题，所有现代法学方法论之作者莫不论之"①。也就是说，在立法层面，刑法学旨在确立法学之正义、平等之类的价值并以其特有方式在自我领域中具体体现，而在适用层面，刑法学重在通过一个个的具体案例的实践来构建刑法意识、刑法秩序。不论怎样，刑法学是旨在"探讨人们如何恰当地确立平等性的学问，其首要务反而不是研究什么是平等的"②之类的价值的。

然而，刑法学对价值的秉持、坚守与捍卫是通过其自身的法律方法来实现的。通常认为，法律方法是法律人认识、判断、处理和解决法律问题的思维路径，主要包括法律发现、法律解释、法律论证以及数据处理等。③当代西方一些法学家，如罗斯科·庞德、埃德加·博登海默、罗纳德·德沃金、卡尔·拉伦茨、罗伯特·阿列克西等，都非常重视法律方法的研究。

①〔德〕卡尔·拉伦茨：《法学方法论》，陈爱娥译，北京：商务印书馆2003年版，第18页。
② Hans-Martin Pawlowski, Methodenlehre für Juristen, 1981, 转引自〔德〕卡尔·拉伦茨：《法学方法论》，陈爱娥译，北京：商务印书馆2003年版，第39页。
③ 尽管有学者认为，法律方法也包括法律思维方式或法律思维原则，但"法律方法"是针对"法学研究的方法"而言的，法学界用以指称自20世纪90年代以来国内外学界关于法律解释、法律推理、法律论证等法律适用方面的研究。参见张文显：《法理学》（第五版），北京：高等教育出版社2018年版，第289页。

博登海默就指出，"我们必须探究法律制度为了最充分地、最有效地实现其社会目标而运用的工具、方法和技术方面的机制。这样的一种探究完全属于法理学的领域——该领域致力于研究法律的一般理论和法律哲学——的任务，因为它所关注的乃是法律各个领域所共有的问题，诸如方法论、推理程式和解释过程等问题，而不是专门领域的问题、原则和规则"①。德沃金说道，"我们的法律存在于对我们的整个法律实践的最佳论证之中，存在于对这些法律实践作出尽可能最妥善的叙述之中"②。从这意义上讲，比如法律方法中重要的一个内容是法律解释。卡尔·拉伦茨则指出，法律方法是法学上无法绕过的主题，"它所关心的不仅是明确性及法的安定性，同时也致意于：在具体的细节上，以逐步进行的工作来实现'更多的正义'。谁如果认为可以忽略这部分工作，事实上他就不该与法学打交道"③。罗伯特·阿列克西则更是将法律方法视为理论与实践共同关注的主题，认为"这个理论，正像人们所期望的那样，也许有一天会有很牢固的基础并得到广泛的发展，以至于，它不仅能够阐明法学作为规范科学的特性，而且也将为从事法律实务活动的法律职业人提供（论证上的）支撑点"④。可见，法律方法具有职业性、适用性、技术性等特点，其背后是建立在逻辑思维的法理方法论基础之上的。

如前所述，刑法的严厉强制性意味着需要更注重法律方法的选取与适用。比如，尽管法律解释的特殊类型中有扩张解释、限缩解释、当然解释等。但是，就刑法学而言，在刑法适用中，每种解释的选择并非随意的选择，在没有正当而充分的理由下，对既有的法律规定的解释既不应扩张，也不应限缩，只能选择文义解释或当然解释，因为否则都可能带来刑法的恣意性。也就是说，刑法学要求在刑法适用过程中，对于法律方法的

---

① ［美］埃德加·博登海默：《法理学：法律哲学与法律方法》，邓正来译，北京：中国政法大学出版社 2004 年版，第 427 页。
② ［美］罗纳德·德沃金：《法律帝国》，李常青译，北京：中国大百科全书出版社 1996 年版，前言第 1 页。
③ ［德］卡尔·拉伦茨：《法学方法论》，陈爱娥译，北京：商务印书馆 2003 年，第 77 页。
④ ［德］罗伯特·阿列克西：《法律论证理论——作为法律证立理论的理论性论辩理论》，舒国滢译，北京：中国法制出版社 2002 年版，第 35 页。

选取与适用比其他部门法必须更为严谨、审慎且受到刑法学自身法理的限制。刑事法理作为刑法学的元范畴，一方面为法律方法提供学理与逻辑依据，另一方面又对法律方法本身进行合理控制，为其选取与适用提供判准。由此，有学者甚至提出了"法治反对解释"的命题。① 这其实也与刑法学所秉持的罪刑法定等原则的蕴意具有一致性。

第四，刑事法理作为刑法学元范畴为刑事法治提供学理指引。如果从国家及社会治理的外部视角看，刑法法治是我国整个法治建设战略的重要组成部分。近一段时期，我国将"提高国家治理体系与治理能力现代化"②作为重要战略任务，而这一目标的实现是与"法治政府""法治社会""法治国家"一体化法治建设分不开的。刑事法治是法治的应有之义和重要组成部分。宪法规定了"中华人民共和国实行依法治国，建设社会主义法治国家"③。我们经常说，依法治国和法治的实质及关键是依宪治国和宪治。然而衡量是否践行依法治国和法治的重要判准之一却是治刑和刑治。所谓治刑和刑治，并非指传统社会的刑罚为本，而是指刑法本身的确立、限度、行使方式等都依法而治，即刑法法治的践行。实行刑法法治，是建设我国社会主义法治国家必不可少的核心要素。反言之，如果没有刑事法治，就不可能实现法治建设，就无法实现全面推进依法治国战略目标。在亚里士多德对法治的精辟论述中，不仅强调了法治的良善品格，而且强调普遍遵守的实际效果。对于刑事法治，也应当坚持良法善治以及平等而普遍地被遵守。只不过，在刑事法治中，关于何为刑事正义以及如何体现平等普遍适用，刑法有其自身的特点。刑事法治如果要得到落实

---

① "法治反对解释"是我国著名法理学家陈金钊教授提出的法律解释的新立场。他通过多篇论文来阐释这一命题。如果说法治反对解释，那么在刑法适用中，这一命题则更具有法理意义。对陈金钊教授关于这一命题研究的梳理，参见杨桐桐："法治反对解释——一种法治建设的权宜之计"，《法律方法》，2014 年（第 15 卷）第 1 期。

② 2019 年 10 月 31 日中国共产党第十九届中央委员会第四次会议通过的"中共中央关于坚持和完善中国特色社会主义制度　推进国家治理体系和治理能力现代化若干重大问题的决定"，就坚持和完善中国特色社会主义制度、推进国家治理体系和治理能力现代化的若干重大问题作出重要决定。载于 https://www.sohu.com/a/351803423_260616，2020 - 4 - 26 最后访问。

③ 1999 年我国第九届人大第二次会议通过的宪法修正案规定："中华人民共和国实行依法治国，建设社会主义法治国家"，将其作为宪法的第五条第一款。

和遵守,就需要对刑法之良善与如何体现普遍遵守给予正当性法理阐释与依据。

刑事法治要求遵循现代刑法学的基本法理,不仅要求在刑法与法律理论与实务界内部秉持和捍卫刑法基本品格,而且还要求在法律外部树立刑法基本意识与素养、遵循刑法基本原则、维护刑法基本品格。由此,这就要求其他公共权力应当尊重刑法的自我运行机制和刑法学法理逻辑,只能依法对刑法运行中的问题,尤其是具体案件给予关注,而不应进行无法律依据的干预乃至破坏。另外,也要求社会群体、个人、媒体等依照刑法法律和逻辑关注、宣传、评论一些涉及刑事的案件及其相关行为人、法律人等,而不能随意或不适地发表、转发自认为伸张正义、主持公道的所谓事实或意见。这种自认为是正义的化身者的非理性的或纯个人性道德评价形成了公共性舆论,给案件的依法判决带来偏见性压力,甚至直接绑架了法律与法治,在一定程度上酿成了冤假错案。还有,从特殊群体,即受害人及其近亲属等人的视角来看,就是要求受害人及其近亲属应当相信、信任、依赖乃至捍卫刑法及其适用机关在证据事实基础之上的规则内的正义,而非客观事实基础之上的个案正义,尽管两者并非总是一致。也就是说,即便是受害人的身体、财产乃至生命受到来自涉嫌犯罪的行为人莫大的侵害,受害人本人或其近亲属从心理上难以按捺自己心头的复仇怒火,但自己或其近亲属最终的行为应该服从于法治下的理智。刑法既要充分考虑并维护某具体受害人及其近亲属合法权益受到侵害而应获得的救济和心理上的抚慰,维护其刑事法理上的合法权利,同时还应当因考虑对犯罪嫌疑人或罪犯的合法权益的依法保护,而对被害人及其近亲属这种权利的限度进行约束。而刑事法治的关键是包括刑事公共权力在内的各类公共权力对刑法的尊重、维护、保障和捍卫。

上述的刑事法治理论及实践的每一个领域、步骤、环节及路径等,都需要充分的法理论证为其提供正当性,否则现代刑事法治就无从谈起,进而也无法实现依法治国和法治梦。因此,作为刑法学元范畴的刑事法理应当为刑事法治提供理论证立,为其具体实践提供理论指引和判准。

二、作为刑事法学基石范畴的刑事正义

如前所述,刑法作为最具严厉强制性的部门法需要更加充足的正当性学理论证。这种论证的正当性主要就是正义在刑法学中的获确。如果是这样,其另一面则意味着现代刑法学理论中最为关键问题之一——犯罪本质是对刑事正义的侵犯,即刑事正义侵害说。或许提出这样一种观点是极其危险的,因为它相异于刑法学中的常见观点,如社会危害说、权利侵害说、法益侵害说等。社会危害说最早源自意大利刑法学家贝卡利亚,他在刑法史上首次提出了"犯罪使社会遭受到的危害是衡量犯罪的真正标准"①这一命题。虽然这一论断一针见血,但主要是基于社会学的视角,既不具有实证的特征,又缺乏是否具有社会危害性的更深层次的学理判准。也正是这种观点的不足,费尔巴提出了权利侵害说。他认为犯罪不仅是对个人权利的侵害,国家也可以作为具有权利的一个人格来看待。有学者认为,这一学说"是以启蒙学派的人权理论及古典自然法思想为基础并从罪刑法定主义中引申出来的,…归根到底,费尔巴哈的权利侵害说反映的只是一种个人本位的犯罪概念"②。正因为费尔巴哈的权利侵害说理论上的不圆满与不周延,为法益侵害说的创立提供了理论需求。法益侵害说早在 1834 年由毕洛巴姆提出,他在其《犯罪概念中法益保护的必要性》中认为,"法益恰恰不是权利,而是以国家强制力保护的个人或集体享有的、在自然意义上能够伤害的实体利益"③。毕洛巴姆认为,法益不仅揭示了权利的实体内容,能够涵盖权利,而且其范围远大于权利。后来在宾丁、李斯特等人的倡导下,法益逐渐成了犯罪概念的核心和解读刑

---

① [意]贝卡利亚:《论犯罪与刑罚》,黄风译,北京:中国大百科全书出版社 1993 年版,第 67 页。
② 陈兴良:《本体刑法学》,北京:中国人民大学出版社 2011 年版,第 118—119 页。
③ 参见李海东:《刑法原理入门》,北京:法律出版社 1998 年版,第 11 页。有人认为,毕洛巴姆并未使用"法益"概念(Rechtsgut)的表述,只是使用了"在法上归属于我们的财产"的表述,但其含义与法益相同。因此,后人认为他是法益概念的奠基人,甚至认为他就是法益侵害说的创立者。参见张明楷:《法益初论》,北京:中国政法大学出版社 2003 年版,第 19 页。转引自陈兴良:《本体刑法学》,北京:中国人民大学出版社 2011 年版,第 119 页注释。

法的范式。而且法益也使刑法中的犯罪概念实质化,法益侵害成为了犯罪的实体内容。虽然法益侵害说是欧洲大陆法系刑法理论关于犯罪本质的通说,但苏俄刑法理论则确立了社会危害性说。该观点与贝卡利亚所提出的社会不同。贝卡利亚所说的社会是当时西方启蒙思想家所阐释的抽象的市民社会,而苏俄刑法学家所说的社会是具有阶级性的具体社会,该学说突出强调了犯罪的社会危害性,其实质是犯罪的阶级性。

由上可知,社会危害说要么建立在虚幻的抽象社会之上,要么将阶级性视为所有社会永恒的属性,这导致都无法彰显现代刑法学自身的品格,即刑事正义的秉持与维护。法益侵害说过于强调实质化的功利属性,忽视了现代刑法学应当在国家、受害人、犯罪嫌疑人及其他社会公众的多元权利之间进行权衡中体现刑事正义这一刑法学品格。权利侵害说则曾因将国家等进行个人人格化处理而被批判。然而,在本文看来,对这一观点需要追问的要害是,权利侵害说能否承担起刑法学更深层次的价值使命?具体言之,刑法学是认为刑法应当将对权利的保护作为其目的价值,还是手段价值? 如果是目的价值,是在什么层面上针对何者而言的? 如前面部分所述,本文认为,权利相对于义务更倾向于其目的价值,即价值上的主次关系,但是更准确地讲,两者之间的关系还有结构上的相关、数量上的等值、功能上的互补。[①] 也就是说,如果权利义务层次上,权利还具有主价值地位的话,那么从权利的更深层次看,则权利与义务之间并没有实质上的高下、主次之分。从现代法理学上讲,权利与义务共同构成并体现两者法理依凭的法理正义的工具性价值。在现代刑法学中,权利侵害说自然也无法表征犯罪本质。因此,不论是社会侵害性说,还是法益侵害说,抑或是权利侵害说,都不足以更好地表征与阐释犯罪的本质。

由此,本文提出了刑事正义侵害说。反言之,现代刑法学就是应当围绕刑事正义的确定、救济等来规定犯罪、刑事责任及刑罚等理论与制度安排的。也就是说,刑法学的首要任务和核心使命就是要阐释体现包括法理学在内的现代法学基本属性和品格的正义是如何在刑法规范及其运行

---

① 参见张文显:《法理学》,北京:高等教育出版社 2018 年版,第 134—138 页。

中得以体现和尊崇的,即如何通过在受害人、犯罪行为人、民众及国家等之间进行权衡来确立和践行作为刑事法学基石范畴的刑事正义。简言之,刑事正义是法学学科之正义品格在刑法学这一部门法学中的具体化,既与其他法学学科共享着一般意义上的正义品性,又体现其自身品格与特色。

第一,作为刑法学基石范畴的刑事正义为国家的刑事惩罚权行使的垄断性及其限度提供正当性法理。可以说,在所有的部门法学中,现代刑法学是最体现国家垄断性强制力的。这一点不仅与民法学所强调的"意思自治"完全不同,也与传统刑法中的刑罚权允许由宗族或教会等行使有根本区别。而国家通过刑法行使刑罚权的正当性依据通常认为与西方近代启蒙思想中的契约理论不可分离,即基于社会成员的同意,旨在或者享有有序的社会生活,或者更好地确保社会成员自身权益的享有和不受侵犯等。而更具有涵括性的是,国家通过垄断性刑罚权的行使来秉持刑事正义,进而通过减少不正义而追寻社会正义。也就是说,当某些行为严重威胁或侵害个人生命财产等使每个人处于风险与不安之中,因而成为威胁到整个社会基本秩序的严重问题时,社会成员应基于理性而自愿将自己一部分权利让渡出来,交由某一方来统一行使,确保这种威胁和侵害风险的避免或降低。而之所以交给某一方,而不是多方,原因在于一方面确保这一方对所有严重危害威胁行为人的支配力足够大,另一方面是避免因多方行使导致的彼此之间执行标准的不一致。

因而,现代刑法学将对刑罚权垄断性地交给国家行使就是考虑有利于刑事正义的实现。此外,刑事正义还体现在对这一国家垄断刑罚权的限制上。因为国家刑罚权越大其支配力就越强,固然可以有效行使对危害威胁行为人的强制力,但也使得这种支配力构成对社会成员危害的新源头的风险大大增加。因此,刑法学必须通过刑事正义形成架起于空中的有序轨道,确保国家的刑罚权能够在既有轨道上在被民众昂首即可见到的情况下有序运行,既不能对严重危害威胁行为视而不见,又不能对社会成员构成恣意威胁或危害,使其处于更大的不安之中。

由此,鉴于严重危害行为以及刑罚权两者均可能带来严重后果,现代刑法学必须首先通过对刑事正义的诠释来使这两种危害后果处于总值最小的状态,反言之,使社会成员的权益总和获得最大值。而这一核心与关键就是如何对国家的刑事惩罚权行使的垄断性及其限度进行动态权衡。

第二,作为刑法学基石范畴的刑事正义为被害人及其近亲属获得救济提供法理依据。现代刑法学者通常强调国家行使刑罚权的正当性是基于对国家公共权益(有学者成为"客体"或"法益")的侵害。然而,这种公共权益自身的正当性却与每一个活生生的具体社会成员不可分开。也就是说,如果这种公共权益不是建立在每个社会成员之上,与后者没有关系,那它要么是纯粹虚构的产物,要么是某些人基于某种目的而蓄意的夸大,因而也就失去了国家动用如此大公共成本来进行保护的法理价值与实际意义。因此,现代刑法学应当强调国家刑罚权的法理根本在于对社会成员个体权益的保护上,只不过与其他部门法学相比,这种侵害更严重且具有普遍性因而威胁到社会基本秩序。可见,刑事违法行为对国家公共权益的侵害作为刑罚正当性学理至多也只能处于派生层次的地位。在教义刑法学中,权益直接受到侵害的社会成员个体通常被称为被害人,实施危害或给他人造成严重威胁的行为人通常被称为犯罪嫌疑人(涉嫌违反刑法但还未经过合法生效判决时的称谓)或罪犯(经合法生效的判决后的称谓)。由此,作为刑法学基石范畴的刑事正义为被害人权益受到严重侵害时应获得来自国家的救济提供正当性法理。这也是刑事正义最根本的法理基础和最原点的价值意义和使命。

与其他侵权行为相比,刑事危害行为可能给受害人带来的侵害最为严重,甚至会剥夺受害人的生命。在现代社会,一方面通常人是独立自主的个人,即在法理上表现为具有完全权利能力和行为能力的个体,这与传统社会将个人视为宗族社会单元或者宗教组织单位之附庸的假定截然不同;另一方面,每个人同时还是在社会之网中通过不同角色与不同社会关系网络形成的一个个的节点,如家庭中的一员。由此,因为刑事危害行为给受害人带来侵害结果的严重性,也会直接或间接地在物质或精神等方面给受害人的近亲属带来不同程度的伤害,尤其是当出现受害人的生命被他人非法剥夺的情形时。由此,在刑法学中,刑事正义不能仅仅关注受害人权益保护的实现,尽管这部分是最主要的,而且还应当对害人的近亲属的权益适当给予关注。甚至,在特定情形下,后者还可能应当成为被关注的主要对象。

第三,作为刑法学基石范畴的刑事正义为犯罪嫌疑人的受审判权提供法理依凭。不论怎么讲,刑法实质上所采取的还是通过"以暴制暴"的途径和方式来实现其预定目标的。这就如同我国中医学中的"以毒攻毒"理论。但是这种治疗方式是非常危险的,因此需要医生有准确的判断和高超的医术,而且还必须是在无奈之下选择的选项,因为搞不好会使患者当即毙命。因此,现代刑法学对刑罚权进行严格限制,不仅应当具有谦抑性品格,而且还应保障犯罪嫌疑人的受审判权。公民的受审判权与国家的审判权是一对相互关联又相互制约的范畴。受审判权是指公民享有接受公正司法的权利,这项权利已得到广泛认可,并被《公民权利和政治权利国际公约》以及美国、日本、俄罗斯等世界许多国家予以立法承认,甚至成为一种宪法性基本权利。[①]

而现代刑法学则必须为这种宪法性权利如何在刑法中具体化体现提供法理依据。一方面涉嫌犯罪的嫌疑人应当依法进入刑法的调整范围,触发刑法机制的运行,即依法采取相应的刑事措施,另一方面犯罪嫌疑人依然是合法公民,除了其部分权利依法受到某种程度的限制外,其作为公民和人的其他权利依然得到法律保障。而且为了最大限度地减少来自未依法履行的刑事追责对其所带来的可能侵害,通过对其受审判权的保障来限制和规制刑事侦查权、刑事审判权、刑罚权等,使其依照法定轨道运行。这是作为刑法学基石范畴的刑事正义在刑事实践中的必然要求和具体体现。刑事正义所关注和强调的这种受审判权与现代刑法学所根植的无罪推定、罪刑法定等原则也具有内在共识性法理。

如果刑法学不关注和强调公民以及作为特殊公民的犯罪嫌疑人的这

---

① 受审判权是自洛克等西方启蒙思想家开始就被倡导的权利,从制度层面最早可追溯到1215年英国的《自由大宪章》,其中有些条款就涉及当时贵族等人的受审判权。对这一权利的梳理与讨论,参见宁立标:"论公民的受审判权及其宪法保护",《法律科学(西北政法学院学报)》,2004年第2期。

种受审判权,刑事正义在刑法运行中就难以实现,与其相一致的无罪推定、罪刑法定等原则就难以得到真正贯彻和落实。因此,刑法学的刑事正义要求涉嫌刑事犯罪的行为人必须被依法追究的同时,还应当确保犯罪嫌疑人能够依法接受审判,限制非依法授权的任何机关或个人以及虽然负有刑事公共权力却未依法定职权、程序等的特定机关或个人对刑罚权的恣意行使。同时,通过这种特定权利的保障在某种意义上防止受害人本人或其近亲属乃至其他人基于任何理由和借口对犯罪嫌疑人或罪犯进行任何报复性侵害。

第四,作为刑法学基石范畴的刑事正义为社会公众其他人的权益提供正当性学理。由于刑法中的刑罚权的严厉性及其给受害人和犯罪行为人带来双重的不利后果,因此刑事案件往往会引起更多社会公众的关注,具有更广泛的社会影响力。也就是说,相较于其他部门法学,社会公众对刑法实践中的刑事正义给予更多的关注,刑事案件对社会公众的法律意识的培养、司法权威的树立、社会正义感的体悟具有关键性影响。作为现代社会公民的社会成员的个人,有了解、监督具体案件的判决后果的权利,尽管就处于刑法处理进程中的具体案件不得进行任何干预。这也是具体案件除了特定情形外应当允许社会公众旁听以及已生效判决应向社会公众公开的正当性法理基础。而我们在论及刑事案件应向社会公众公开的法理时,往往从刑法的预防功能角度进行阐述,其中又分为一般预防、特殊预防。特殊预防就是通过对犯罪行为人依法适用刑罚,预防其重新犯罪。一般预防则是针对犯罪行为人以外的其他人,通常是指通过对犯罪人依法进行否定性评价并适用刑罚,来告诉社会上的一般社会成员某种犯罪行为的非法性及可能的惩罚结果,从而进行教育和警戒,以此来预防社会成员实施犯罪行为。此类预防虽然是针对的不特定社会成员,但主要还是对个别特殊成员更具有预防意义,比如刑事受害人本人或其近亲属、社会上可能某些效仿犯罪行为人实施犯罪的不稳定分子、具有多次违法犯罪史的危险分子等。两者相互依存、不可分割,都是刑罚目的的基本内容及预防犯罪的必不可少两种手段。两者之间是一种既区分又统一的辩证关系。

上述对这种向社会及时公布的法理实质建立在有罪推定的前设之上,强调的是一般社会成员在刑法面前应履行的义务方面,是从刑罚功能主义维度进行考量的结果。而在本文看来,这种向社会及时公布的法理更应该建立在社会民众的知情权、监督权等基本权利之上。这是现代刑法学刑事正义的必要内涵和内在要求。尽管结果都是刑罚的公开性原则的坚守,但两者的法理存在截然不同。因为在功能主义维度下,刑事案件是否应公开与社会民众自身没有必然关系,即社会民众不是刑法中刑罚权的主体,因法律授权而具有、适用刑罚权的机关及个人无需向社会民众负责。也就是说,社会民众在刑罚适用中不是权利主体。可见,这与建立在社会民众权利基础上的刑事案件公开原则完全不同。后面这种解释的正当性建立在对社会民众的无罪推定及权利推定法理之上,即与现代刑法学的刑事正义相一致。①

因此,从社会公众视角,现代刑法学要求通过刑事正义为社会公众合法权益提供正当性学理依凭,而不应以有罪推定的眼光仅仅将社会成员视为潜在的犯罪行为主体。

三、作为刑事法学基本范畴的刑事权利与刑事义务

如同其他部门法学,作为现代刑法学基石范畴的刑事正义在刑法中的实践同样依赖于通过刑事法权利与刑事法义务对刑事法行为的调整来实现。然而,在以教义刑法学为思维范式的刑法学界,通过权利义务关系来阐释刑事法理和实践刑事正义并不常见。即便是在强调刑法法理学并倡导"一种叙述性的刑法学"的陈兴良教授的本体刑法学中,他的理论体系依然是刑法、犯罪、刑罚结构样式。② 从中看不到作为部门法理学的刑法学与一般法理学之间在学理上的内在关系。然而,如果说存在刑法法

---

① 在教义刑法学中,学界多将无罪推定原则限于对具体刑事法律关系中的具体犯罪嫌疑人的适用上。而在本文看来,无罪推定是一种现代刑法学的思维方式,因此它应该扩展至犯罪行为人以外的其他社会民众。否则,一般预防就与这种思维方式之间存在着不一致性。

② 参见陈兴良:《本体刑法学》,北京:中国人民大学出版社 2011 年版,代序及目录部分。

理学,即作为部门法理学的刑法学的话,那么就应当关注和讨论作为部门法理学的刑法学中的刑事法理与一般法理学中一般法理之间的关系问题。其中作为法理学中重要范畴的权利与义务自然就是绕不过去的问题。由此,本文从作为法理学基本范畴的权利与义务角度来讨论在刑法学中是如何理解、体现刑事权利与刑事义务的。换言之,就是从部门法理学的刑法法理学维度讨论现代刑法学中如何通过刑事权利与刑事义务的划分、调整来体现和实现刑事正义的。

在讨论这个问题之前,需要说明的是,我们必须将刑法学的学科使命进行宽泛理解,即突破教义刑法学所强调的刑法的研究对象仅是由犯罪行为人与国家刑罚权为主构筑起来的刑事法律关系理论。① 在本文看来,尽管国家与犯罪行为人之间的权利与义务关系是现代刑法所调整的最主要的法律关系内容,但并不能涵括现代刑法学视野下刑事法律关系的所有主体和内容。如前面所述,现代刑法所调整的法律关系的主体除了包括国家(通常以由法律授权的侦查机关、公诉机关等为代表)、犯罪行为人这些主要对象外,还应在某种程度上来体现和调整被害人及其近亲属、其他社会成员等次要主体的刑事权利与刑事义务。具体言之,从作为部门法理学的刑事法理学维度,刑事法律关系所涵括的应该是两个层次:一个是原生的、主要的,即国家与犯罪行为人之间的刑事权利与刑事义务关系;另一个是派生的、次要的,即受害人及其近亲属、其他社会成员因第一层次刑事法律关系而产生的各自的刑事权利与刑事义务关系。两者相比较,前者多表现为原生性、积极性、主要性,后者则具有派生性、消极性、次要性。因此,本文将从这两个层次来探讨和阐释作为现代刑法学基础范畴的刑事权利与刑事义务在不同的刑事法律关系主体身上应是如何体现的。

第一,在原生层次刑事法律关系中,国家应有的刑事权利与刑事义务。尽管法律都不同程度地体现国家层面的共同意志,但刑法无疑则是

---

① 有刑法学界学者专门对刑事法律关系进行过系统讨论,认为刑事法律关系是国家与犯罪人之间因犯罪行为而产生的、受刑法规范调整的权利和义务关系,可见,刑事法律关系的主体只能是国家与犯罪人。参见张小虎:《刑事法律关系》,北京:中国方正出版社 1999 年版,第二章。

体现这一点最为强烈的,因为,只有在刑法及刑法学的视野里,才会由国家作为公诉人身份出现在刑事法律关系中。然而,当国家授权特定机关作为侦查人或公诉人出现在刑事法律关系中时,其就应当与刑事被告一样作为刑事法律关系的一方具有且行使其特定刑事权利并履行其特定的刑事义务。之所以称为特定刑事权利和刑事义务,是因为它是基于法律的授权并由法定主体依照法定职权和程序来行使的。因此,学界通常称其为刑事权力,其实包括刑事侦查、刑事强制、刑事追诉、刑事惩罚等系列权力。尽管这些权力的行为是基于法定授权的职权行为,但在具体刑事案件的实践运行中,我们是称其为权力还是权利并不具有根本意义。因为刑事实践的关键与要害在于如何以及是否通过审判机关在公诉机关与刑事被告之间寻求刑事正义。因此,本文将这种所称的刑事权认定为特定刑事权利。只不过,与犯罪嫌疑人或刑事被告相比,这种特定的刑事权利之强大远超前者。也正是因此,拥有这类特定刑事权利的主体也应当履行更严格的刑事义务。而对于犯罪嫌疑人或刑事被告,因其处于明显不利的地位从而导致其刑事权利容易受到侵犯,所以其所应承担的刑事义务要求程度明显要低很多。

具体而言,在原生刑事法律关系中,国家在现代刑法中依法拥有主要包括刑事侦查、刑事追诉、刑事惩罚等特定刑事权利。当然其中每一项刑事权利又包括次一级更具体的刑事权利,不同的具体刑事权利行使主体也不尽相同。比如,在我国,刑事侦查权分别由公安机关、国安机关、检察机关、监察机关等依照法律授权在其职权范围内来行使。与其相配套,侦查机关在行使刑事侦查权时,还依法有采取强制措施权、询问权、查封权、冻结权、留置权等。又如,刑事惩罚权可以依法包括刑事定罪权、量刑权、行刑权以及减刑、缓刑、免予刑罚等具体内容,其行使主体包括法院、监狱机关、公安机关、看守所、未成年人劳教所以及社区居委会等。

国家一方面具有非常强大且占绝对优势地位的特定刑事权利,另一方面就应坚守与履行更为严格的刑事义务,以使得其在权利义务配置方面尽量达致数值上的等同,使之与犯罪嫌疑人或刑事被告的权利义务地位尽量达到平等,体现刑事正义。具体而言,国家的特定刑事义务与其每一项特定刑事权利是一一对应的,不仅数值上如此,大小程度上亦是如此。也就是说,每一项特定刑事权利必定跟着一项特定刑事义务和刑事责任,前者权利越大,则其应履行和承担的责任也就越大。具体来说,不论是刑事侦查权,还是刑事追诉权,或是刑事惩罚权,拥有各类特定权利的权利主体、权利行使方式、权利行使程度、权利行使程序、权利行使的范围等必然受到特定法律的严格制约,必须严格履行各种法定义务,否则就要依法承担相应的刑事责任,比如渎职罪、国家赔偿后的被追偿责任等。这也就是罪刑法定、罪责罚相适应原则所依凭的内在法理,同时是有限权力、法定权力、责任权力在刑法学中的刑事正义的具体化体现。①

第二,犯罪人在刑事法律关系中应有的刑事权利与刑事义务。在原生层次刑事法律关系中,与国家代表机关相对的另一方主体则是犯罪人,根据不同的时间阶段,分别被称为犯罪嫌疑人、刑事被告、罪犯、服刑犯乃至刑满释放人员等。当国家有关机关对涉嫌犯罪的行为人决定采取强制措施时,就意味着一位社会成员或公民转化为原生层次刑事法律关系的主体。其刑事权利与刑事义务也就开始具有了特定性。如果经过侦查部门依法取得自认为充足的证据后将犯罪嫌疑人移送至公诉机关并被提起公诉时,犯罪嫌疑人的身份则转化为刑事被告。在侦查起诉阶段,犯罪嫌疑人或刑事被告与其说主要应履行刑事义务,毋宁说主要是享有其特定的刑事权利。因为在此阶段,国家的刑事权利所依凭的国家名义和资源所带来的力量要远大于犯罪嫌疑人或刑事被告主要依凭自身所具有刑事

---

① 在法学界,有限权力、法定权利、责任权力的提法并不常见。在宪法行政法学中,通常会论及的是有限政府、责任政府、法治政府等范畴及原则。而有限政府、责任政府及法治政府的实质是有限行政权力、责任行政权力以及法定行政权力。其实,依照现代法学之法理,所有的公共权力都应当是有限、责任、法定的。三者又是互相依存、缺一不可的。因此,本文认为,在国家的刑事权方面自然也应当遵循有限、责任、法定的学理。之所以公共权力应当遵循有限、责任、法定之法理,并不仅仅是因为相对于个人权利,权力是派生的、工具的缘故,而更为根本的法理在于,即便是个人权利也同样遵守着有限、法定、责任之法理。因为一项个人权利至少应止步于别人对此项权利同样享有的边界,而且任何一项个人权利都意味着一种机会选择,拥有此项权利的人都要为自己的每一次选择的后果承担后果或责任。作为拥有特定刑事权利的国家相关机关自然也符合这一法理,只不过因其特殊性就其选择带来的责任也具有特殊性罢了。

权利之力量。为了达到两者权利之力量的平衡,除了要求国家刑事权利主体应依法履行其特定刑事义务之外,还通过种种制度设计来使犯罪嫌疑人或刑事被告具有更多刑事权利。不过,这里所说的更多刑事权利是针对其在这个阶段所应履行的刑事义务而言的。此外,此处所说的犯罪嫌疑人或刑事被告应享有的更多的刑事权利是一种负面清单式的思维方式,即除了依法被国家刑事权利采取强制措施而导致犯罪嫌疑人或刑事被告的部分公民权利受到暂时的某种程度的限制或减低外,其他部分的公民权利和人的权利都依法享有或行使,不应因前者权利的限制或减低而受到影响。这是权利推定法理在刑事领域的特定化与具体化。由此,在现代刑法学中,尤其是对于犯罪嫌疑人,其应享有的刑事权利经常被特别提起并加以强调。比如在采取刑事强制措施时,被采取措施的犯罪嫌疑人往往享有相关事项的知情权,有的国家称为"沉默权",公共媒体等进行报道时应当采取一定措施保证其人身权利;在被提起公诉阶段,刑事被告往往享有免予自证其罪的特定刑事权利。而国家则须承担严格而充分的举证义务,以证明犯罪行为的成立,否则就承担举证不能而导致的"疑罪从无"的法律后果。而各阶段对于其应履行的刑事义务则并不多,或者说主要不是积极性义务,而是消极义务,即并非要求犯罪嫌疑人应当自证其罪,甚至也没有义务为他人是否构成犯罪承担举证义务,尽管刑法往往对前面行为给予适当的鼓励,而主要是指负有不应采取非法、暴力等手段来对抗国家刑事权利的义务。也就是说,自首或立功的行为只能采取可以或应当给予从轻、减轻或免予处罚的鼓励性方式,而不能因未有此类行为承担更重处罚后果,即坦白可以从宽,但抗拒不应从严。

在被法定机关依法判决有罪并生效后,刑事被告就转化为罪犯,进而可能成为服刑犯。在此阶段,罪犯或服刑犯的刑事权利是以负面清单方式给予保障,以使其避免受到非法的侵害的。这种侵害可能来自国家刑事权利的滥用,也可能来自其他第三方的行为。前者如国家刑罚执行机关超越、滥用或者不作为法定权利给罪犯或服刑犯造成非法侵害,后者如在服刑期间受到来自他人非法侵害且国家刑罚执行机关没有依法予以提供保障的情形。这里所说的负面清单式的刑事权利是指除了依法经过审判的生效判决被予以限制或剥夺的公民权利或个人权利外,罪犯或服刑犯的其他的公民权利和个人权利均应依法受到法律保护,不因任何理由受到来自任何机关或个人的非法侵犯。比如,依据我国现行刑法,刑罚实现的方式有管制、拘役、有期徒刑、无期徒刑、死刑几类主刑以及罚金、剥夺政治权利、没收财产和针对非本国公民适用的驱逐出境几类附加刑。即使犯罪行为人依法被剥夺生命,但其作为人的基本权利依然不受剥夺,即其基本人格尊严依法受到尊重,不受侮辱、诽谤等非法侵犯。也就是说,即使是死刑犯被剥夺生命时以及被执行死刑后,他/她也应被以作为人的方式而非像畜生一样来对待,其基本权利依然受到法律保护。这也是现代刑法学与前现代刑法在法理上的巨大差异。

根据教义刑法学,刑罚执行完毕后,犯罪行为人的刑事法律关系应该已经终结。但实际上由于刑罚的严厉性及刑事法律关系的特殊性,即使犯罪行为人的刑罚被依法执行完毕,其也因此次的犯罪记录而不可能恢复到未犯罪之前的状态。然而,因其犯罪记录而导致刑满释放后的人生阶段的权益是否应当被限制以及限制种类和范围问题都是值得商榷的问题。这种限制不仅来自国家刑事权机关,更多是来自国家其他机关。比如,是否因某人只要有犯罪记录就一律被终生剥夺从所有国家机关、事业单位、国有企业等获得就业的机会? 是一刀切处理,还是应就不同的就业岗位针对不同的犯罪类型区别对待? 我们知道,刑事惩罚的谦抑性既是现代刑法学之学理,也是世界刑法发展趋势。这种谦抑性不应仅限于原生刑事法律关系存续期间,还应当体现在刑罚执行完毕之后;不仅指直接的刑法典所规定的刑罚种类的执行,还应包括被判处的刑罚之外的其他权益所受的影响与限制。

另外,即使从功能主义和刑罚的实效角度而言,我们投入大量人力物力来教育改造罪犯,旨在使其重新作人,回归社会,不再犯罪。但由于刑罚执行完毕后所受的权益限制,导致很多刑满释放人员的就业机会受限,甚至受到其他的不平等待遇或生活困难。这往往是导致这些人重新走上违法犯罪的重要因素。如果他/她重新犯罪,则意味着国家对其所有的前期改造投入前功尽弃。这与刑罚原本追求的预期目标和价值使命是矛盾的。

由此,本文认为,犯罪行为人因其犯罪行为依法受到的刑事惩罚应当是有范围和期限的。这种刑事惩罚不仅仅指前面所列的主刑和附加刑直接的内容,还指与其刑事惩罚相关的间接的权益的减损,尤其是在其刑罚执行完毕后的权益的减损。也就是说,刑罚执行完毕后的刑满释放人员的刑事权利应当得到尊重、维护和保障,其刑事义务则主要是遵守国家法律法规,而不应当有太多的积极性义务。这是现代刑法学的刑事正义之法理的应有之义,是罪刑法定、刑罚谦抑性等基本原则的内在要求。

总言之,犯罪人在不同的阶段都应当享有其刑事权利,不受非法侵犯或限制。如何使其刑事权利不受侵害、干预或限制是现代刑法学之刑事正义的重要内容与使命。这应是此层面的刑事正义需要关注和强调的重点。而其刑事义务则主要是遵守国家法律法规,不得以非法、暴力方式对抗国家刑事权利等消极性义务。这种义务因面对强大的国家刑事机关而处于相对次级地位。

第三,被害人(或其近亲属)在刑事法律关系中应有的刑事权利与刑事义务。我们知道,通常认为,刑罚权应由国家统一垄断行使是现代刑法学的典型特征之一。这一点使得刑法中的权利与私法领域的权利明显区分。这也就意味着,被害人权利即便在刑法中给予一定考虑,但不是犯罪构成与刑罚适用的必然要件,至多只是在定罪量刑时作为酌定情节给予关注。这一点不论是在犯罪构成四要件说,还是三阶层说中都得到体现。因此,在刑事法律关系中,他/她既不是原告,也不是被告,因而也就意味着未必能够获得主张权利的机会和话语权。

然而,只要我们承认现代法学是以对人的权利的平等保护为正义的法理,就不能无视在刑法学中被害人权利的存在。如果说对犯罪行为依法定罪量刑的正当性法理是因为他/她侵害了国家或公共利益(如客体或法益),那这种法理也仅处于派生的地位,无法形成最有说服力的正当性理据,否则就与现代社会的基本理念相悖。因此,刑法学中对某人行为进行定罪量刑的原生的正当性法理只能是基于刑事正义下的个人权益的保障,而国家、社会或组织等权益的保护则只能处于派生的法理地位。

因此,刑法学的刑法正义应当关注和强调被害人及其近亲属的刑事权利与刑事义务。从作为部门法理学的刑法法理学看,至少在派生层次的刑事法律关系中,被害人及其近亲属的刑事权利与刑事义务的分配是构成刑事正义必不可少甚至处于核心地位的要素,而并非可有可无。需要补充说明的是,此处所说的被害人的刑事权利与其近亲属的刑事权利在享有次序上是不一样的。被害人近亲属的刑事权利只是处于补充的地位,即只有在被害人失去行为能力或死亡时,其近亲属的刑事权利才有享有和行使的可能性与必要性,以作为维护被害人刑事权利的补充方式。

本文所说的刑法学中被害人的刑事权利,主要是指因他人对其实施的犯罪行为使其合法权益受到侵害而产生的,通过向国家相关机关主张、申请等方式,旨在维护刑事正义的刑事权利。由此,从刑法法理学角度而言,在刑事法律关系中,被害人应当具有类似于民法中的第三人一样的地位,拥有主张其刑事权利的身份和机会,包括依法主张国家对犯罪行为人的犯罪行为追究刑事责任的权利,向国家相关部门依法申诉、控告、获得补偿和救济的权利等。这种刑事权利不同于现在刑法中规定的刑事案件中刑事附带民事责任的被害人权利。它不是针对犯罪行为人主张的私法性质的权利,而是因犯罪行为对其合法权益构成的侵害而向国家机关主张的刑法性权利。受害人的这种刑事权利既不能直接向犯罪行为人主张权利,也不能直接干预国家相关机关的刑法权利的行使,而应被视为依法定方式对国家刑罚权采取的一种监督方式,以此来体现被害人权利在刑事正义中应具有的必要地位。

任何权利,除了应当有正当性法理的依凭外,还应当有其享有和行使的限度与边界,在刑法学中,被害人也应当履行其刑事义务。此处的刑事义务应该多体现为消极性的义务,即被害人只要不作为就达到了履行其义务的效果。具体而言,被害人刑事义务主要包括:一是应当依法,而不得以非法、暴力等方式来向国家相关机关主张自己的刑事权利。二是不得向犯罪行为人及其亲属家人等进行报复等。不仅是在依法判决有罪情形下,而且包括在依法判决无罪情形下;不仅是在采取刑事强制措施之后至服刑期间等,还包括服刑期间届满刑满释放后的期间,皆是如此。三是应当尊重并服从审判机关依法作出的生效判决结果。由于刑法学所追求的刑事正义是规范性的正义且着眼于长远，有时与眼前的个案正义可能存在着不一致，因此被害人不应因两者的不一致而抗拒依法作出的刑事判决，虽然他/她依法享有并行使本文所说的这种刑事权利。

第四，其他社会成员在刑事法律关系中应有的刑事权利与刑事义务。由于刑法所调整的法律领域的特殊性及刑罚的严厉性，刑事案件的判决是否遵循了刑事正义往往会引起更广泛的社会关注。这也可能导致其他社会成员，即除了被害人及其近亲属以外的社会民众，常常有意无意地将自己置于审判者角色之下，对案件结果进行评判，愤愤不平，甚至产生"打抱不平"的冲动。这往往是在信息不对称情形下的非理性判断的结果。

不过，从刑事法理学角度，其他社会成员并非与刑事法律关系毫无关联，而属于派生刑事法律关系的主体，即享有和行使一定的刑事权利以及遵守并履行一定的刑事义务，尽管其刑事权利与刑事义务相对较弱。之所以普通社会成员应享有并行使一定的刑事权利，是因为现代刑法学中定罪量刑的正当性法理源自社会民众的自愿认同与选择，因此每一个社会成员都依法享有对刑事案件的知情权、监督权等，除了特定案件以外。另外，由于刑罚的严厉性以及拥有刑罚权的机关的力量之强大，导致每个社会成员都可能使合法权益处于严重危险之中。通过对具体刑事案件判决的知情权、监督权的享有，能够最大限度地将刑罚权对社会民众的威胁降至最低，从而使基于刑法学的刑罚权能够在预定的法治轨道上有效运行。从某种意义上讲，这是人民当家作主的现代社会精神与法理在刑法实践中的具体而生动的体现。

就其他社会成员的刑事义务而言，则主要体现在对刑法运行过程及其具体结果的尊重、服从乃至捍卫。具体而言，无论是我们对依法作出的刑事判决有多么义愤填膺，我们都必须尊重依法作出的判决结果，必须捍卫法律自身。因为我们应当知道，法律内的正义是一种规则正义，而非个案的正义，是程序性正义，而未必与实质正义相一致，是建立在通过被认可的证据证明的法律真实上裁决的结果，而非总是与唯物主义哲学论下的客观真实相吻合。这是法治不可分离的缺陷和必要的代价。也正是如此,古希腊哲学家柏拉图才将法治视为一种"次优"的选择。因此,我们必须相信并依赖法律的理性,尊重依法的生效判决,而不能把自己视为公正无私、无所不知、无所不晓的道德判官,对处于裁判过程中的案件进行公开发表意见乃至不当干预。否则,其结果可能是,自己主持正义的判断看似客观中立,实质上却是要么因信息不对称,要么因自己的非理性的、模糊的、道德的冲动等,反而是在破坏法律的统一性,摧毁司法的权威,践踏法治的精神。

四、刑事法学的普通范畴

作为法学学科骨干部门法学的刑法学,要构成其庞大而复杂的范畴体系理论大厦,离不开众多、平凡却不可或缺的普通范畴。尽管在不同的刑法学教程中,具体的普通范畴体系会有所不同,但总的来看,大致分为两大部分,即关于刑法学基本理论部分的普通范畴与关于刑法的理论部分的普通范畴。关于刑法的理论部分又可分为刑法总论中理论部分的普通范畴与刑法分论中的各个具体的犯罪类型方面的普通范畴。关于刑法学基本理论部分,如果从研究方法角度来看,一般认为又可分为沿革刑法学、比较刑法学及解释刑法学,此外,还应当有类似于本体刑法学的法理刑法学。在刑法学理论部分,其普通范畴主要有刑法学的概念、研究对象、作用、体系、研究方法等。

而刑法学中最主要的部分是刑法总论部分,其普通范畴也最多。根据我国刑法学,其第一部分是关于刑法方面的,主要有刑法的概念、性质、渊源、指导思想、根据、任务、创制、体系、解释、基本原则、效力等。其中,这些普通范畴又包含了多个范畴,比如刑法的效力又分为时间效力、空间效力及溯及力几个范畴。其第二部分是关于犯罪方面的,主要有犯罪的概念、特征、构成、客体、客观方面、主体、主观方面、正当行为、故意犯罪的停止刑态、共同犯罪、数罪等。此类普通范畴中往往也包含多个普通范畴,比如犯罪客体包括一般客体、同类客体及直接客体等,犯罪的客观方面包括危害行为、危害结果、刑法上的因果关系,犯罪主体包括自然人犯罪主体、单位犯罪主体,犯罪主观方面包括犯罪故意、犯罪过失、无罪过事件、犯罪目的、犯罪动机、刑法上的认识错误等,正当行为包括正当防卫、紧急避险、自救行为、正当业务行为、法令行为等,故意犯罪的停止形态包括犯罪既遂形态、犯罪预备形态、犯罪未遂形态、犯罪中止形态等。其第三部分是关于刑事责任方面的,主要有刑事责任、刑事责任的根据、刑事责任的实现方式及解决方式等。其最后一部分是关于刑罚方面的,这一部分内容也比较多,主要包括刑罚、刑罚权、刑罚目的、刑法功能、刑罚体系、刑罚种类、累犯、自首、立功、数罪并罚、缓刑、刑罚执行、减刑、假释、社区矫正、刑罚消灭、追诉时效、赦免等。其中有些还包括多个普通范畴,比如在刑罚种类中包含了主刑、附加刑,前者又包括了管制、拘役、有期徒刑、无期徒刑及死刑,后者又包括了罚金、没收财产、剥夺政治权利、驱逐出境。

在刑法学的分论部分,因不同国家不同时期的具体犯罪类型及种类往往有很大不同,所以这些犯罪类型及其具体犯罪罪名所构成的普通范畴就有很大不同。就我国现行刑法而言,主要有十大类犯罪,分别是:危害国家安全罪、危害公共安全罪、破坏社会主义市场经济秩序罪、侵犯公民人身权利、民主权利罪、侵犯财产罪、妨害社会管理秩序罪、危害国防利益罪、贪污贿赂罪、渎职罪及军人违反职责罪。在每一大类犯罪类型中,都又包括了诸多具体犯罪,其具体内容数量又通过刑法修正案等方式不断处于变动之中,因此在这里就不一一详述了。

第七章

民事法学范畴及其体系

第一节　引言

　　如果说刑法是人类历史上出现最早的行为规范之一,那么民法的出现应该不会比刑法规范晚太多。因为自从有了人类社会,除了通过刑法来维续基本社会秩序外,还需要通过交易互通有无,从而在给人类的生活带来便利的同时也促进了人类财富的增长。而只要承认并允许交易,不论是实物交易,还是货币交易,则都必须有被共同遵守的规则——或者是习惯的,或者是成文的。这种被普遍遵守的关于交易的规则,就具有了民法的性质。有学者专门对民法的起源进行过考证与研究,认为苏美尔、巴比伦、亚述、赫梯以及希伯来等诸民族共同造就了古代西亚地区的民事规范。① 在被称为迄今所知的世界上最早的成文法典《乌尔纳姆法典》中,从巴比伦时代抄本所仅存的残片可以看出,法典的主要内容是奴隶制度、婚姻、家庭、继承及刑罚等方面的规定。在责任承担方式上已经由罚金赔款等逐步取代同态复仇。可以看出,其中已经蕴含了诸多民法的元素。

---

① 详见魏琼:《民法的起源:对古代西亚地区民事规范的解读》,北京:商务印书馆 2008 年版。

在后来颇有影响的一部人类早期的法典《汉穆拉比法典》中更能看出民法的色彩。这部法典确认了种类繁多的契约，主要有买卖、租赁、借贷、寄存、雇工、建筑工程、运输、合伙、承揽、雇佣等。这些与契约有关的规定几乎占了全部条文的一半。^① 该法典还规定，重要契约必须采取书面契约的形式，以及违约责任承担等。此外，该法典已经开始确认和保护土地私有制，尽管这种私有是有条件和有限度的，对私有土地和房屋的买卖、抵押、租赁、赠与和继承等都作了明确规定。在婚姻、家庭、继承方面，法典规定实行以契约为基础的买卖婚姻制度。^② 至于古希腊古罗马以及之后的西方法律传统，不论是欧洲大陆法系，还是英美法系，民法在其中都占据了相当大的比重和相当重要的地位。

　　与刑法学相比，民法学的出现则要早很多。这一点跟刑法学与刑法的关系不一样。可以说在古罗马，民法与民法学同时达到了鼎盛，西元^③7世纪的查士丁尼皇帝编纂了《民法大全》(Corpus iuris civilis)，其中不仅包括《查士丁尼法典》《查士丁尼新敕》，还包括当时已知公认法学家著作汇编的《查士丁尼学说汇纂》与作为罗马私法教科书的《查士丁尼法学总论》。可见，当时的民法学研究及立法都达到了相当高水平。通常认为，民法这一概念本身就源自古罗马的市民法(jus civile)。民法学的诞生比被人们公认的作为刑法学诞生标志的《犯罪与刑罚》(1764年首次出版)要早十个世纪。当然，就中国古代是否有民法却存在着争议。有学者认为民法只是西方近现代资本主义法律制度的产物，中国传统法只是封建刑法史，没有自己的民法^④；

① 参见曾尔恕：《外国法制史》，北京：中国政法大学出版社2008年版，第8页。

② 参见何勤华：《外国法制史》，北京：法律出版社2006年版，第26—27页。

③ 源自于西方社会的一种纪年方法，即基督纪元，在我国通常被称为"公历纪年法"。该法由意大利医生兼哲学家Aloysius Lilius对儒略历加以改革而制成的《格里历》，于1582年经罗马教皇格列高利十三世批准颁行。该纪年法已被包括我国在内的大多数国家通用，但有的国家或地区会采取双纪年方法，比如虽然我国在1949年9月全国政治协商会议上决定采用此西历作为新中国的纪年，但仍然并用我国传统农历。如果从学术研究角度，源自于西方社会的这种纪年法依然只是其中的纪年法之一，因此为了表明包括中国在内的国家和地区曾经或现如今依然存在的其他纪年法，本文对此种纪年法统一称为"西元"。

④ 持此观点的学者较多，如郑玉波：《民法总则》，台北：三民书局1979年版，第9页注释，梅仲协：《民法要义》，北京：中国政法大学出版社1988年版，第14页；李政："中国近代民事诉讼法探源"，《法律科学（西北政法学院学报）》，2000年第6期；梁慧星："中国民法：从（转下页）

也有学者认为,我国古代存在民法,而且还有独特的民法体系①;另有学者则持折中观点,认为虽然在我国古代没有民法一词,但不能说没有相关民法规范。② 限于本文论旨,我们对于这一问题不作深入讨论。但可以指出的一点是,根据所知文献,即便我们承认中国古代社会存在民法甚至民法体系,但是并没有出现专门研究、讨论和阐释民法学理的著作,也没有形成真正的民法学。由此,可以说,若从民法学学科角度而言,不可否认的是,民法学是从西方社会中产生并发展起来的产物。

如果说古罗马民法是传统民法,那么近现代以来的民法与传统民法之间存有什么关系呢? 在本文看来,西方传统民法与近现代民法都共享着某些最基本的东西,而这是由民法所要解决的问题和达到的目的来决定的。不论是西方的民法,还是中国的民法规范或民法,其主要解决的最核心和基础的问题是对交易的承认与保护,即互通有无。因此,所有民法所体现的最基本法理即交易正义。而传统民法与近现代民法的不同主要在于交易主体范围的大小。换言之,从传统民法到近现代民法的变迁最核心地体现在对交易主体平等地位认可范围的不断扩大。而从某种意义上讲,民法中的物权、婚姻、家庭、继承等制度安排只是为交易正义的实现提供必要前提或保障。

可见,这跟传统与近现代刑法在学理上存在巨大差异性。因而,民法是否发达被认为是人类法治文明不断进步的重要标尺。这与梅因所说的"所有社会进步的运动,到此为止,是一个'从身份到契约'的运动"③具有同样的法理。而民法学则为民法规范、民法典所依凭的交易正义及其相

（接上页）何处来、向何处去",《中国改革》,2006 年第 7 期。

① 有人认为民法一词是中国自己创造的,早在《尚书》中就有。在《尚书·孔氏传》中有"咎单,臣名,主土地之官,作明居民法一篇亡",其中的"民法"被认为是中国民法的起源。王素芬:"通向权力之路:汉语'民律'至'民法'的转化",《河南政法管理干部学院学报》,2005 年第 6 期;吕世辰、[日]山野一美:《中日法制比较研究》,北京:中国书籍出版社 2004 年版,第 46 页。

② 参见张文晶:"中国'民法'一词探源再考",《学理论》,2013 年第 11 期。

③ 尽管梅因提出的"'从身份到契约'的运动"观点具有西方中心主义立场,但这一论断对于人类民法法理的变迁却具有很精辟的解释力。具体参见[英]梅因:《古代法》,沈景一译,北京:商务印书馆 1984 年版,第 96 页。

关学理提供正当性阐释,进而为解决所面临的社会问题提供民法学的思维视角和理论指引。

因民法学诞生之悠久,加之其在人类文明进程中的重要性,时至今日已经形成了博大而系统的理论体系。在民法学理论指引下,如《法国民法典》(西元 1804 年)、《德国民法典》(西元 1896 年)等具有划时代的民法典相继问世,产生了深远影响。目前,我国也已经制定自己的民法典,或许可以说一部具有世界水准和中国特色的新世纪民法典已经问世。相较于其他部门法学,可以说我国民法学界队伍最为庞大,近几十年来的研究成果可谓汗牛充栋。但这并非意味着我国民法学理论研究已经功成名就,就已经形成中国的民法学理论大厦,进而成为我们不再反思和进一步探讨的借口。具体言之,一方面需要我们从民法学视角就如何应对和解决处于世界结构中的中国在当前特定时空所面临的社会问题给出自己的理解和实践方案,另一方面需要我们构建起立足于中国实践并具有世界前沿水准,能够与世界对话、交流,具有引领作用和话语权的民法学理论体系大厦。这就意味着,中国民法学理论体系大厦的建立要求我们的民法学研究视野既不能拘泥于中国自身,也不能仅仅拘泥于教义民法学和民法学自身,而应当一方面立足于世界结构下的特定时空中国,另一方面从包括法理学在内的法学学科整体视角对民法学的基本理论进行持续而广泛的梳理、反思、讨论与阐释。

在民法学理论体系大厦中,民法学范畴及其体系是最为基础的组成部分,尤其需要我们将民法学视为部门法理学,从法学学科整体视角对其进行讨论与阐释。由此,在处于转型和复兴的新时代中国之当下,对我国民法学范畴及其体系进行探讨不仅重要而且必须。当然,即便是理论上对我国民法学范畴及其体系的讨论与阐释具有可能性,那也需要就我国民法学界乃至整个法学界对此问题的相关研究进行梳理与剖析,将此作为我们进一步讨论的基础和起点,这有助益于对这一问题开放而深入地进行讨论,从部门法理学维度就构建中国民法学范畴及其体系理论引起我们思考,供学界反思与批判。

第二节　我国民事法学范畴研究现状及其剖析

如前所述,虽然民法学在我国法学界一直处于显学地位,但这并非就意味着我国民法学范畴及其体系的研究已经被法学界广为关注与重视。从理论上讲,根据这一论题在民法学学科所处的基础性地位,其应该会有不少研究成果。然而颇有意思的是,经过对既有文献的查阅,我们发现,迄今为止包括我国民法学界在内的整个法学界对民法学范畴及其体系的研究并不多,甚至还不如宪法学界、刑法学界对这一论题更为关注。

就既有研究来看,虽然早在 1950 年就有学者对民法范畴进行过思考[①],但可以说在我国民法学界中对民法基本范畴进行了较多思考且较有代表性的当属申卫星教授了。他曾对我国民法基本范畴进行过长期的关注与研究,形成了关于中国民法的品性、民事法律行为理论反思、民事法律关系的重构以及民事基本权利类型研究等专题的系列研究成果。[②] 尽管作者对诸多民法基本范畴进行过深入思考并取得了不少成果,但由于是分散式的思考且时间跨度较长,其并未从民法学学科角度将民法学范畴进行体系化的法理思考与讨论,更是未从作为部门法理学的民法学维度将民法学范畴及其体系置于整个法学学科之中对其进行法理学反思与讨论。

另外还有民法学者注意到了民法范畴与民法法理、民法价值及民法思维之间的内在勾连关系,试图通过考察我国过去几十年民法范畴之变迁来阐释这种语词变换背后所蕴含的思维转向,揭示语词范畴与价值取向之间的内在法理。[③] 可以说,此作者已经关注民法学与法理学之间的

---

① 参见陆季蕃著:"对于几个主要民法范畴的看法",《新中华》,1950 年第 17 期。
② 参见申卫星:《民法基本范畴研究》,北京:法律出版社 2015 年版。
③ 作者通过六组民法范畴的语词转换的梳理与思考来揭示民法理论与制度移植过程中的思维转向,从民法范畴视角来探讨民法学的基本价值法理。这六对范畴分别是:私法、市民法与民法,私权、市民权利与民事权利,法律行为、民事法律行为与民事行为,自然人与公民,债与责任,"神圣不可侵犯"与"平等保护"。参见孙山:"语词变换背后的思维转向——以六组民法范畴的考察为视角",载张文显、杜宴林:《法理学论丛》(第 6 卷),北京:法律出版社 2012 年版,第 132—155 页。

内在关系,具有了民法法理学的思维意识和学术尝试。这一点是难能可贵的。不过,或许受该文的研究主旨及篇幅所限,该研究仅仅止步于民法范畴语词与思维转向之关系层面的讨论,却依然未能从体系化视角对民法学范畴之间的内在逻辑进行系统思考与讨论,这样使得其对作为部门法理学的民法学的讨论深度与学术视野不够宽广和深入,也无法就作为部门法学的民法学与法理学、其他部门法学等之间的内在学理与逻辑进行系统而深入的思考与阐释。

此外,也有我国的民法学者就民法中某一范畴进行系统研究与探讨,如对民事法益作为基本范畴进行专门深入研究讨论①,对民法中的行为范畴进行类型化的系统研究与阐释②,对这一范畴在民法体系建构中的价值进行探讨③,对虚拟财产这一范畴进行民法学界定以及其民法保护模式④,等等。若从教义民法学和民法学内部角度而言,这些研究不可谓不专门而精深,对于民法学相关问题的进一步研究具有积极推动意义,但限于论旨依然无法将民法学范畴及其体系置于法学学科整体中展开系统的探讨。还有学者则已经看到了民法学与法理学在范畴理论上不得不面对的理论争议。具体而言,作者就"法律行为范畴"在民法学者内部、法理学者和民法学者之间产生的渊源、内容、适用领域、逻辑及语义等方面存在的争议进行了专门的讨论,以部门法法理化为研究切入点,试图通过类型化研究方法重构法律行为范畴体系,将法律行为范畴体系理论运用到部门法领域,旨在推动法治中国建设,更好地为我国民法典的制定提供法理基础。⑤

还有一些学者的研究,看似是对民法范畴进行讨论,实则并非如此,

① 参见李岩:《民事法益基本范畴研究》,北京:法律出版社 2016 年版。
② 作者针对我国民法典制定过程中将侵权行为法独立成编这一主流观点,对法律行为、法律上的行为、侵权行为与中间行为之间的特定冲突与关联问题在民法典体系化要求的思想框架内进行了初步探讨。参见张平华:"民法中的四种行为范畴关系探析——以侵权行为法在民法典中独立成编为中心",《长江大学学报》(社会科学版),2005 年第 1 期。
③ 参见薛军:"债的范畴在民法体系建构中的价值",《第五届"罗马法·中国法与民法法典化"国际研讨会论文集》,北京,2014。
④ 参见梅夏英:"虚拟财产的范围界定和民法保护模式",《华东政法大学学报》,2017 年第 5 期。
⑤ 参见郭艳:《法律行为范畴体系的反思与重构》,山西大学,硕士论文,2015。

而仅仅把范畴作为一种范围的限定或识别,比如,对中国民法在人性论范畴内进行思考①,思考临时雇佣关系是否应适用民法调整范畴问题②,继承制度应属于婚姻法范畴还是属于民法范畴问题③,作为财产关系的民法对象有什么根据归入上层建筑的范畴问题④,等等。这些研究实质上与本文所要讨论的作为部门法理学的民法学范畴及其体系这一论题并无直接关系,因而对于本文的研究也毫无助益。

由上可见,我国民法学界从法学学科整体视角将民法学作为部门法理学并对其范畴及其体系进行的研究还远远不够。这对于如何形成新时代中国特色社会主义民法学理论体系,构建系统的中国民法学学科理论大厦,并在其指引下形成具有世界水准和中国新时代特色的民法典都是不相称的。由此,本文将从部门法理学视角,将民法学置于整个法学学科之中,对其范畴及其体系理论进行较为系统的探讨与阐释,以提供学界对此论题更深入地进行讨论时给予批判的基础。

第三节　民事法学范畴及其体系

可以说,民法学是近现代法学学科体系中最为正统的支柱性部门法学。近现代法学与传统法学最大的区别之一就是是否将正义的法理建立在交易正义之上,即近现代法学的实质是以交易正义为核心法理的展开,其他部门法学都是在这一法理之上对其或者是具体化,或者是配套性设置,或者是适当的修正。而且,交易正义还是近现代经济学、政治学、社会学等学科最为核心的价值范畴。当然本文这里所说的并非是上述的近现代人文社会学科都完全以交易正义为唯一的核心价值,而是说它们或者

① 参见冬至:"对中国民法在人性论范畴内的思考",《商业文化》(学术版),2007年第6期。
② 参见本刊编辑部:"临时雇佣关系应适用民法调整范畴",《中国劳动保障》,2006年第1期。
③ 参见史际春:"继承制度应属婚姻法范畴还是属民法范畴",《政治与法律》,1985年第2期。
④ 参见中央政法干部学校东北分校民法教研组:"民法对象:财产关系,有什么根据归入上层建筑的范畴呢?",《法学研究》,1956年第3期。

赞同,或者反对,或者修正,但却不能无视这个无法绕过的现代社会学科的"比利牛斯山"。

如果说现代法学的精髓就是平等地对话和讲理,那么这一点最经典地体现在近现代民法学中。因为近现代民法学是将人的平等主体地位假定得最为普适、最为彻底的法学学科,是整个近现代法学学科中的价值起点和核心目标。从某种意义上讲,近现代民法学的价值前设和逻辑起点可以说是法学学科中的牛顿第一定律。这也就注定了民法学的特殊地位以及法理在其中的重要意义。因此,近现代民法学的理论大厦必然是建立在民事法理这一元范畴之上,通过对民事正义的探寻与阐释建构其基本的理论知识结构与体系,并通过法学学科中最标准化的权利义务的配置以及与其相关的民事责任的承担来形成自己的教义民法学,完成自身的制度体系设计,指导民事法实践。由此,本文从作为部门法理学的民法学角度,对民法学的范畴及其体系进行思考与探讨,主要包括:对作为民事法学元范畴的民事法理、作为民事法学基石范畴的民事正义、作为民事法学基本范畴的民事权利与民事义务以及民事法学普通范畴等进行思考与探讨。

一、作为民事法学元范畴的民事法理

如果从规范实证主义法学看,只要是被称为民法这一名称的法即为民法。然而,民法却是应当具有自我的品性和灵魂,即对个人地位与价值的平等与普遍的认可以及在此基础上对个人人格及其财产的承认与保护。这才使其在法学学科中具有独立而特殊的地位与价值,使其与宪法、刑法、行政法等相区别,而且使其成为整个现代法学学科最为基础与核心的价值标准。这需要民法学最讲法理。此外,我们知道,前现代民法虽然也讲求交易正义的平等与自由之法理,但与近现代民法学相比,其作为权利主体的人的范围却非常狭窄,直到 18 世纪,西方所讲平等自由的人还仅限于成年的白人男性。因此,如何使民事权利主体广泛而平等,这也是近现代民法学的重要使命。

我国民法学界主张从哲学视角来研究民法学中基本理论问题的代表

性人物应为徐国栋教授,他在其《民法哲学》中对民法的演变史、民法调整对象问题、权利能力制度和行为制度、与生死相关的前沿民法问题、立法权与司法权的关系问题、市民法主体的行为标准问题、公平之标准问题、平等原则的归属及其适用范围问题以及民法在解决生态危机中可能发挥的作用等问题进行了系统、深刻而具有前沿性的法哲学反思与讨论,其学术视野既不局限于教义民法学,又不局限于民法学学科自身,也不局限于欧美等西方发达国家,而是通过与宪法学等相比较,对包括东欧、拉美等地区的民法进行梳理,跨越管理学、经济学、生态学等学科,可以说在我国民法学界独树一帜。① 后来也有学者对民法哲学的性质与地位进行了反思与讨论,认为民法哲学既非哲学,亦非法哲学,既非民法学,亦非法理学,又非民法学与法哲学的交叉学科,而是一门独立的新兴学科,是对民法现象的一种哲学性反思,是关于民法的本质观与方法论的科学,其研究对象为民法本质、民法规则的内在规定性及民法思维规律与方法三个层面。② 另外,近年来,民法学界学者也开始意识到民法学与法理学之间的密切关系,对民法法理进行更多的探讨。比如我国台湾著名民法学家黄茂荣先生将对《民法总则》第 1 条的立法目的之"和谐"的法理根植于现代法理学之中,通过探究法理之现代内容如何从公平扩展至效率与和谐,认为现代民法应以之为目标,在实践中将现行实证价值与内容逐步在实践中予以具体化。③ 还有学者倡导民法学的法理化,认为法理化的民法学是一种学说,因其符合民法的客观规律和内在逻辑而具有科学性,而民法学的法理化是一种方法,因其科学性而对民法理论体系的创新建构和民法实践具有法哲学方法论上的指导意义。④ 对于上述学者的具体阐述及

---

① 在《民法哲学》论著中,文中所说的几个论题分别被称为名称论、对象论、平等论、能力论、生死论、认识论、人性论、价值论、生态论几部分,分别进行了法哲学考察与阐释。参见徐国栋:《民法哲学》,北京:中国法制出版社 2009 年版。

② 参见赵忠江:"试论民法哲学的性质与地位",《前沿》,2013 年第 23 期。

③ 参见黄茂荣:"论民法中的法理",《北方法学》,2018 年第 3 期;黄茂荣:"民法总则中基本规定的法理",《北京航空航天大学学报》(社会科学版),2018 年第 1 期。

④ 参见李康宁:"民法学的法理化与法理化的方法论",《天津师范大学学报》(社会科学版),2002 年第 3 期。

其观点,本文未必认同,但至少表明,民法学与法理学的内在关系已受到越来越多的学者关注。

具体而言,作为民事法学元范畴的民事法理,主要体现在如下方面:

第一,作为整个法学学科乃至与其他学科共享的最值得珍视之内核的民法学的核心品格需要民事法理来提供正当性阐释。我们知道,民法学是具有最典型私法属性的部门法学,其本质特征就是私法,即以市民社会为其存在之经济—人文基础,以权利为本位且主张对权利的同等保护,以市民社会人的价值实现为其直接目的。① 这就意味着民法学跟与同样将市民社会作为目的和基础的经济学、政治学、社会学等共享着同样品格价值,即交易正义以及与其相一致的权利主体及其相关理论。比如,在具有近现代经济学诞生标志的亚当·斯密那里,他所强调的"看不见的手"②这一核心理论实质上是对交易正义这一核心价值的认可,而实现这一价值就必然需要意思自治、人格平等、契约自由、个人财产神圣等价值理念的支撑,即对人之平等自由等价值的认同。尽管在其《道德情操论》中,他通过同情的基本原理来阐释正义、仁慈、克己等一切道德情操产生的根源,从而揭示并强调了人类社会(其实质是强调了尤其是在市民社会)赖以维系、和谐发展的基础以及人的行为应遵循的一般道德准则③,但是也只是对其国富论所依凭的交易正义之不足的适当弥补与修正,并非意味着对交易正义这一最主要价值原则的否定。在政治学中,与传统政治理论相比,其鲜明特征及目的就是对公共权力的有效控制与约束,使其为民有、民享、民治。这种理论原则就需要以市民社会及其基本精神为

---

① 参见江平、张楚:"民法的本质特征是私法",《中国法学》,1998 年第 6 期。
② "看不见的手"是一个隐喻,由英国经济学家亚当·斯密(Adam Smith)在《天文学》Ⅲ中首次使用,后在其《国富论》和《道德情操论》中又分别提出了这个命题,其最初的意思指,只要每个人在经济生活中进行理性选择,自我追求自己的利益,则受"看不见的手"驱使,即通过分工和市场的作用,就可以达到国家富裕的目的。分别参见[英]亚当·斯密:《国富论》,唐日松等译,北京:华夏出版社 2005 年版,第一章、第二章及《亚当·斯密著作和通信集》第 1 卷,《道德情操论》,蒋自强等译,北京:商务印书馆 2016 年版,第 184 页注 7。
③ 参见[英]亚当·斯密:《道德情操论》,蒋自强等译,北京:商务印书馆 2016 年版,第一卷第一篇、第二卷第二篇。

前提假设才具有逻辑正当性。而前现代政治理论则主要是如何通过公共权力来控制民众,维护和巩固其支配性统治地位。现代社会学同样以市民社会存在为其理论前设和逻辑起点,而并非霍布斯所想象的那种人与人之间如同狼一样关系的充满暴力与欺诈的自然状态,也并非马克思所阐释的那种以阶级冲突矛盾为基本特征的等级社会。

总言之,包括经济学、政治学、社会学等在内的所有近现代社会的人文社会学科都离不开对市民社会及其基本精神的理论假定,并将其作为讨论和研究问题的逻辑起点。而市民社会中最基本的原则即民法学所秉持的诸如平等自愿、意思自治、等价有偿等价值精神与原则。因为民法在西方世界本身就是市民法(Civil Law),只不过在进入汉语体系后我国学者将其译成了民法。而在汉语世界里,民法与市民社会之民并无必然的内在联系,因为汉语的民可能是农民、草民、臣民、子民甚至刁民、顽民、反民等。由此,民法学应当为民法自身的应有品性与属性提供法理支持,并为作为与其他人文社会学科之间所共享的整个法学学科的内在精神价值进行法理阐释。

第二,法学学科内部的整个理论大厦本身应就是民事法理的逻辑展开。就法学科学内部而言,不论是主张私法与公法二分的欧洲大陆法系,还是认为一切法皆为私法的英美法系,其实质都是以民法基本法理为核心的逻辑展开。民法学基本法理以对人的平等尊重与保障为起点,尊重人格尊严,倡导意思自治、诚实信用、私权神圣、等价有偿等基本价值理念,而其他部门法学则仅是对这些基本法理的修正、调整或者提供进一步的保障。

比如,现代刑法学对刑罚权的限制,看似是通过对公共权力的限制以防止其滥用来确保对刑事人权的保护,实质上是对以民法学基本法理为核心的价值精神的刑事性保护,确保民法学中权利主体的自由不被非法减损。以控制公共行政权力,强调依法行政的行政法学,看似是对行政主体与行政相对人的行政法律关系为研究对象,其实质是为了确保公共行政权力既不对民事主体进行非法干预又应当依法及时地为其提供服务,即我们所说的政企分开、服务型政府的法理渊源。以为社会或市场中处于弱势地位群体提供最低限度或适当水准的物质保障的社会保障法学，看似旨在通过明确国家政府的基本义务来确保人或公民的基本生存权，实则是对因现实社会中与民法学理性人的标准理论假设存在的过大差异而进行的必要的修正与补充。以关注人类共同命运，强调对自然生态的保护与资源的合理利用为原则的环境与资源法学(或称为生态法学)看似是对生态的尊重与保护，对人与自然和谐价值的追求，其实则是对民法学中过于强调人与人之间的交易目的这种仅关注内部交易成本的方式的反思，并通过外部交易成本的引入与可量化的合理分担来确保人与人之交易的私人性现实利益与公共性(乃至后代人)长远利益的有效权衡，从而通过对民法学基本法理价值的适当修正而达到以民法学基本法理为核心的社会发展方式能够被更持久地维持，获得更充分的发展。作为现代法治或宪治根本基础和保障的宪法之最基本的精神是对人权的尊重和保护，对人之财产权的确认与保护等，而这实则为民法学基本价值精神及其践行提供最权威、最高效力的保护。

也正是近现代社会以民法学基本价值精神为主导核心，才可能对权利推定、罪刑法定、诚实信用、权力控制、正当程序优先等予以确认并共同构成整个法学学科的支柱性原则，因而与前现代社会相区别开来。同时，虽然民法学及其价值精神处于整个法学乃至整个近现代社会的中心且最受珍视，但是它又是最脆弱、最容易受到伤害的部门法学，因此必须通过其他部门法学对其从不同的维度予以不同层次的保护。如果说整个法学是一个软体动物，那么民法及民法学就是这个软体动物中心的肉，虽然有营养但最脆弱，缺乏自我保护能力，必须依靠外面坚硬的外壳来提供保障，而这层外壳即是由行政法学、刑法学乃至宪法学共同构成的保护层。也就是说，虽然民法及民法学之价值精神最应当和需要成为近现代社会的主体和主导，但这却是最难作到的。由此，从某种意义上讲，与刑法及刑法学相比，民法及民法学越发达，越得到张扬和重视，则这个社会的法治文明乃至整个文明程度就越高，反之亦然。正是基于此，我们才能理解梅因所说的，"看一个国家的文明程度，要看这个国家的刑法和民法的比例。大凡半开化的国家,民法少而刑法多,进化的国家,则民法多而刑法少"。①。

对于上述论点,我们还可以以民法学之基本价值为例作进一步的说明与阐释。通常认为,诚实信用是民法及民法学的帝王条款。这种理解在民法学领域是没有问题的,但若仅限于民法学领域则又是不恰当的。因为诚实信用不应仅仅是对平等关系的民事主体这一层面而言的,而应是整个法学学科乃至整个社会各领域的帝王条款,所以才有人说,"民无信不立,国无信不强"②等。比如,在行政法学中,行政主体与行政相对人也同样需要以诚信为其基本价值精神,尤其是拥有行政权力的行政机关更是如此。行政机关能够依法行使其职权、履行其职责,这本身就是对诚实信用价值精神的遵守。在刑事法学中,刑事权力机关依法行使其刑事权力,履行其刑事职责,这本身也是对诚实信用价值原则的信守。不论是行政权力还是刑事权力,对其违法或不法职权行为给当事人造成的损害或损失给予及时充分的国家赔偿,这也是诚实信用在相应领域的具体化体现。对于为社会弱势群体提供必要物质帮助的社会保障法学,不论是被帮助人还是政府相关部门依然应当秉承诚实信用的价值原则,而被帮助人不应提供虚假信息,相关政府机关对于符合法定条件的被帮助人也应当依法及时给予必要帮助。我们无法想象,不论是何种法及法学,如果没有诚实信用这一基本价值原则,这个法能引领文明进程,这种法学能提供正当性法理。甚至可以说,诚实信用原则不仅是法学学科的基本价值理念,而且还是道德伦理、宗教及其他社会学科的共同认定并倡导的价值原则。比如,不论是佛教,还是基督教等,无不强调诚信的重

---

① 值得注意的是,此处梅因所表述是以其生活的时代为止的进化论下产物,其立场是西方中心的。此外,本文认为,民法与刑法的比例这一结论更为深层次的问题是看民法基本精神以及为其提供正当性法理的民法学所秉持的价值是否成为一个社会的主导与核心价值理念。[英]梅因:《古代法》,沈景一译,北京:商务印书馆1959年版,第3页。

② 此句话出自《论语·颜渊》。只不过当时说的民并无今天的市民、公民之义。后来在此基础上,有人提出了,人无信不立,业无信不兴,国无信则衰,国无信不立,国无信不兴,等等。在本文看来,不论什么表述,现代意义上的信即诚实信用,其背后应当以双方平等信守为前提,而不是单向度的、不对等的诚信。

要性。① 当然,与其他相比,近现代民法学中的诚实信用价值是最强调平等而普适的。

第三,民法学自身内部的理论结构体系及其指导下的制度安排及有效实践都离不开民事法理的学理支撑。如果说上面是从法学学科与其他学科的关系以及民法学与其他法学学科的关系角度阐释了民法学之基本法理的共享、核心、标准属性,那么民法学自身内部制度的理论结构体系的逻辑安排及其指导下的制度设计与有效实践同样离不开民事法理充分的证立、阐释。

在民法学理论体系中,首先要解决的问题是民事主体,即哪些人或拟制人可以成为民事权利与民事义务的主体。这是进入到民法学的第一步,也是最为基础和极为关键的一步。与其他部门法学相比,民法学中民事主体的进入门槛是最低的,其涵盖范围也是最宽泛的。也就是说,尤其是对于权利主体而言,能够享有民事权利的门槛限制往往是很低的。不论是权利主体的年龄要求,还是智力能力,或是其他限定的条件等,都是如此。

比如,民法学中民事权利主体的享有年龄往往始于人的出生,甚至始于还未来到这个世界时的胎儿。有些民事权利的享有不受其主体智力能力或其他条件的限制,不应因其年龄、智力能力等而被他人剥夺。当然对于需要以履行一定义务或对等义务为要件的民事权利的享有和行使则另当别论了。然而随着经济社会科技等的发展,对于民事主体的范围却受到了很大挑战,比如人工智能、某些动物等能否应成为民事法律的主体,等等。因为民法学中除了民事主体就是民事客体,如果不将某些东西认定为民事主体,则必然就会归入到民事客体,而不会存在既属于民事主体又属于民事客体的情形。而一旦成为民事客体,则意味着其可以被交易、被支配、被处置。比如,在传统社会,奴隶、奴仆乃至贫困潦倒的其他人都可以成为被买卖、赠与等处置的对象,这实质上成了当时法律认可的某类民事客体。这样人也就成为了被物化处理的财产,建立在平等自由意志法理之上的民事权利、民事义务都无从谈起。而以康德(Immanuel

---

① 佛教基本戒律中有"不打妄语",基督教摩西十诫中有"不可作假证陷害人",等等。

Kant)"人是目的"①的近现代哲学为理论基础的现代民法学则强调,人只能是民事主体而不能成为民事客体,从而使人普遍地从作为民事客体的物中解脱出来,使人人成为平等的民事主体成为了可能。而民事主体与民事客体的界分与范围离不开民事法理自身的发展与进步,并在此基础上推进和引领民法制度自身文明的不断提升。可以说,民法学的每一次进步,往往就是其为民事主体范围的扩大提供正当性法理。

除了民事主体范围之确定外,就是民事权利与民事义务之关系、民事责任之认定与划分等。这些其实是以民事主体与民事客体法理为基础的延续,是其基本法理的制度化安排与实践的技术性处理,无不体现对作为民事主体之人的自由意志的平等尊重与保护。代表国家意志的审判机关的理想标准角色是仅作为独立于任何一方民事主体的中立第三方出现的,其旨在为民事主体间纠纷提供居中调解或判决,以国家意志对其合法干预为例外。也就是说,在民事法学中,作为第三方的国家之意志不论是在民事立法中,还是就民事主体间的纠纷中,应当秉持能不干预就不干预,能少干预就少干预的原则。如果进行干预则须有充分的正当性法理,这种正当性法理依据往往是因为涉及了不特定他人、社会的或国家的重大利益。比如,依据婚姻法的婚姻自由原则,双方只要是基于平等自愿本应就可以缔结婚姻契约并产生效力,而婚姻法却要求必须履行合法登记的程序,审查是否符合缔结关系的法定要件,比如须为符合法定年龄的男女(迄今我国婚姻法依然不承认同性之间合法婚姻关系的存在),且无法律禁止结婚的情形等,否则婚姻关系无效。这实质上是国家意志对婚姻关系有效成立的适当限制与干预。因为婚姻关系看似仅涉及双方当事人,但实质上会涉及下一代的身心健康,社会关系及伦理等,因此可能会成为影响民族未来的重大问题。这也就很好地解释了,为何民事司法过程中,民事主体双方可以在任何环节都可以放弃自己的民事权利,双方都

---

① 康德认为,"人是生活在目的的王国中。人是自身目的,不是工具。人是自己立法自己遵守的自由人。人也是自然立法的立法者"。此虽然是一种抽象的哲学表述,却指出了人之自由、人之主体、人之目的的理论基础,为包括法学在内的近现代整个人文社会科学奠定了哲学基础。参见〔德〕伊纽曼尔·康德:《实践理性批判》,韩水法译,北京:商务印书馆2003年版,第96页。

可以就结果进行和解等。这也解释了,在民事责任的承担中,为何通常以弥补受损害方之损失作为赔偿限度的原则。

在作为特殊民事法学的商事法学中,其商事主体的成立及其范围、商事法律关系中权利与义务、商事法律责任的认定与划分等同样都离不开特定法理的支撑,都离不开特定法理逻辑阐释与证立。由此,民事法理在民法学与其他法学学科的理论关联、民法学自身内部理论结构体系中的各个环节与部分中,都无处不在,不论是在本体论还是方法论方面,都发挥着元范畴的功能。

二、作为民事法学基石范畴的民事正义

对于民法学中作为元范畴的民事法理,其主要使命是围绕着民事法学中民事正义来展开的。它不仅需要为民事正义在整个法学学科中的总的法理正义中所处的位置及其分工提供法理,而且还就民法学内部的各个环节与部分的民事正义的具体体现与制度化安排及实践提供原则性指引。

第一,作为民事法学基石范畴的民事正义在整个法学学科的正义体系中的地位与分工。如果说正义或法理正义是整个法学学科的基石范畴,那么民事正义则实质是法学学科之正义在民事法学中的具体体现。它在整个法学学科之正义体系中居于中央地位,类似于牛顿三大力学定理中的第一定理,发挥着模范标准的作用。这一点通过与刑事法学中的刑事正义在整个法学学科中所处的位置与作用之比较就可以看出。如前面章节所述,刑法学及其刑法是在整个法学中体现惩罚性最强、最严厉的,而民法学及其民法则是在整个法学中体现惩罚性最弱、最温和的。这就如同一个数轴两端的两极,如果民法学的严厉惩罚性处于近零点,而刑法学则可能处于近 100%点,其他部门法学则处于两者之间。

之所以如此,从整个法学正义体系来看,是因为刑法学及刑法所要求的是作为一个标准理性人来讲最容易作到的,而民法学及民法所要求的却是一个人最不容易作到的。这或许与很多学者的理解不一致,通常认为民法学及民法所要求的应该更容易作到,而刑法学及刑法则相反。其

实,若仔细思之,这是不可能的。由于民法学及民法所涉及的人们生活范围如此之广,涉及每个人的生老病死、衣食住行、成家立业等方方面面,因此民法典通常被喻为"社会生活百科全书"。也就是说,一个人一生可以不与刑法打交道,却无法不与民法打交道。设想一下,一个标准理性人一生中不去触犯刑法所规定诸如杀人、放火等犯罪行为怎么会可能比不去违反诚实信用原则或因自己过错对他人构成侵权更难作到呢? 除了特定主体之外,刑法规定犯罪行为多是需要积极的主动行为才可能构成,而民法所规定的行为乃人之日常频繁行为且范围很广,因而人们就很难说在一生中不会有违约或侵权行为发生。也正是刑法与民法之间的这种难易程度差异,才使得更容易被遵守而不容易被违反的刑法具有更严厉的惩罚性,而不太容易被持续遵守却很容易出现违反的民事违法行为的惩罚性或制裁性就应当更淡弱。其他部门法学,如行政法学、经济法学、社会法学等,不论在遵守的难易度,还是惩罚的严厉性方面,都处于两者之中,与其共同构成整个现代法学学科中的正义体系。

第二,作为民事法学基石范畴的民事正义在民事法学理论体系中的具体体现与功能。民事法学中的民事正义体现在其各个环节与部分。这种正义以每个人为理性人作为理论前设,通过权利义务的对等关系来认定与划分当事人的民事责任,因而这种民事正义最具有交易正义的特征,即在标准的意思自治基础上的等价有偿原则。比如,这一特征表现在民事法律关系中民事法律行为的效力认定的法理中。① 在债法部分中合同

---

① 这一点从我国《民法总则》以下条款可以得到证实:一是关于无效的民事法律行为能力人实施的民事法律行为无效"(第144条),"行为人与相对人以虚假的意思表示实施的民事法律行为无效"(第146条),"行为人与相对人恶意串通,损害他人合法权益的民事法律行为无效"(第154条)。二是关于可变更、可撤销的民事法律行为:基于重大误解实施的民事法律行为(第147条);一方以欺诈手段,使对方在违背真实意思的情况下实施的民事法律行为(第148条);第三人实施欺诈行为,使一方在违背真实意思的情况下实施的民事法律行为(第149条);一方或者第三人以胁迫手段,使对方在违背真实意思的情况下实施的民事法律行为(第150条);一方利用对方处于危困、缺乏判断能力等情形,致使民事法律行为成立时显失公平的行为(第151条)。可以看出,这些条款要么是因为年龄原因,要么是因为其他行为导致行为人的行为偏离了标准理性人这一前设法理而作出的行为。

法部分,其效力认定同样遵循民事法律行为效力认定的法理①,而且以遵循等价有偿交换正义类合同(如买卖合同等)为常态,以非遵循等价有偿交换类合同为例外(如赠与合同)。当然,这种例外还表现在对公共利益或未来利益的尊重与保护,比如不得违背公序良俗,倡导绿色生态保护等。而最为典型地体现这种交易正义法理的当属作为特殊民法学的商法学了,其关于商人的商事行为的法学假定每个商事主体都是理性经济人,都对成本收益有着较强的算计意识与能力。在商法学及商法中,我们看不到无民事行为能力与限制行为能力主体的影子。

或许有人认为,在婚姻家庭法部分是最不应遵循以理性人为法理前设的交易正义的,而"家是一个讲伦理的地方,法律不是唯一的评判依据"②。不过需要指出的是,与其他部分相比较,尽管婚姻家庭法部分表现出更多亲情、和谐与安宁的韵味,但在现代社会,其同样无法完全偏离理性法律人这一理论前设,尤其是在婚姻关系的"入口"与"出口",依然是以理性法律人为基本理论前设的。具体言之,我们知道,婚姻自由是现代婚姻法的基本原则之一,这不仅包括结婚自由还包括离婚自由。其基本法理性前设则是假定即将进入或走出婚姻状态的每个当事人都是基于理性的自我意志的选择,而非一时激情冲动的结果。这正是民法学中平等自由、意思自治法理原则在婚姻法学中的具体体现。也正是如此,有的国家规定了结婚冷静期或离婚冷静期制度,以限制因非理性而改变婚姻状态的行为。③ 在对于婚前财产处理制度中,我国现行的婚姻法也认可了婚前财产约定制度,承认了婚前财产的独立自主权,体现了对个人私产的尊重与保护原则。④

---

① 我国关于合同无效的情形及可变更、可撤销的合同,分别参见我国《合同法》第52条、第55条。
② 参见李拥军:"作为治理技术的司法:家事审判的中国模式",《法学评论》,2019年第6期。
③ 在美国,有的州规定了限制结婚权利行为能力年龄,比如在十八周岁至二十一周岁期间,结婚需以经过其父母同意为成立要件之一,而对于已满二十一周岁者,则只需告知其父母即可,而无须再经过其父母的同意。在德国等国家,申请离婚的夫妻需要以一定期间的分居为条件。我国在刚颁行不久的《民法典》之婚姻家庭法编中,也出现了设定一个月期限的"冷静期"作为判定离婚的必要前提制度。
④ 参见《中华人民共和国民法典》第1063条第1款之规定,即"下列财产为夫妻一方的个人财产:(一)一方的婚前财产;……"。

这一点还表现在我国继承法中对财产所有人自由处分其遗产方面,比如遗嘱继承优先于法定继承等原则。

也就是说,与其他部门法学相比较,民法学是遵循和倡导交易正义最为典型与彻底的学科,尽管其内部各部分之间也存在着典型与非典型、纯粹与非纯粹之别。换言之,如果从民法学中剔除了交易正义这一基石范畴,那民法学就失去了灵魂与骨架,不复存在了。而这一点在社会法学、行政法学、刑事法学等学科中就不存在。因此,可以说,在民法学内部理论结构体系中,民事正义集中体现为交易正义,交易正义则构成了民事法学学科的基石范畴。

第三,作为民事法学基石范畴的民事正义在民事法律制度体系及实践中的指引作用。法学是以强调实践性为特征之一的学科,实践性也是包括民法学在内的整个法学学科的目的。因此,民法学的理论体系总是要为构建系统可行的民事法律体系提供理论证成与学理指引的。也就是通常所说的,法学追求看得见的正义。民法学的这种实践性使命与目的是通过对民事权利与民事义务的划分以及相应民事责任的认定与分担来将其民事正义贯穿于民事法学的各个部分,体现于无数的民法具体实践的案例之中。对于民事权利与民事义务,本文将会在下面部分详细探讨,在此不再赘述。

三、作为民事法学基本范畴的民事权利与民事义务

我们知道,与其他学科相比较,法学学科所强调的是通过法律规范对权利与义务进行划分与调整这种双向机制来实践和体现民事正义。民法学及其所研究的民法同样也是如此,即在民法学理论体系及民法制度体系中,权利与义务关系的确定、划分及承担构成了民法学理论与实践之间相连接的中介,也成为民法学及民法制度生命力之所在。因此,从范畴体系角度,民法学中民事权利与民事义务共同构成了民法学范畴及其体系中的基本范畴。

第一,作为民事法学基本范畴的民事权利与民事义务体现了民法学理论与实践的鲜明特征。我们知道,权利本位是近几十年来我国法学阐

释并倡导的核心范畴与主要范式。这里所说的权利本位及范式主要是针对公权力而言的，即个人权利范围的扩大与享有的程度是现代法学的重要使命，是设定公法上的公民义务之正当性理据。然而，在以平等主体之平等地位为逻辑基础与以其平等关系为调整对象的民法学中，民事权利与民事义务之间并未凸显出孰高孰低来。与其说民法学及民法以民事权利为本位，倒不如说是民法学及民法以理性法律人作为其理论前设与判准核心。因为在理想模型下，民法学中的民事权利与民事义务之间最标准地体现了权利义务之间的对等性、互相依存性等属性，有权利就应履行相应义务，履行义务就应享有相应权利，即没有无权利的义务，也没有无义务的权利。如果出现了民事权利与民事义务之间不对等的情形时，那一定是因为民事主体其中一方偏离了民法学中所假定的那个理想模型，即每个民事主体都是理性法律人这一理论前设。

这一点在当前我国民法制度体系中就可以得到体现。在民法总则部分，我们之所以分为无民事行为能力、限制民事行为能力和完全民事行为能力等民事主体，是基于对其是否达到理想的理性法律人这一标准模型之理论前设的考虑。如果因年龄、智力能力等原因而完全不具备理性法律人，则就无法独自行使自身的民事权利（对于不需要付出或履行义务的纯享有的民事权利除外），也无法独自履行相应的民事义务及承担民事责任。如果某些民事主体具备部分行使民事权利的能力（即民事行为能力），那么他/她自然就应履行与之相称的民事义务。这种权利与义务相一致的原理同样适用于商事法学中，只不过作为拟制民事主体的商事主体的商事权利的享有行使与商事义务的承担履行都是基于相关法律的承认授权才具有法律效力，具有自身的特殊性。民事主体的这种类型化处理，目的在于对其中不同类型的民事主体的民事行为之效力给予不同的认定，如侵权责任的承担、契约行为的效力认定等。

或许有学者会说，在民法制度安排中，即便是否偏离理性法律人是需要考虑的重要判断尺度，但基于对妇女、儿童、老人等特殊弱势群体的倾斜性保护应该是处于对世界普遍认可的人道立场的考量，还有基于民事主体之间的信息的不对称等其他原因。本文认为，这些与我们所说理性法律人这一理论前设并无矛盾,而恰恰是对后者的有力解释。我们在考虑理性法律人这一理论前设时,并没有否认或忽视现实社会中偏离这一前设的必然性以及造成偏离原因的多样性。而不论是因为妇女、儿童、老人等生理原因造成的,还是因为民事主体之间的信息严重不对称的原因而造成的,都导致了同样一个结果,即对理性法律人前设的严重偏离。正是偏离了这一前设,则在民事权利与民事义务的设定时,就需要考虑在民事主体之间的不完全对等性,即处于不利地位的一方的民事权利要适当多于其应承担的相应义务,而处于优势地位的另一方则正好相反。这与刑事法学中罪刑罚等原则具有类似的原理,都是法学学科中正义在不同部门法学中的正当化的具体体现与专门表达。

第二,作为民事法学基本范畴的民事权利与民事义务构成了整个民事法学的两大支柱。可以说,民事法学是支撑起整个法学学科的理论大厦和制度体系的骨干与支柱,而支撑起民事法学及民法事律体系各部分的则是贯穿其中的民事权利和民事义务。因为,如果没有了对民事权利与民事义务的考量,则民事法律行为就毫无意义,民事法律关系之内容就空洞无物,作为法律人的思维与独特调整方式就与道德、宗教、政治等其他社会规范难以明显区别开来。也正是如此,针对我国刚刚颁行的《民法典》,有的人赞誉到,民法典是大写的公民权利宣言书[1],是权利保障的宣言书[2];有的人则认为,民法典标注法治中国新界碑[3],民法典编纂是国家治理体系现代化的重要环节[4],也有人则兴奋地疾呼道,让我们迎接以人民为中心的权利法典[5]。之所以民法典被称为权利法典,是因为与其他部门法相比,公权力及国家意志在其中体现地最弱,一般是基于能不干预即不干预,能少干预即少干预的原则,因而形成了平等主体之间基于自身

---

① 参见王亦君、马宇平:"民法典:大写的公民权利宣言书",《中国青年报》,2020 年 5 月 23 日。
② 参见王利明:"民法典是权利保障的宣言书",《光明日报》,2020 年 5 月 24 日。
③ 参见贺小荣:"民法典标注法治中国新界碑",《人民日报》,2020 年 5 月 24 日。
④ 参见尹飞:"民法典编纂是国家治理体系现代化的重要环节",《中国人大杂志社》,2020 年 5 月 23 日。
⑤ 参见刘华东:"迎接以人民为中心的权利法典——写在民法典草案提交十三届全国人大三次会议审议之际",《光明日报》,2020 年 5 月 23 日。

民事行为而形成的对民事主体之间民事权利与民事义务进行产生、划分、调整等,最突出体现平等主体之间自我意志与自由的私域。可以说,民事法学是老百姓自己的法学,民法是老百姓自己的法,关涉到每个人的人格尊严、生命财产、衣食住行、生老病死等,是现代社会中老百姓生活离不开的必需品与日常用品。

从民事法学理论体系及民法制度体系的构成看,其各个组成部分无非就是围绕着对民事权利与民事义务的准备、产生、划分、调整、实现等方面展开的。民法总则部分,可以看作是整个民事法学的基础理论部分,为后面的各分则提供必要的理论基础与方向。以我国的民法总则为例①,除了在一开始第一章宣告了我国民法的基本原则外,就开始通过第二、三、四章分别对自然人、法人及非法人组织等民事主体进行法律界定,这其实是为民事权利与民事义务的产生奠定主体方面的前提与基础。因为民事权利也好,民事义务也好,其前提必须有人,将可以作为民事主体的人与不可以作为民事主体的物分别开来,并对民事主体自身进行类型化处理。民法总则的第五章则是对具体的民事权利进行类分、例举、明确化处理,构成了民法总则的中心内容。或许有人疑问道,此部分只有民事权利,但并没有民事义务,因而只有民事权利才可能构成其基本范畴。这种疑问看似有道理,但实际并非如此。如前所述,本文认为,之所以以民事权利为主要形式来构建民法及民法学,主要是针对公共权力及其拥有者国家政府而言的。如果针对民事主体内部而言,由于其处于平等的地位,因而在标准状态下,不可能只享有和行使民事权利而不履行或承担相应的民事义务。否则,就会出现一部分只享有、行使的特权情形,而另一部分主体则只履行或承担义务的被奴役情形。这一点也可从后面的民事责任的认定、划分及实现方式得到进一步证实。接下来的第六章民事法律行为,是指"民事主体通过意思表示设立、变更、终止民事法律关系的行为"②,其实质

① 本文所说的我国民法总则,即 2017 年 3 月 15 日由中华人民共和国第十二届全国人民代表大会第五次会议通过的,《中华人民共和国民法总则》,自 2017 年 10 月 1 日起已经施行。它是已经颁行的《中华人民共和国民法典》的一部分,提前颁行生效。
② 《中华人民共和国民法典》,第 133 条。

则作为法律事实的最主要形式,由民事主体自身引起的以民事权利与民事义务的产生、变更、终止的行为。第七章的代理部分,其实质是民事主体意思自治下自我行为的延伸与补充,因为代理的法律效力一定以民事主体自身真实或应当为真实的意思表示为前提的。在第八章所规定的民事责任部分,其实质是对前面所设定与划分的民事权利与民事义务得到实现的保障,因为"无救济,无权利"。另外,从某种意义上讲,民事责任是第二性的民事义务,即因违反了与民事权利相对应的法定或约定的民事义务而应当承担的不利后果。接下来的第九章诉讼时效部分实际上是对民事权利享有或行使的保障在时间上给予一定的限定,以权衡公共法律资源成本与个人权利之间的效率问题,从而以民法的方式对全社会的生产生活效率给予认定并在一定程度上具有促进意义。这一点也反映了民事法学与微观经济学在追求效率及权衡其与公平之关系方面在法理上的内在勾连性。在最后两章,即第十章的期间计算及第十一章附则部分,实际上是法学学科及法律思维之内在要求与特征的表现,即法律的明确性。这样才能使民事权利与民事义务的认定、划分与承担尽量避免模糊性,更充分地体现与践行民事正义。

在民法分则部分,实际上是民法总则的具体展开,在此就不再详细探讨。不过,2020 年 5 月刚刚公布的民法典新增加的一些制度安排也体现了如何以理性法律人为判断尺度并对偏离这一理论前设进行的纠正。比如,民法典设立了离婚"冷静期"制度,即"自婚姻登记机关收到离婚登记申请之日起三十日内,任何一方不愿意离婚的,可以向婚姻登记机关撤回离婚登记申请。前款规定期间届满后三十日内,双方应当亲自到婚姻登记机关申请发给离婚证;未申请的,视为撤回离婚登记申请"①。这实际上类似于合同法中的可撤销合同,只不过是因针对人身关系而具有了特殊性,旨在避免因非理性行为而导致偏离理性法律人的假设。学界对此条的争议,要么是基于此条是否违反了婚姻自由原则,要么是认为结婚冷静期更为重要和迫切,等等。这些争议的实质其实还是没有离开理性法

---

① 《中华人民共和国民法典》(2020 年 5 月颁行),第 1077 条。

律人这一法理前设与判断尺度。

总言之,在民事法学及民法法律体系内部,就是以民事权利与民事义务这两大基本范畴为两大支柱,共同支撑起其理论体系与制度体系的大厦。而其他制度安排只是围绕这两大基本范畴而展开,是对其提供前提条件,适当纠偏,为实现提供保障等,进而在根本上共同遵循并践行民事正义之法理。

第三,作为民事法学基本范畴的民事权利与民事义务形成了民法学的思维方式。范畴思维与方式思维可以说是一个硬币的两面,即本体论思维与方法论思维的关系。比如,我国学界提出的权利本位理论,一方面将权利视为法学的中心范畴,另一方面还将权利本位视为一种法学的新范式。① 与此类似,本文认为,民事权利与民事义务一方面构成了民事法学的两大基本范畴,另一方面也是民法学在自身理论建构和民法实践中形成的一种思维方式。民事立法的主要任务就是对不同的民事主体的不同民事权利与民事义务的划分给予明确化、类型化处理,然后就具体民事权利的享有或行使条件以及应当履行的相应民事义务作出逻辑可行的规定,并在此基础上对相应民事责任的承担进行认定和划分。就民法的实践而言,对于具体民事案件的解决,其实就是一方当事人通过真实客观的证据材料的优势证明力来使法官确信自己应当获得依法享有或行使某种民事权利或者对方当事人应当履行某种民事义务、承担某种民事责任的过程。对于法科的学生而言,通常听到,我们应当"像法律人一样思维",而这种思维的实质是指"在特殊目的(权利与义务的确定)、制度化程序(程序规则)约束之下,于对抗性对话框架中(说服性对话)建构、分析、批判法律论证的思考活动"②。可见,法律人思维的目的虽然是通过发现、分析和评价理由来构建和表达符合法律情理的论证,以获得一个合乎预期的法律裁决,但其思维路径则是通过对民事主体某项民事权利与民事义务的认定来达致。民法实践中的法律人思维,就是在民事程序规则约

---

① 参见张文显:《法哲学范畴研究》,北京:中国政法大学出版社 2001 年版,第十二、十三章部分;张文显,于宁:"当代中国法哲学研究范式的转换——从阶级斗争范式到权利本位范式",《中国法学》,2001 年第 1 期。
② 武宏志:"美国语境中的'法律人思维'",《法学家》,2009 年第 3 期。

束之下,以明确双方当事人民事权利与民事义务及相应民事责任为思维指引,通过对民事证据的合理、充分表达与论证的方式,以企最后获得合乎自我预期的民事法律后果。

民事法学的民事权利与民事义务的对等性思维突出表现在作为特殊民法的商法学中。我们知道,作为商法学研究对象的商法所调整的是以交易为目的的商人之间的商事行为的法律规范。而商人之间的交易行为定以平等交易为典型特征,其目的是获得商业利益,而不是以付出为特征的社会慈善行为。由此,商事主体之间的自愿平等及对价原则就显得尤为重要。所谓对价其实就是商事主体之间商事权利与商事义务的对等性。因而平等的商事权利与商事义务思维就构成了商事法学在立法及司法中应当秉持与运用的主要、基本的思维方式。

民事法学的这种权利与义务思维,与刑事法学、行政法学等其他部门法学存有很大不同。不论是刑事法学还是行政法学,因为代表国家意志的公共权力机关与公民个人之间在地位、资源掌控、法律的理解与掌握等方面存在着很大悬殊,为了尽量达致两者间的平等地位,法律往往会在双方权利义务划分时,使前者权利比后者要受到更严格的限制,后者的义务则会比前者少一些。刑事法学所秉持的无罪推定原则、罪刑法定原则、罪责法相适应原则等都是对前者作为特殊权利的公共权力的限制与约束。行政法学的行政诉讼过程中应遵循的行政机关行政行为的合法性原则、合理性原则、程序正当原则,行政诉讼举证责任倒置原则等也是同样道理。民事法学的这种民事权利与民事义务之间的关系,虽然也会涉及国家公共意志,这主要体现在立法过程中,而在具体民事案件的司法过程中,并没有国家意志的代表机关参与整个诉讼过程。即便目前规定了代表公共利益的公益诉讼制度,但这与刑事法学、行政法学中直接代表国家公共权力在具体案件中作为当事人一方还是不一样的,因为具有公益诉讼资格的检察机关在具体案件中与对方当事人处于私法意义上的平等地位。这一点与其他民事主体并没有什么区别。

或许有人会说,民事法学中民事法律关系的民事主体的民事权利与民事义务关系是否也会涉及民事法律关系中民事主体之外的第三人或国家、社会等第三方的公共利益？因而是否也会涉及第三方的权利义务关系？从理论上讲，只要承认每个人都是社会中的人，则其行为都会自然涉及第三方权益，因而民事法律行为也不应例外，即使民事法学所关涉的领域是老百姓之间的意思自治的私域。我们必须清楚的是，意思自治的私域只是相对于刑事法学、行政法学所关涉的公共领域相对而言的。只要现代国家存在，那么类似于古代江湖或桃花源那种绝对的私域是不存在的，因而私域实际上只能是相对的、有限的，国家公共意志在一定程度上总是存在的。只不过，与其他部门法学关涉的公共领域相比，民事法学的私域性是最典型的。因而，在涉及第三方权益时，民事法学也会基于民事正义作出公正合理的制度安排，比如善意取得制度、利益第三人合同制度、涉及第三方的债权债务转移制度，等等。但是与刑事法学等相比，民事法学对于所涉第三人权益的程度明显较弱，不会涉及生命或人身自由等，因而民事法律关系中除了民事主体之外的第三方的权益关注并不是民事法学的重点对象，其相关权利义务关系也就不可能处于较为重要的地位。

民事法学这种权利与义务的划分作为分析与处理社会问题的思维方式是法学学科区别于其他人文社会学的典型代表之一。我们经常说，法治与人治之区别的典型标志之一是权利本位还是义务本位。如果是法治，则应以权利为本位，若是人治，则定会以义务为本位。其实，法治与人治的主要区别是看是否通过法定权利与义务的认定与划分的普遍适用来实现可见的法理正义。而表现为德治、礼治、神治等形式的人治则往往是指通过义务的划分与承担的思维来进行统治或治理。这一点也就解释了在法理学教材中通常把"法是规定权利与义务的社会规范"①作为法与道德规范、宗教规范、习俗规范等其他社会社会规范相区别的重要特征之一。

四、民事法学的普通范畴

由于民事法学理论大厦的博大精深，所涉及的范围与领域如此宽泛，

---

① 张文显：《法理学》(第五版)，北京：高等教育出版社 2018 年版，第 74 页。

其所研究的对象涉及现代社会人们生活工作学习等方方面面,是无所不包的"社会生活的百科全书",因而民事法学的普通范畴比其他部门法学也要多得多。因而,限于篇幅所限,本文不打算对民事法学的普通范畴进行——例举并进行讨论,而仅就几大类进行简要的探讨。

在民法总论部分,一是民法基本理论方面的,这包括关于民法的理论概述,如民法、民法的调整对象、民法的性质、民法的本位、民法的渊源、民法的效力等;还包括民法基本原则方面的,比如平等、自愿、诚实信用、禁止权利滥用、公平、公序良俗以及绿色等原则;还有民事法律关系方面的,如民事法律关系、民事法律关系的要素、民事法律事实、民事责任等,以及作为基本范畴的民事权利与民事义务与民事义务等。二是民事法律关系主体方面的,包括关于自然人、监护、宣告失踪、宣告死亡、个体工商户、农村承包经营户、法人及非法人组织方面的。三是民事法律关系客体方面的,如物、有价证券、智力成果、信息等。四是民事法律关系变动方面,如民事法律行为、成立与生效、分类及效力,代理,诉讼时效,除斥期间与期限等。

在物权部分,主要包括物权、所有权、共有、用益物权、担保物权、占有等方面的。其中所有权主要有国家所有权、集体所有权等,业主的建筑物区分所有权以及相邻关系中的一些权利等;共有主要包括按份共有、共同共有及准共有等;用益物权包括土地承包经营权、建设用地使用权、宅基地使用权、地役权等;担保物权包括抵押权、质权、留置权等;占有主要是关于占有的效力、占有的取得和消灭等。

在债权部分,一是关于债权基本理论的,如债、债的要素、债的发生原因、种类之债、货币之债、利息之债、选择之债、连带之债、债的履行、债的担保、债的保全、债的转移与消灭等;二是关于合同方面的,如合同、合同的订立、双务合同履行中的抗辩权、合同的变更与解除、缔约过失责任与违约责任、各种典型合同(主要包括买卖,供用电、水、气、热力,赠与、借款、租赁、融资租赁、承揽、建设工程、运输、保管、仓储、委托、行纪、居间、技术等合同)、无因管理之债、不当得利之债等。

在继承权部分,主要包括继承权,继承法基本原则,继承权的接受、放弃、丧失与保护，法定继承，遗嘱继承、遗赠与遗赠扶养协议，遗产的处理等方面的。其中法定继承包括法定继承人、代位继承等。

在人身权部分，主要包括人身权、人格权、身份权等范畴。其中人格权主要包括生命权、健康权、身体权、姓名权与名称权、肖像权、名誉权、信用权、自由权、贞操权及一般人格权等；身份权主要是荣誉权等。

在侵权责任部分，主要包括侵权责任、侵权行为的归责、一般侵权行为的构成要件、侵害财产权与人身权的行为、侵权责任方式与侵权责任的承担、数人侵权行为与责任及各类具体侵权责任等方面的范畴。其中侵权行为归责原则有过错责任原则、无过错责任原则等；一般侵权行为的构成要件主要是行为、损害事实、因果关系、过错等；侵害财产权与人身权行为方面有侵害财产权的行为，侵害生命权、健康权与身体权的行为，侵害姓名权与名称权的行为，侵害肖像权的行为，侵害名誉权与信用权的行为，侵害隐私权与自由权的行为，侵害贞操权的行为，侵害一般人格权与荣誉权的行为等；侵权责任方式与侵权责任的承担方面主要有侵权责任方式、侵权损害赔偿责任、财产损害赔偿与人身损害赔偿、精神损害赔偿、侵权责任的免责事由等；数人侵权行为及责任方面主要有数人侵权行为、共同侵权行为与责任、教唆行为、帮助行为、共同危险行为及无意思联络的数人侵权行为等；在各类具体侵权责任中，主要有职务侵权行为及责任、产品责任、高度危险责任、环境污染责任、施工致人损害的侵权行为、物件损害责任、饲养动物损害责任、监护责任人责任、医疗损害责任、道路交通事故责任、违反安全保障义务的责任、校园伤害责任、完全民事行为能力人暂时丧失意识侵权责任以及网络侵权责任等。

除此之外，若从广义民事法学角度，还应包括婚姻与家庭法学、收养法以及作为特殊民事法学的商事法学中诸多的普通范畴。限于篇幅，本文就不再一一赘述。这些众多的普通范畴就如同建筑中的一片片普通的砖瓦，建起了庞大复杂而系统的民事法学范畴理论体系大厦，也为整个民事法学理论体系大厦奠定了坚实基础和前提条件。

第八章

生态环境资源法学范畴及其体系

第一节　引言

近些年来,随着来自环境、资源及生态方面的压力和威胁日益加剧,人们日益认识到资源有效利用、环境保护及生态文明的紧迫性和重要性。不论是环境法学,还是生态法学,都是为有效应对生态危机而诞生的。"从学理上讲,一门学科要获得其独立地位,被广为认可和接受,则应当具有自己的范畴体系和研究范式。范畴体系是一个学科的基石和材料,也是研究范式的基础和前提"①。因此,包括元范畴、基石范畴、核心范畴在内的范畴体系的构建不仅关涉到"环境法学叙事的逻辑起点",也关涉到"环境法学的价值目标和精神内核的提炼",还关涉到能否为"环境法制度构建提供学理意义上的指导"。② 然而,与民法、刑法等传统部门法相比,作为肩负维续和提升生态文明重要使命的新兴交叉学科——环境法学,人们对其元范畴、基石范畴、核心范畴是什么等基本理论尚未形成广泛共

---

① 钱继磊:"迈向法理时代的中国法学——兼与徐爱国教授商榷",《法学评论》,2018 年第 1 期。

② 史玉成:"环境法学核心范畴之重构:环境法的法权结构论",《中国法学》,2016 年第 5 期。

识,对于如何构建其范畴体系尚未引起普遍而广泛的关注和深入的讨论①。这一方面与"缘起于后现代主义的思想启蒙",如环境伦理学、生态主义法哲学等所秉持的"解构"思维对主流法理学和传统部门法的原则和制度的挑战与冲击不无关系,另一方面也与环境法自身仅有数十年的发展历史,尚处于"草创时期",其"理论建设极不完善"密切相关。② 这与环境法学在生态文明维续与提升中所肩负的重要使命极不相称,也关涉到是否作到实现其学科之独立与自主的重大学科问题。由此,对环境法学之范畴体系进行深入系统地讨论无疑具有重要理论意义、实践意义和学科意义。

就既有研究而言,学界针对环境法学范畴的讨论中,主要观点有"环境权利说""环境义务说""环境利益说"等。这些观点对于启蒙环境意识、培育环保理念、构建环保制度体系、构建环境法学理论体系等方面都发挥了重要作用,实现了我国环境法学和环保法律体系从无到有,从幼稚到相对完善与系统的历史转变。有学者认为,上述学说"由于缺乏对环境法属性和环境治理多元合作共治目标路径的宏观把握,仅仅从某一视角出发进行的学理证成,得出的结论往往失之偏颇,难以独立成为具有普遍解释力的学科核心范畴"③,因而提出了"环境法的法权"(即"环境权利和环境权力统一体")说。然而,是否就如论者史玉成教授所言,"环境权利说"仅是"一种理想图景"?"环境义务说:现实难以关照未来"?"环境利益说:

---

① 近年直接讨论环境法学范畴的文献主要有:史玉成:"环境法学核心范畴之重构:环境法的法权结构论",《中国法学》,2016 年第 5 期;胡静:"环境法本体论范畴研究",《中国政法大学学报》,2013 年第 1 期;刘卫先:"环境法学基石范畴之辨析",《中共南京市委党校学报》,2010 年第 1 期;巩固:"私权还是公益?环境法学核心范畴探析",《浙江工商大学学报》,2009 年第 6 期;秘明杰:"法律上环境权范畴的界定",《山东科技大学学报》(社会科学版),2008 年第 2 期;陈娟:"生态女性主义法哲学范畴研究——基于环境保护法视角",《中国水运》(学术版),2007 年第 7 期;朱春玉:"环境权范畴研究述评",《山西师大学报》(社会科学版),2003 年第 3 期;杜群:"我国环境与资源法范畴若干问题再探讨",《法学评论》,2001 年第 2 期;刘荣刚:"试论比较环境法学的基本范畴",西安建筑科技大学,2012 年硕士论文。
② 参见史玉成:"环境法学核心范畴之重构:环境法的法权结构论",《中国法学》,2016 年第 5 期。
③ 史玉成:"环境法学核心范畴之重构:环境法的法权结构论",《中国法学》,2016 年第 5 期。

制度建构不足"？退一步讲，即便论者的判断是准确的，那么其"环境法法权"是否就能"独自地把环境法的诸多概念、原则、制度以统一逻辑贯穿起来"，能够"对环境法诸现象给予普遍的、充分的解释"呢？再退一步讲，即便是环境法法权能够担当其此任，作为核心范畴之基础的基石范畴是什么呢？环境法学的范畴体系如何？诸如此类的问题依然需要学界进行深入广泛的对话和讨论。本文将在对既有观点进行反思剖析的基础上，从更为基本和根本的学理视野，重新回归环境法理，讨论和阐述环境法学的基石范畴、核心范畴，初步提出了环境法学的范畴体系构想，试图为进一步研究和讨论环境法学范畴体系提供更为开放的理论基础和学理依据。

第二节 "环境法学核心范畴主要观点之分析批判"之再分析

论者所提出的"环境法的法权结构论"，是建立在对既有观点的反思与剖析之上的。因此，在对这种观点进行剖析之前，我们需要先对既有观点的剖析进行重新剖析。

一、"环境权利说"仅是"一种理想图景"？

环境权利说之所以在环境法学理论研究中长期据于主流地位，与"权利本位"在我国所产生的持续而重大的影响密切相关。以环境权为内核的环境权利说不过是"权利本位"在环境法学的具体体现而已。之所以环境权能够成为环境法学的核心范畴，依据论者判断，是因为环境权"是环境法治的正当性根基"，"是对抗环境污染和环境破坏的有力武器""构成了对环境权力的平衡和制约力量"，"是环境法从传统的命令管制向现代民主治理转型的必由之路"。在对环境权说进行证成后，论者指出了其不足："环境权自身的理论分歧导致其难以在规范意义上为环境法治建设提供理论支撑""环境权有其固有的语境和功能边界,以其作为环境法学的核心范畴,客观上忽略了环境法上另一个重要的核心范畴'环境权力'""在环境法治的实证层面,环境理论并不能解释环境法领域的所有问题"①。

从上述论证逻辑可以看出,论者是基于一种实证层面的环境法治角度展开的,具有浓烈的实践情怀。这一点值得肯定。然而,论者却将实证层面的环境法治作为环境法学最为核心甚至唯一的研究维度,这就有失偏颇了。如同其他部门法学一样,环境法学应当是一门独立的学科,不仅需要具有较强的实践性和指导实践的能力,还应当具有自身的学科理论性。而理论指导实践的前提是,不能将两者混为一谈,理论与实践不能是一回事,即"'理论'与'实践'各自独立存在且各具特殊本质、功能和作用,否则它们就根本不会存在任何'关系'"②。而且,理论对于实践的指导,不应仅仅是理论上的证成或类似于操作规程式的技术规范,更应包含着理论层面的反思与批判,因此法律理论"必须与法律实践保持足够的'思想间距'",法律理论"绝不能成为过分热心的法律实践参与者、策划者甚至成为直接等同于法律实践本身"③。

而就实证层面的环境法治视角而言,环境权利说始终具有不可或缺和替代的作用。环境权利说的理论依据是权利本位,其更深层的理论则是自然法学所蕴意的对每个人的人性、人格的平等地尊重、保护和张扬。环境法治的背后是法治,而法治如果背离了自然法学所蕴意的这种对人性、人格的尊重、保护和张扬的话,则可能会蜕变为冷冰冰的法律教条或命令,可能会无意之中沦为抑制、践踏人性和文明的工具或帮凶。这也是自然法学在经过长时间的衰落而于 20 世纪中叶又再度兴起的重要原因。④ 如

---

① 参见史玉成:"环境法学核心范畴之重构:环境法的法权结构论",《中国法学》,2016 年第 5 期。
② 姚建宗:"中国语境中的法律实践概念",《中国社会科学》,2014 年第 6 期。
③ 姚建宗:"中国语境中的法律实践概念",《中国社会科学》,2014 年第 6 期。
④ 二战后经过与以 H. L. 哈特为代表新实证分析法学的长达十余年的论战,自然法学重新回到了法学思想舞台,被称为新自然法学或自然法学的复兴,主要以美国的朗·富勒、约翰·菲尼斯等为代表。

果说"法治的真谛是人权"①,那么环境法治的真谛自然应是环境权利。环境权作为新兴人权,"是保有和维护适宜人类生存繁衍的自然环境的人类权利"②。由此,环境权成为环境法学的核心范畴就成为了必然,无疑对于环境法学现代理念的确立和基本原则等具有不可替代的作用。

　　然而,论者仅仅将环境权利说视为"一种理想图景",对此学说存在严重误读。首先,环境权利说,如同"权利本位"说,主要是从法治的价值目的和使命而言的,并非意味着义务、权力等不重要,更不是不要后者,而是说,权利是第一位的,是目的,而义务、权力则是派生的,第二位的,是手段。"法律设定义务的目的在于保障权利的实现""权利的主导地位和作用存在于权利和义务的关系之中,离开义务,权利就成为一个绝对的、单纯的'异己',也就不发生,不存在权利的本位问题"。"因此权利本位说并没有割裂权利和义务的联系,而恰恰是以权利和义务的相互联系、相互作用和互为参照系为前提的"。③ 其次,环境权自身的理论分歧未必不能为环境法治提供理论支撑。关于环境权的内涵、属性、权利构造、权利形态及救济方式等学界依然有多种论点和分歧,这可能是个不争事实。然而,从学术理论层面讲,任何的理论在任何阶段可能都存在诸多分歧,因为学术理论的反思与批判是其生命力之所在,是其永不枯竭的源泉和动力。由此,倘若学术理论观点都成了千篇一律,千人一面,只有一种声音,这也就失去了学术理论的属性,反而更让人担忧,思想理论也就难以再创新和进步,社会文明进程也就离止步不前不远了。从这个角度讲,针对任何理论的观点始终应当是多元的而非唯一的,有分歧的而"非一团和气"的。由此,从这个意义上讲,理论不怕偏激,而怕平庸,怕不深刻。论者之所以有此逻辑,实质是因为混淆了理论属性与实践属性之间的差异。而实践属性则要求在众多的理论方案中如何选取更为稳妥、更适合现实需要的、可操作的一种,或对多种方案进行折中处理形成综合方案,即我们常说的

---

① 参见徐显明:"法治的真谛是人权——一种人权史的解释",《学习与探索》,2001 年第 4 期。

② 徐祥民:"环境权——人权发展历史分期的视角",《中国社会科学》,2004 年第 4 期。

③ 参见张文显:"权利本位之语义分析和意义分析——兼论社会主义法是新型的权利本位法",《中国法学》,1990 年第 4 期。

"中庸之道"①。在此意义上,理论对于现实实践的功用更多是为其提供更多的方案和版本来供其选择。由此,环境权利说自身的理论分歧恰恰可以为环境法治提供更多可能的理论支撑。再次,环境权作为环境法学的核心范畴,是否就忽略了另一个核心范畴"环境权力",这也是基于不同的视角得出的结论。如果将环境权利说视为"权利本位"观在环境法学的具体体现,如前所述,环境权利说并非是忽略的"环境权力",而从法律的正当性目的而言,维序、保障和扩展环境权利是环境法学和环境法的目的和使命,环境权力只能是为了实现其目的和使命的手段而已,不具有同等层面的价值位次。简言之,环境权利说是说,环境权力不应当与环境权利属于同等位次的核心范畴,而只能属于更低层次的范畴而已。最后,环境权理论的确不能解释环境法领域所有的问题,但其他任何理论也无法实现这一点。如前所述,寄希望于一种理论观点一劳永逸地解决所有问题是不可能的,即任何的理论观点的有效性和解释力都是有其限度的。这不仅与理论自身的固有缺陷有关,也与我们所处的复杂开放的现代社会始终处于变动不居的状态之中不无关系。由此,用一成不变的眼光来看待环境权利说有失偏颇,也不公平。它并非始终"脱离了中国环境法治实践图景而只能成为一种理论上的'理想图景'",而是在中国环境法学建立初期以及中国环境保护的意识和理念的树立过程中的作用不可替代,对环保立法、司法等方面也发挥了重要的理论指引作用。

二、"环境义务说"真的"现实难以关照未来"?

针对环境权利说自身之不足,有人提出了"环境义务本位""环境义务重心"等以环境义务为环境法学核心范畴的论点,成为一个颇有影响力的

---

① 《中庸》道:"喜怒哀乐之末发,谓之中;发而皆中节,谓之和。中也者,天下之大本也;和也者,天下之达道也"。中庸多指一种不偏不倚,折中调和的处世态度。《大学·中庸》,李春尧译注,长沙:岳麓书社 2015 年版,第 49 页。

流派①。此观点否定以环境权作为环境法学核心范畴或者说唯一的核心范畴,而是倡导环境义务才是重心,应作为环境法的核心范畴。论者对此流派的论证要点进行了梳理,理据是:"环境资源和生态功能是有极限的,环境问题产生的根源,是人类无限索取与有限的环境资源之间的矛盾引发的;解决环境问题的根本办法,就是对人类的活动进行适当的限制,平衡需求与供给之间的矛盾""环境权这个论题中的权利和义务是不对称的,具体而言,环境权利所指向的环境是整体的、综合的,权利主体是不特定的多数人甚至全人类的整体权利;而义务所指向的环境都是局部的、单项的,义务主体只能对环境的某个局部、某种因素或对维护环境的某种质量负责,而无法对整体的环境负责""环境义务并不反对环境权,而是认为环境权无法具体化为公民个人的权利"。②论者进而指出,此"环境义务论"仍然有其自身的逻辑缺陷:"其立论基础仍然不脱'权利-义务'的传统法理学分析范式,对公权力机构所行使的环境权力的合理配置与运行。即'权力-职责'这一重要进路则在很大程度上被遮蔽其中或者忽略了""义务论者往往把环境义务的重心先验地设定在私主体,主张通过限制私主体的环境行为、消解环境损害、履行环境责任等途径达到环境保护的目的""义务论者虽然并不否定环境权,但从其论证逻辑分析,以整体性权利与个人性义务的不对称,对面临发展困境的环境权往往采取回避态度,有任其束之高阁的易位,实质上是对环境权进路的否定"。③

其实,在法学界与"权利本位"进行展开激烈论辩的是"义务先定论"。这种观点从权利的实现角度认为只有先设定并履行相应义务,权利的实

---

① 此观点以徐祥民、刘卫先、顾爱平等为代表,参见徐祥民、张红杰:"生态文明时代的法律",《南京大学法律评论》,2010 年第 1 期;徐祥民:"对'公民环境权论'的几点疑问",《中国法学》,2004 年第 2 期;徐祥民:"从全球视野看环境法的本位",《环境资源法论丛》,2003 年第 00 期;徐祥民:"极限与分配——再论环境法的本位",《中国人口资源与环境》,2003 年第 4 期;徐祥民:"荀子的'分'与环境法的本位",《当代法学》,2002 年第 12 期;顾爱平:"权利本位抑或义务本位——环境保护立法理念之重构",《苏州大学学报》(哲学社会科学版),2010 年第 6 期;刘卫先:"从'环境权'的司法实践看环境法的义务本位——以'菲律宾儿童案'为例",《浙江社会科学》,2011 年第 4 期。
② 史玉成:"环境法学核心范畴之重构:环境法的法权结构论",《中国法学》,2016 年第 5 期。
③ 史玉成:"环境法学核心范畴之重构:环境法的法权结构论",《中国法学》,2016 年第 5 期。

现才成为可能,由此,权利与义务之间的关系,应当是"义务先定",义务应当是法律的"重心"。① 环境法学界提出的以"环境义务本位"为内核的环境义务论也受到了这一观点的影响。前面论者所指出的"环境义务本位"论学者所秉持的"权利-义务"分析范式就是明显的佐证。由此,与环境权利论相似,环境义务论自然也会将权力等范畴视为权利或义务核心范畴的组成部分,或者是其下一级的范畴,而非对权力等范畴的视而不见或有意遮蔽。也正是环境义务说只是对环境权利理论的"纠偏",所以两者并非完全否定对方,而是强调谁为更核心、更根本的概念范畴,因为双方都清楚权利与义务之间是无法完全割裂对方而自己单独存在的。也正是因为此,如果说环境权利说是一种"理想图景",那么环境义务说又何尝不是呢? 那么又是在何种意义上讲环境义务说乃"现实难以关照未来呢"?

另外,论者认为"义务论者往往把环境义务的重心先验地设定在私主体,主张通过限制私主体的环境行为、消解环境损害、履行环境责任等途径达到环境保护的目的",这同样存在对环境义务论的误读。因为环境义务论者同环境权利论者一样,将义务主体进行了一般化处理,即个人层面的义务是最底层面、最一般、最普遍的,这并非忽视了作为特殊义务主体的权力主体。由此,此处的义务主体绝不是论者所理解的私主体,而是包括在公主体即权力主体在内的所有义务主体。而且,从环境义务论者基于环境资源有限性与人类需求无限性之矛盾这样的分析理路恰恰带有古典经济学的功利主义的元素,更谈不上是"先验"推理。况且,一方面被界定为"先验"的,另一方面又认为是"现实"的(否则就不会说"现实难以关照未来"了),两者逻辑上也存在不可调和的冲突。

三、"环境利益说"仅是"制度构建的不足"?

环境利益说是出现相对较晚的观点,认为环境权利也好,环境义务也

①　此观点颇具代表性的是张恒山,参见张恒山:"论法以义务为重心——兼评'权利本位说'",《中国法学》,1990 年第 5 期;张恒山:"法的重心何在? ——评'权利本位'说",《政治与法律》,1989 年第 1 期。

罢,其实质上是环境利益,由此环境法学的核心范畴应当是环境利益,其中又有"环境公共利益论"[①]和"环境区分利益论"[②]。环境利益说认为环境利益在本身上是法益而非权利,法益无法成为法律上的权利,因此"在环境法理论研究中,应当以环境利益作为逻辑起点;在环境法制度建设中,应当围绕环境利益的保护、增进和分配进行制度设计"[③]。论者认为,这一观点依然有以下不足:"概念的内涵和外延不一";"对环境利益保护手段,'环境公共利益论'主张通过政府公权力主导、公众履行环境义务、参与环境事务等途径得以实现……'环境区分利益'论则不大关注权利义务或权力职责的配置",因而均缺乏有效手段和途径;"忽略甚至否定实体性环境权利"[④]。

应该说论者看到了环境利益论所存在的主要问题,却并未对其背后的理论依据和逻辑前设进行更为深入的剖析。可以说环境利益说与利益法学思想不无关系。某种意义上讲,利益概念本身可被视为经济思想文化时代的产物。"利益法学"的概念最早由德国的菲利普·赫克教授于1905年在《利益法学与对法律的忠实》一文提出,是社会法学的一个分支流派,其核心思想是,利益是法律的产生之源,利益决定着法律规则的创建,利益以及对利益的衡量是制定法律规则的基本要素,法律是"保护利益"的手段。他们主张,法律规则"不仅仅界定利益,而是同其他活性规则一样本身就是利益的产物"[⑤]。不过此处所强调的利益是广义的,"不仅包含了物质利益,还包含了伦理的、道德的、宗教的、公平的以及诸如此类的利益"[⑥]。耶林也认为,不论是私法还是公法都要保护个人利益,但是

---

① 参见巩固:"私权还是公益?环境法学核心范畴探析",《浙江工商大学学报》,2009年第6期。
② 参见陈德敏、杜健勋:"环境利益分配:环境法学的规范性关怀——环境利益分配与公民社会基础的环境法学辩证",《时代法学》,2010年第5期;杜健勋:"从权利到利益:一个环境法基本概念的法律框架",《上海交通大学学报》(哲学社会科学版),2012年第4期。
③ 史玉成:"环境法学核心范畴之重构:环境法的法权结构论",《中国法学》,2016年第5期。
④ 参见史玉成:"环境法学核心范畴之重构:环境法的法权结构论",《中国法学》,2016年第5期。
⑤ Karl Larenz, *Methodenlehre der Rechtswissenschaft*, 5. Auflage, Berlin: Springer—Verlag, 1983, S. 50 - 51。
⑥ 吕世伦:《法理的积淀与变迁》,北京:法律出版社2001年版,第553页,转引自杜江、邹国勇:"德国'利益法学'思潮述评",《法学论坛》,2013年第6期。

人类不能仅限于个体的存在,个人还要为了永久的目的而结成共同体进行社会生活,因而法律的目的就在于保护社会利益,社会利益是法律的创造者,是法律唯一的根源。① 而权利只是"在法律上受到保护的利益",权利就是由受到法律保护的一种利益,所有的利益并不都是权利,只有为法律所承认和保障的利益才是权利。② 而庞德在直接吸收耶林思想基础上,将利益分为个人利益、公共利益和社会利益三类,个人利益将被归入社会利益之下,并在社会利益之下被权衡和得以保护。③

相比较而言,环境利益论所主张的利益应该是相对狭义的,然而尽管如此,依然无法摆脱利益法学自身所固有的不足,即利益价值衡量标准的模糊性。从早期的功利主义论者提出的"最大多数人的最大多数"④幸福或利益衡量标准到庞德的"并不是指个人的德行,也不是指人们之间的理想关系。它意味着一种体制,一种关系的调整和行为的安排,它能使生活物资和满足人类对享有某些东西和作某些事情的各种要求的手段,能在最小阻碍和浪费的条件下尽可能多地给以满足"⑤的正义尺度,依然无法解决这一核心问题,甚至可能无意之中将人类社会推入到专制的泥潭。由此,本文认为,环境利益说问题的核心不在于制度构建问题,而在于其自身难以解决的深层次理论问题。

综上,史玉成教授虽然对环境法学核心范畴的既有观点进行了较为系统的梳理和分析,但是对环境权利说和义务权利说存在着误读,且因多站在环境法学的实践属性视角来展开,使得对其反思与剖析依然不能摆脱既有的不足,对于环境利益说的反思则更多居于表层,没有看到其理论脉络深层的固有不足,因而深刻性不够。更进一步讲,论者的分析没有看

---

① Munroe Smith, *Four German Jurists*: *Bruns*, *Windscheid*, *Jhering*, *Gneist*, *in the General View of European Legal History*, New York, AMS press, Inc., 1967, p.138.
② 参见[德]耶林:《罗马法的精神》,转引自[英]韦恩·莫里森:《法理学》,李桂林等译,武汉:武汉大学出版社 2003 年版,第 244—247 页。
③ 参见[美]罗斯科·庞德:《法理学》(第三卷),廖德宇译,北京:法律出版社 2006 年版,第 250—251 页。
④ [英]约翰·密尔:《功利主义》,徐大建译,上海:上海世纪出版集团 2008 年版,第 12 页。
⑤ [美]罗斯科·庞德:《通过法律的社会控制》,沈宗灵译,北京:商务印书馆 2010 年版,第 39 页。

到环境法学除了其实践属性外,还具有理论属性的一面,缺乏从一种理论属性对环境法学之核心范畴展开的深刻的分析。更为要害的是,他没有从环境法学范畴体系的整体性出发,指出既有观点核心范畴一元论这一理论前设。

第三节　环境法的法权结构论之剖析

为了弥补和克服既有观点的不足,史玉成教授提出了环境法法权论。新"法权"理论是童之伟教授于 20 世纪 90 年代在对过去"法权"概念变迁进行梳理的基础上针对权利义务基本范畴的反思与批判后提出来的,意指权利和权力的统一体,"提出以权利权力为最重要法现象的法权中心说,直接目的是要纠权利义务中心说之'偏'"[①],法权应当成为法理学的基本范畴(独立分析单元)。后来,童之伟又进一步补充和论证,"法治之法、社会主义之法应当以法权为中心,寻求法权的最大化。法权中心的社会内容是整体利益中心,谋求整体利益最大化,而其财产内容则是财产(财富)总量中心,谋求财产总量最大化、经济效率最大化(或成本最小化)"[②]。而且,"法权中心的猜想与平衡论的内容有根本区别""法权中心不同于'社会本位'""法权中心与制约权力、保障权利的现实需求是和谐一致的"[③]。限于论旨及篇幅,本文不打算对其本身进行系统深入分析。然而由上却可看出,此"法权"概念是基于对法现象分析而提出来的,其实质依然是强调利益,与利益法学不无关系。

环境法法权论正是在童之伟的法权论基础上提出来的,认为"环境权利和环境权力是环境法的'元概念'""环境法律关系的两重性(即横向上的平权型法律关系和纵向上的隶属型法律关系)决定了权利机制和权力

---

① 童之伟:"以'法权'为中心系统解释法现象的构想",《现代法学》,2000 年第 2 期。
② 童之伟:"法权中心的猜想与证明——兼答刘旺洪教授",《中国法学》,2001 年第 6 期
③ 童之伟:"法权中心说补论——对刘旺洪、范忠信两教授商榷意见的进一步回应",《法商研究》2002 年第 1 期。

机制不可偏废""'环境法法权'范畴对环境法诸现象具有普遍解释力和统合力"①,并在此基础上对环境法的法权结构进行了分析,指出"环境法的法权结构,不是对某一类型的具体环境权利或环境权力的研究,而是基于整体主义视角,对环境法所要保障和规范的各种权利和权力按照属性、主客体要素、权利实现路径等不同的标准进行分类整合,甚至是相互冲突的,同质与不同质的环境权利、环境权力相互联系而成为有机统一体"②。那么什么可以有此强大的功能,得以完成上述使命呢?论者引入了"法益"理论,并进行广义理解,即法益既"包含权利,也包含权利之外其他应当受法律保护的正当利益"③,之后在法益分析视角下对环境法的法权结构进行了分析,认为"环境法法权的基础:环境利益(包括生态利益和资源利益)""环境利益的法律实现路径:环境权利机制和环境权力机制""环境权利、环境权力在内外部均形成相互制衡、相互配合的关系"④。

由上可见,法益理论在其环境法权结构中具有重要地位,然颇为费解的是,论者一方面强调法益应当作广义理解,即包含权利及权利之外的其他应当受到法律保护的正当利益,另一方面却在环境法学中将法益视角环境利益解读为生态利益和资源利益的环境利益。前者是生态价值的体现,是一种精神利益;后者是其经济价值的体现,是一种物质利益。显然,前面所限定的法益与后面所讨论的环境利益两者并非一回事,且存在着冲突和矛盾。由此,法益理论能否担当起环境法法权结构构架之重任似乎让人怀疑。

法益理论最早由德国刑法学家宾丁于 1872 年提出,其目的是为了对抗和制衡国家权力的滥用,"自由主义始终是法益概念的精神内核"⑤。然而,法益理论把法益简单表述为刑法保护的公共生活利益,却始终未能

---

① 参见史玉成:"环境法学核心范畴之重构:环境法的法权结构论",《中国法学》,2016 年第 5 期。
② 史玉成:"环境法学核心范畴之重构:环境法的法权结构论",《中国法学》,2016 年第 5 期。
③ 史玉成:"环境法学核心范畴之重构:环境法的法权结构论",《中国法学》,2016 年第 5 期。
④ 参见史玉成:"环境法学核心范畴之重构:环境法的法权结构论",《中国法学》,2016 年第 5 期。
⑤ 苏青:"法益理论的发展源流及其启示",《法律科学》,2011 年第 3 期。

给出法益理论的实质定义。① 而共同生活利益这一概念笼统,"意义颇为模糊"②,无法回答"何以把某些利益评价为刑法上的法益、法益到底是前实定刑法的实体概念还是实定刑法的规范概念"③。从近年来的发展趋势看,"法益概念越发模糊,抽象化、功能化、非人本化凸显,致使法益地位日趋下降"④。从其所发挥的功能角度看,"'法益'不过是在评价一种行为是否需要被规定为犯罪的一种价值观念的反映,起着价值引导的作用,但它本身并不是一种事实,也不能成为特定的规范内容。'法益'理论知识用来解释立法根据的一种理论性表达和一种体现刑法价值的标记性符号,它并没有提供新的知识信息和理论价值"⑤。法益理论在民法、知识产权法等部门法中也被关注和讨论。在环境法学界,也有学者主张"通过对环境利益的独立及其特征的论述阐明环境法产生的根本原因和环境法存在的充足理由",提出"从环境法法益主体和环境法法益内容的角度对环境法性质进行再思考"⑥。颇有意思的是,史玉成教授只是对法益理论进行了简要的知识性梳理与介绍,却对上述对法益理论的反思与批判并没有任何提及,且对其有效的限度也没有被理论界定与讨论,自然也就无法有效回应和解决法益理论存在的不足。这可能使得法益作为环境法法权结构的分析视角的有效性和解释力大打折扣。

退一步讲,将环境权利与环境权力视为统一体的环境法权无法摆脱法权作为法学核心范畴自身具有的问题。其实,对于其所存在的问题,已有学者从概念的来源和法律的内容等方面进行了反思和批判,这一概念范畴不仅无法区分两者之间谁是派生的,无法区分谁是第一性、谁是第二

① 张明楷:《法益初论》,北京:中国政法大学出版社 2000 年版,第 47 页。
② 刘四新、郭自立:"法益是什么——法经济学与法社会学的解答",《浙江大学学报》(人文社会科学版),2008 年第 6 期。
③ [德]G. 雅各布斯:"刑法保护什么:法益还是规范适用?",王世洲译,《比较法研究》,2004 年第 1 期。
④ 张凯:"法益嬗变的困境与坚守",《中国刑事法杂志》,2017 年第 2 期。
⑤ 杨兴培:"中国刑法领域'法益理论'的深度思考及商榷",《法学》,2015 年第 9 期。
⑥ 廖华、孙林:"论环境法法益:对环境法基础的再认识",《中南民族大学学报》(人文社会科学版),2009 年第 6 期。

性的，谁是目的、谁是手段，"法理学的核心范畴应当是具有普遍性、高度抽象性和简洁性的'元概念'"，而且权利与权力这样一对矛盾范畴不存在普适性。① 即便是承认环境权利与环境权力可以作为环境法学的核心范畴，然而环境权利对应的是环境义务，环境权力自身又分为环境职权和环境职责，缺乏环境义务和环境职责作为核心范畴的环境法学是无法形成对应关系的。如果说可以忽略环境权利与环境权力之间的派生关系，那么作为环境权利之派生性的环境义务则同样不能被无视。就环境权力而言，为了环境权利得到更好的保障，与其强调环境权力的职权一面，还不如强调其环境职责一面更有效。进一步讲，如果将权利与权力视为统一体，则意味着权利与权力之间永远是和谐相处的，这样就有意无意地遮蔽了这样一个被过去的理论和实践经验反复证实的问题，即权利与权力之间存在着必要的张力，这是因为权力自身始终有自我膨胀的欲望与属性，它既可以对权利提供必要的保障，即必要的恶，同时也可能构成对权利的严重威胁，即危险的善。如果无视两者之间的紧张，而将其视为永远处于和谐共处的状态，要么是无知，要么是说谎。这也是权利本位之所以将权利是核心范畴乃至基石范畴的重要理论依据和原因。这样，以"环境法法权"作为环境法学的核心范畴，是否"可以有效整合环境法学领域有关环境权利和环境义务、环境利益、环境责任等基本范畴的各自表述，从而对环境法诸现象提供具有普遍解释力的理论命题"②也就不是不可以商榷的了。就环境合作共治的"现代环境法治"而言，即便是共治，不同参与者在其中所起到的作用是不一样的，也不能混淆或模糊了作为权力主体的政府机关部门与作为权利主体的个人之间的权属性的巨大差异，两者之间的派生关系、目的与手段之别依然存在。

从更深层次讲，论者之所以将环境法法权作为环境法学的核心范畴，还在于他忽视了环境法学是兼具实践属性和理论属性一门部门法学学

① 参见刘旺洪、张智灵："论法理学的核心范畴和基本范畴"，《南京大学法律评论》，2000 年第 1 期。
② 史玉成："环境法学核心范畴之重构：环境法的法权结构论"，《中国法学》，2016 年第 5 期。

科,而不仅仅是法教义学意义下的环境法①,也不仅仅是社会治理意义下的环境政策②。这就意味着环境法学的基本原理和原则不仅应具有作为自身独立学科的个殊属性,而且还应当具有所有法学学科所共同具有一般属性。而法理学是具有高度普遍性和概括性的学科,是包括环境法学在内的一切部门法学基本原理的逻辑起点和方法论。因此,就独立的部门法学学科——环境法学而言,作为环境法学基本理论之基石的核心范畴(更准确地讲,应当是基石范畴)本应当在法理学与环境法学之间担当起桥梁和纽带作用的。有学者认为,"由权利直接产生并成为法律某一领域的基础的范畴'对子'是法理学的基本范畴,这就是:权利与义务是私法的基本范畴,职权与职责是国家法的基本范畴,而权利与权力则是整合市民社会与政治国家的基本范畴"③。尽管本文对于将权利视为法理学的基本范畴的论点并不认同,此论题将在下文详述,但这至少说明,作为权利权力统一体的法权是无法起到统领法学的作用的。作为环境法学基本范畴的环境法法权显然也无法发挥环境法学与法理学之间的桥梁和纽带作用。

此外,如果仅仅讨论环境法学的核心范畴,在对构建系统的环境法学基本理论进而证成环境法学的独立性有多大助益,也是值得商榷的。因为环境法学作为法学的一个分支学科,应当与法理学的基本理论、范畴体

---

① "法教义学"是来自德国法学界的一个概念,"不是一个学科,不是一个学派,而是一种研究立场,体现的是一种研究方法",在宽泛意义上,它与狭义的法学、实定法学、法律学、法解释学等类似,根据罗伯特·阿列克西的总结,包括三层内涵:对现行有效法律的描述、对法律之概念-体系的研究、提出解决法律案件的建议。法教义学在德国法学史上曾受到严厉的批判,在中国与其类似的"法条主义""注释法学"也曾受到众多质疑与批判,甚至引发了法教义学与社科法学激烈论争。参见[德]罗伯特·阿列克西:《法律论证理论》,舒国滢译,北京:法制出版社2002年版,第311页;焦宝乾:"法教义学在中国——一个学术史的概览",《法治研究》,2016年第3期。
② 严格意义上讲,社会治理是管理学的概念,与社会管理相对应,是指政府、社会组织、企事业单位、社区以及个人等多种主体通过平等的合作、对话、协商、沟通等方式,依法对社会事务、社会组织和社会生活进行引导和规范,最终实现公共利益最大化的过程。史玉成教授所倡导的环境合作共治理念就是在社会治理层面上讲的,与作为独立部门法学学科的环境法学思维方式有很大差异。
③ 刘旺洪、张智灵:"论法理学的核心范畴和基本范畴",《南京大学法律评论》,2000年第1期。

系相通约,并在此基础上构建其自己的范畴体系。这就需要我们分清楚在范畴体系中不同范畴所起的作用,进而形成一个符合逻辑、分工协调、有机统一的范畴体系。而史玉成教授仅关注环境法学的核心范畴,而对于更为基础的和关键的前提性范畴——基石范畴没有关注,对于环境法学的核心范畴和基石范畴的关系也没有提及,更没有关注环境法学的范畴体系问题。对于环境法学的基石范畴及范畴体系论题,本文将在下文详述,于此不赘。简言之,显然,仅仅限于讨论核心范畴是无法很好地完成这一使命的。

综上,史玉成教授所提出的环境法法权核心范畴对推进我国环境法学理论研究具有颇为重要的启示,引发出颇为关键却缺乏关注的理论问题,也对环境保护与治理具有较好指导作用。但是,与史教授所分析的其他核心范畴论类似,他的环境法法权核心范畴论依然无法摆脱其他论者的类似困境,依然是一元论核心范畴观,也难以达致其所预期的目的。近年来,关注法理,回归法理在学界引起极大反响和讨论,"随着'法理'成为法理学的中心主题和中国法学的共同关注,成为法治中国的精神内涵,中国法学必将迎来法理时代"[①]。由此,我们必须将环境法学置于整个法学学科之中,不仅要考虑到其作为法学一个分支所应具有共同属性,也要考虑到其作为独立部门法学的个殊属性,不仅要考虑到其较强的实践属性,也要考虑到其学科的理论属性,回归环境法学之法理,探寻法理,以法理为引领,从更开放和系统的维度来讨论环境法学的范畴体系。

第四节　环境法学的基石范畴

在讨论环境法学范畴体系之前,有必要对范畴及范畴体系自身要素进行简要分析。范畴是一个哲学意义上的概念,反映事物本质属性和普遍联系性,在哲学中常用于对所有存在的最广义的分类,譬如爱奥尼亚哲

---

① 张文显:"法理:法理学的中心主题和法学的共同关注",《清华法学》,2017 年第 4 期。

学以物质基本元素为范畴,柏拉图区分了五种范畴,康德则把范畴作为先天的理性。在我国,范畴源于《尚书》中的"洪范九畴"①,其中第一畴即是我们所熟知的"五行"。近年来学界对法学范畴(包括法理学范畴和部门分法学范畴)的研究成果颇丰②,但是较早地将范畴及范畴体系引入法学并进行系统研究当属张文显教授。在其《法哲学范畴研究》一书中,他从范畴与概念、范畴与认识、范畴与实践、范畴与理论以及范畴的特性、范畴与范畴体系的关系方面进行了系统而详尽的词义和语义分析,并对范畴及范畴体系的发展和建构进行了梳理和阐释③。值得提出的是,该书对法学范畴及范畴体系理论进行了开创性阐释,指出"法学范畴体系是一系列个别范畴的有机集合",并对马克思主义法学范畴体系进行了不同层面的类分,如"与法学部门的划分相适应,法学范畴体系可以分为宪法学范畴、民法学范畴、刑法学范畴……"④;"从范畴的类型看,法学范畴体系由法的本体论范畴、进化论范畴、运行论范畴、主体论范畴……"⑤;"从范畴的层次看,在法学范畴体系内部,由于各个范畴反映法律现象的深度、广

---

① "鲧则殛死,禹乃嗣兴,天乃锡禹'洪范'九畴,彝伦攸叙"。《尚书·洪范》。
② 法学理论界主要有:谢晖:《法学范畴的矛盾辨思》,济南:山东人民出版社 1999 年版;童之伟:"论法学的核心范畴和基本范畴",《法学》,1999 年第 6 期;陈金钊:"论法学的核心范畴",《法学评论》,2000 年第 2 期;杜承铭:"论作为法学范畴的自由",《法商研究》,2000 年第 1 期。刑法学界主要有:曲新久:"试论刑法的基本范畴",《法学研究》,1991 年第 1 期;陈兴良:"论刑法哲学的价值内容和范畴体系",《法学研究》,1992 年第 2 期;李永升:《刑法学基本范畴研究》,北京:中国检察出版社 2011 年版;牛克乾:"反思我国刑法解释的范畴及其体系——以刑法解释的效力层次为视角",《政治与法律》,2004 年第 3 期;刘艳红:"犯罪论体系:范畴论抑或目的论",《中国法学》,2008 年第 1 期;王燕飞:"'社会敌意'犯罪学范畴体系中的整体论思考",《湖南大学学报》(社会科学版),2013 年第 4 期;"岳臣忠:"犯罪论的范畴体系",《西部法学评论》,2014 年第 3 期等;袁林:《以人为本与刑法解释范式的创新研究》,北京:法律出版社 2010 年版。民法学界主要有:申卫星:《民法基本范畴研究》,北京:法律出版社 2015 年版。社会法学界主要有:李炳安:"社会法范畴初论",《福建政法管理干部学院学报》,2007 年第 3 期;李蕊、丛晓峰:"历史视角下的社会法范畴",《北京科技大学学报》(社会科学版),2007 年第 2 期;唐鑿秋、李健:"社会法范畴和体系探究——以社会法立法为视角",《当代法学》,2008 年第 2 期;杨奎臣、覃业庭等:"公共文化服务立法基本问题定位:社会法范畴与促进模式",《云南行政学院学报》,2013 年第 1 期。
③ 参见张文显:《法哲学范畴研究》,北京:中国政法大学出版社 2001 年版,第 2—11 页。
④ 张文显:《法哲学范畴研究》,北京:中国政法大学出版社 2001 年版,第 12—13 页。
⑤ 张文显:《法哲学范畴研究》,北京:中国政法大学出版社 2001 年版,第 13 页。

度以及科学抽象化程度的差别,亦即由于范畴包容的知识量和结构量的差别,可以划分为普通范畴、基本范畴、中心范畴和基石范畴"①。尤其是其最后一种对范畴的类分以及对法学范畴体系内部各层次范畴之间的定位及功用的精辟阐释,对法学理论体系的深入研究具有积极引领作用,产生了持久影响。尽管对其范畴体系中各范畴的具体内容有不同观点,但是这种逻辑严密的法学范畴及范畴体系的研究方法却值得我们学习和借鉴。张文显教授认为,普通范畴是对法律现象的某个具体侧面、某种具体联系、某一具体过程的比较简单的抽象,属于初级范畴,因而在部门法学中大量存在;基本范畴是以法律现象的总体为背景,对法律现象的基本环节、基本过程或初级本质的抽象,属于法学理论的基本概念;中心范畴是对法律现象总体的普遍联系、普遍本质、一般规律的高度抽象,在法学范畴体系中属于核心范畴;基石范畴则是中心范畴的主导范畴,它构成了整个法学范畴体系的逻辑起点和基石,并进而构成了法学理论体系的基石。② 由此,基石范畴是整个法学范畴体系的"基石、压舱石和定盘星,是最具核心和概括性的范畴,是整个范畴体系的逻辑起点"③。此外,基石范畴还应当是整个法学联系其他学科如伦理学、社会学、政治学、宗教学、哲学等并与其开展对话与交流的桥梁与纽带,是能够与其他学科产生最普遍共识的载体,是其他价值理念可能进入法学学科的入口和通道④。因此,对法学基石范畴的讨论不仅必要,且是最为基础和关键性的了。

对于环境法学而言,其核心范畴之基础与前提性范畴,也应当是其基石范畴。环境法学的基石范畴不仅是对环境法学的"基石、压舱石、定盘星",是环境法学中最具核心和概括性的范畴,是整个环境法学范畴体系的逻辑起点,对整个环境法学学科起到主导、引领和高度概括作用,而且还应当是环境法学与整个法学,尤其是法理学甚至伦理学等其他学科之

---

① 张文显:《法哲学范畴研究》,北京:中国政法大学出版社2001年版,第14页。
② 参见张文显:《法哲学范畴研究》,北京:中国政法大学出版社2001年版,第14—15页。
③ 钱继磊:"迈向法理时代的中国法学——兼与徐爱国教授商榷",《法学评论》,2018年第1期。
④ 对于正义作为法理学基石范畴与其他人文学科和社会学科之间所具有的纽带和桥梁作用的论述,详见钱继磊:"迈向法理时代的中国法学——兼与徐爱国教授商榷",《法学评论》,2018年第1期。

间相联系沟通的载体、纽带和桥梁。接下来的问题是,环境法学的基石范畴应当是什么呢? 前面学者们所提出环境法学的核心范畴——环境权利说、环境义务说、环境利益说或环境法法权说能否担当此任呢?

首先,环境权利说之环境权利不可能成为环境法学的基石范畴。环境权利说是在我国最早出现且影响最大的一种观点,其理论依据来源于法理学界的权利本位说,对此史玉成教授已经进行了详尽梳理和阐释,并对其作为环境法学的核心范畴之缺陷进行了剖析①。然而,遗憾的是,史教授对此观点的分析不仅对权利本位说存在着误解,更是没有看到环境权利说背后的深层矛盾,即权利被认定为既是法学和法哲学的基石范畴,同时也与义务一起属于中心范畴,从而导致权利的定位不清晰,导致逻辑上的不严密。因为彼此所论争的权利到底是在基石范畴意义上讲的,还是在中心范畴或者核心范畴来讲的,容易存在逻辑上的混乱。尽管权利看起来不仅是法哲学的范畴,还是所有部门法学的范畴,不仅有应有权利、习惯权利,还有法定权利和实有权利之分,但是更多意义上是却在部门法学意义上制定法层面来使用的,即通过法律规范分配、实现和修复权利与义务来"定争止纷",维续社会秩序。而在部门法学,制定法意义上的权利一定是和义务共同作用才能发挥其功能的,所以权利与义务两者处于同一层面,两者之间具有数量上等值、功能上互补等关系。而价值意义上的主次关系更多体现在应然层面,在制定法层面则并不明显。因此,权利就不应被提升为作为位阶最高且唯一的基石范畴了。②

为何出现自然法层面的权利与实在法层面权利之间的混乱呢? 在本文看来,由于权利概念是源自于西方语境的舶来品,其拉丁文是 jus。而这一概念不仅是权利的词源,还同时是"正当"和"法律"的词源。权利的另一个英文 right,除了指权利外,也同样有"正义"之义。尽管西方学者对其不同层面的含义进行了区分,但西方语境中的权利概念与正当有着天然的不可分割的联系。在德语中,"Recht"不仅指法、法律,还指权利,

---

① 史玉成:"环境法学核心范畴之重构:环境法的法权结构论",《中国法学》,2016 年第 5 期。
② 参见钱继磊:"迈向法理时代的中国法学——兼与徐爱国教授商榷",《法学评论》,2018 年第 1 期。

由此有学者对其《法哲学原理》的翻译产生质疑。① 而在翻译过程中,源自于 jus 的同一个概念可能被分别译为法律、正当或权利,这样就无意间割裂了这一概念的丰富内涵。这是因为在汉语的世界里,法、权利并不天然地与正当相联系。据考证,在中国古代,"权利"两个字最早见于先秦诸子文献中,多指权势、权威之意,如"接之以声色、权利、忿怒、患险而观其能无离守也"②"是故权利不能倾也,群众不能移也,天线不能荡也"③"穷则生智而权利"④。即便是后来,权利也往往被用于与被推崇的儒家仁义、德操等相对应乃至相对立的场合。⑤ 即便是在今天的辞典中,与权相关的成语也多如此⑥。可见在汉语语境,该词汇具有贬义意味,毫无神圣性可言,自然不会跟正当、正义联系在一起。由此,当将权利作为法学基石范畴时,其实更多是在 jus 的"正当"或"正义"层面上讲的,而当把权利与义务一并作为法学中心范畴时,则更多是 jus 的"权利"层面即实在法意义上讲的。也正是将本来应当意指正义的也适用了权利,导致了混乱,才会使得权利既被视为基石范畴,又被视为中心范畴的。在环境法学,环境权利是否可以作为其基石范畴同样也存在这样的深层问题,但是否可以作为环境法学的核心范畴还是值得进一步思考的。

其次,环境义务说之环境义务是否可作为环境法学的基石范畴呢?对于将环境义务作为环境法学核心范畴的环境义务说,可以说对环境权利说进行了非常犀利而严谨的批评,指出了依凭于权利本位的环境权利

---

① 参见刘建民:"黑格尔《法哲学原理》之 Recht 的翻译问题",《中南大学学报》(社会科学版),2013 年第 3 期。
② 《荀子·君道》。
③ 《荀子·劝学》。
④ 《商君书·算地》。
⑤ 参见张文显:《法哲学范畴研究》,北京:中国政法大学出版社 2001 年版,第 292 页。
⑥ 根据《成语辞典》统计,与权有关的成语主要是:争权夺利、独揽大权、丧权辱国、以权谋私、权宜之计、大权在握、滥用职权、权重望崇、权时救急、权豪要要、招权纳贿、舍道用权、兼权尚计、反经行权、百草权舆、专权误国、贪权慕禄、一着权在手,看取令行时、舍经从权、不知权变、不畏强权、权重秩卑、权变锋出、生杀之权、挟势弄权、权欲熏心、权倾朝野、比权量力、权倾天下、一朝权在手,便把令来行、嬖宠擅权、一时权宜、择利行权、挟权倚势、权移马鹿、大权旁落、篡党夺权、持权合变、一切之权、窃势拥权、权衡得失、权倾中外、阿权膴仕、子母相权、负贵好权、权钧力齐、因利制权、守经达权、倚势挟权、专权擅势、专权恣肆等。

说之环境权利与其他权利相比其独特之处,认为环境权仅对全人类而言有意义,是一种自得权,是"以自负义务的履行为实现手段的保有和维护适宜人类生存繁衍的自然环境的人类权利"[①]"在人类的环境面前,一切社会主体以及为这些社会主体服务的政治组织,都负有义务"[②],因而都是义务主体。换言之,环境义务论一方面承认环境权是一种作为整体性权利的新型人权,另一方面又否认此种权利无法具体化为公民个人的权利。这样就意味着对于作为整体性权利的环境权利就如同水中月,镜中花,根本无法得到有效救济,因为这种权利根本无法分解到个体。

一如我们所知,法律作为现代社会一种社会控制的最主要手段,其鲜明特性即通过权利和义务的设定、分配来定分止争,维续、保障社会正义,进而提升和推进文明进程。换言之,法规定权利和义务,通过双向调整机制发挥其功能,是其区别于道德、宗教及其他社会规范的最主要特征之一。这就意味着"权利和义务归根结底都是手段,而不是目的"[③],通过其达致目的,发挥作用。在此意义上,权利与义务无法离开彼此而发挥作用,在功能上具有相互依存和互补性。也就是说,权利和义务,离开了任何一方,都无法使法有效发挥其预期功能。而环境义务论的整体性环境权利与个体性环境义务之间无法形成对应关系,无法形成双向调整机制,自然也就无法使环境法发挥其应有的作用。如果这种环境权利对于个人而言仅仅意味着义务的话,那么个体所能享受到的是什么呢?

更深一步讲,这种环境义务论存在道义上的矛盾与危机。它会导致权利和义务两败俱伤,不仅使法律失去应有功能,而且还会使作为整体性的环境权利本身失去权利本应有的神圣性。由于整体性环境权利无法具体化个体权利,而仅仅是个体义务,则意味着个体从这种权利中将一无所获。这样一来,这种个体的环境义务的正当性在哪里呢? 这就意味着,这

---

① 徐祥民:"环境权论——人权发展历史分期的视角",《中国社会科学》,2004 年第 4 期。
② 徐祥民:"宪法中的'环境权'的意义",《资源节约型、环境友好型社会建设与环境资源法的热点问题研究——2006 年全国环境资源法学研讨会(年会)(2006. 8. 10—12. 北京)论文集》,第 1376 页。
③ 张文显:《法哲学范畴研究》,北京:中国政法大学出版社 2001 年版,第 310 页。

种整体性环境权利实质上被个体性环境义务所消解甚至架空。我们知道,在某种意义上讲,权利意味着平等自由的选择,这样就使得环境权利作为一种权利已经名不副实,毫无意义,那么这种整体性环境权利的神圣性也就荡然无存①。

综上,环境义务作为环境法学的基石范畴不合时宜。这是因为一方面其多在实在法层面与权利相类似,却因整体性权利与个体性义务之间的割裂而无法发挥实在法意义上的作用,另一方面环境义务论实则将整体性权利消解、架空,导致整体性权利名存实亡,也无法很好地起到与整个法学之间的沟通桥梁作用。

再次,环境利益说之环境利益能否成为环境法学的基石范畴呢?环境利益说看到了环境权利和环境义务之共同不足,即权利和义务自身的手段特性,认为支配权利和义务分配的背后实质上是利益,或者是环境公共利益,或者是环境区分利益。由此,将环境利益作为环境法学的基石范畴似乎更具有合理性和正当性。然而,深入分析将会发现,环境利益依然不适合作为环境法学的基石范畴。一如我们所知,利益说是诸多权利哲学的一种,以功利主义思想为依凭,将权利与利益紧密勾连,认为"权利之特质在于给所有者以利益"②,并把利益作为权利特质的指称范畴。而这种对权利的解读,大大缩小了权利本身所应涵摄的范围,因为即便是没有从中得到利益,也不能无视、减损或剥夺被应享有的权利。如果利益在过于宽泛意义上理解,如道德、宗教、自由等,那么利益实质上已经失去了其原本的意义,且容易引起歧义或误解。如果仅仅将环境利益限定在狭义层面,即生态利益和资源利益,则依然无法摆脱利益法学功利主义那种可能的专制主义泥潭。

此外,如果将权利等同于利益,实则曲解了利益与权利的关系,也对权利进行了简单化理解。在某种意义上讲,权利只是一个建立在正当性

---

① 在权利备受关注和尊重,权利话语备受彰显和张扬的现代社会,权利往往与神圣相联系,如程燎原、王人博:《赢得神圣:权利及其救济通论》,济南:山东人民出版社1993年版。

② J. Austin, *The Province of Jurisprudence Determined*, Weidenfeld & Nicholson, London, 1954, P. 140.

理据之上的外壳，而在其中装的是什么，则仁者见仁，智者见智，如自由说、利益说、资格说、主张说、可能说、选择说等①。在权利外壳的内部，权利主体可以凭其自己意志进行选择的空间或可能，在此意义上更接近于自由。而利益仅仅是自由选择的一种载体之一，不是构成权利的必要条件。也正是基于此，约翰·密尔修正了其老师本杰明·边沁的"最大多数人的最大多数的幸福"功利主义观，而是将自由视为法律权利的最本质概念②。不论权利这一外壳的内部装的是什么东西，但有一点应当是共同的，即都应当具有正当性理据，应当都与正义或正当相通。而且不论这种建立在正当性理据之上的内容是什么，只要想被人们所享有，就不得不借助于权利这个外壳，通过权利以及与其相对的义务来为权利外壳下的内容提供救济和保障。简言之，利益也好，自由也罢，这些都类似于软体动物，必须借助于权利这个坚硬的外壳才能得到有效而充分的维续和保障。

可见，权利与利益之间并没有必然关系，利益作为权利之上的核心范畴都值得商榷，而作为核心范畴之基础的基石范畴更是不合适的。同理，将环境利益作为环境法学的基石范畴也不具有充分的理论依据。

复次，环境法法权说之环境法法权能否成为环境法学的基石范畴呢？

对于环境法法权，本文已在前面进行了较为详细的分析。在此仅作更进一步的讨论。一方面，由于环境法法权所依凭的法益自身同样具有利益说的不足，没有很好地认识到权利和利益之间的关系，自然也难以为其担当基石范畴的重任提供充分的理论支撑。另一方面，法权自身并不能很好地阐释和处理权利与义务之间、权力自身的职权与职责之间的关系，因而并不比权利本位、义务本位具有更强的统合力和正当性。如果说环境法法权可以作为环境法学的核心范畴或基石范畴，是因为环境法学兼具公法与私法的属性的话，它是不是也可以成为同样具有公法属性和公法属性的经济法学的核心范畴或基石范畴呢？由此，环境法法权是否

---

① 张文显曾对权利说进行了梳理，共总结出了八种学说。参见张文显：《法哲学范畴研究》，北京：中国政法大学出版社2001年版，第300—309页。

② 参见[英]约翰·密尔：《论自由》，严复译，北京：商务印书馆1959年版。

可以作为环境法学的基石范畴是值得商榷的。

更为要害的是，即便是环境法法权作为环境法学的核心范畴，由于缺乏作为其自身基础的基石范畴的支撑，导致将环境法法权作为核心范畴的环境法学无法与整个法学尤其是法理学基本原理、范畴体系等有效勾连，无法在法学学科中形成学理共识。这反而不利于环境法学科学独立性的认同和构建。进一步讲，由于仅仅把环境法学的核心范畴定格在环境法法权上而又缺乏基石范畴的理论支撑，使得环境法学无法与其他人文学科理论进行沟通交流，比如生态伦理学（也有学者称为环境伦理学）、环境哲学、生态社会学、生态经济学、生态政治学等。这使得环境法学缺乏深层次的正当性理据和开放性视野，也不利于其深层次理论逻辑体系的构建，又不能对生态文明建设和制度构建提供有力的理论指导和智慧支持。

最后，由上，本文认为，环境正义作为环境法学的基石范畴应当更合适些。

环境正义是环境哲学和环境伦理学的前沿论题和范畴。美国的彼得·S.温茨曾在其《环境正义论》中较系统地讨论了环境正义问题，告诫人类其实在环境体系中扮演着多重的角色。我们既是环境中的一员，同时又是它的观察者。因此，当我们讨论环境问题的时候，在一定程度上我们其实是在讨论我们自身，这种探讨有时甚至比我们当初所能意识到的程度更深。① 国内也有学者专门就此论题进行过讨论，主要关注的是发展中国家与发达国家之间的国际环境正义问题。② 需要强调指出的是，本文所说的作为环境法学基石范畴的环境正义与上面不同。在本文，环境正义是一个既与伦理学之正义相关联又有不同的法学概念。

在讨论环境正义之前，先对正义进行简要概述。关于正义的讨论可谓汗牛充栋，不胜枚举，从亚里士多德到罗尔斯，从儒家到道家，古今中

① 参见［美］彼得·S.温茨：《环境正义论》，朱丹琼、宋玉波译，上海：上海人民出版社2007年版。
② 参见曾建平：《环境正义：发展中国家环境伦理问题探究》，济南：山东人民出版社2007年版。

外,正义也呈现出"普洛透斯似的脸"①。基于论旨和篇幅所限,本文不打算对正义本身进行本体论上的哲理性探讨,而是从其在法学学科中所处的重要地位和发挥的重要作用角度讨论其所涵摄的内容以及与其它价值之间的位阶关系。早在古罗马《法学阶梯》就写到,"法学是关于神和人的事物的知识;是关于正义和非正义的科学"②。可见,法学是一门绕不开正义的学科和学问,正义是法学无法超越的"比利牛斯山"③。由此,尽管由于文化传统、生活体验不同以及时代变迁,人们对正义的理解千差万别,但不可否认的是,它始终是整个法学学科关注和讨论的核心论题,是法学的灵魂和脊梁,也是法学和法律的使命和目标。

对于正义之所以应当成为法理学的基石范畴,笔者曾在前面部分对此进行了较为详细的讨论,主要基于以下理据:一是"正义是古今中外法理学或法哲学讨论的永恒话题,具有终极性意义";二"是正义不仅是法理学的最核心论题,也是各部门法要追求和实现的永恒且最高目标";三是"正义作为法理学的基石范畴,具有包括法理学在内的整个法学与宗教、伦理学、哲学等人文学科以及政治学、社会学、经济学等其他社会学科很好的桥梁与纽带作用,是社会正义或社会问题能否进入法学研究领域的联结点"④。对其具体阐述于此不赘。

由上,环境正义之所以更适合作为环境法学基石范畴,至少有以下优势:

第一,环境正义作为环境法学基石范畴可以有效整合环境法律基本理论内部的论争,使环境法学界内部在基本理论体系方面更容易形成学

---

① [美]E. 博登海默:《法理学:法律哲学与法律方法》,邓正来译,北京:中国政法大学出版社2004年版,第261页。

② [古罗马]查士丁尼:《法学总论——法学阶梯》,张企泰译,北京:商务印书馆1989年版,第5页。

③ 此处借用了贺卫方教授的概念。他用"比利牛斯山"表达了对法学本源的寻觅,对"毋固、毋我"境界的追求,认为"正义的标准不应以地理的纬度而参差不齐"。此处本文主要用此概念强调法学与正义之间的密切关系。参见贺卫方:《超越比利牛斯山》,北京:法律出版社2003年版。

④ 详见钱继磊:"迈向法理时代的中国法学——兼与徐爱国教授商榷",《法学评论》,2018年第1期。

科共识、学术共识。我们知道，环境法学界一直围绕环境法的调整对象争论不止，为此还专门召开了学术会议①。环境法学界争论的焦点"主要集中于环境法是否调整人与自然之间的关系，动物和自然是否是法律关系的主体等问题"②。围绕此问题，有学者认为，与其它传统部门法一样，"环境法只能调整人与人的关系，即环境社会关系"，③即"环境社会关系说"；与此相反，有其他学者则认为"环境法可以直接调整人与自然的关系"④，而且"用法律调整人与自然关系的理论正成为环境法学的特色理论、核心理论"⑤，即"人与自然关系说"。此外，还有"环境资源行为说"等⑥。对于动物和自然可否成为法律关系的主体又有肯定说与否定说等。限于论旨，本文并不打算对于这些观点论争的孰是孰非本身展开讨论。然而，可以指出的是，这些观点论争背后的共同之处实质上是对环境正义的不同理解，或者说这些不同观点的背后都并不否认环境法的一个共识性目的，即实现环境正义，只不过在具体实现途径方面产生了分歧。一如我们所知，学科独立性的重要尺度之一是能有其相对明确的调整对象。这样，环境正义就可以作为基石范畴对其内部的论争起到统领性作用，为其调整对象提供基石性的理论共识，从而有利于对其学科和学术自主性和独立性的构建和认可。

第二，环境正义作为环境法学的基石范畴，还可以对环境法学的核心范畴的论争起到一个统领作用，可以成为其不同核心范畴论点的"最大公约数"，成为环境法学范畴体系的逻辑起点和理论大厦的根基和基石。如前所论，环境权利说的环境权利也好，环境义务说的环境义务也罢，与环境正义相比较，它们至多属于手段层面上的范畴，即通过环境权利和环境

---

① 参见梅宏、郑艺群："环境资源法调整对象的论战——第二届福州大学'东南法学论坛'综述"，《西南政法大学学报》，2004 年第 4 期。

② 钱水苗："环境法调整对象的应然与实然"，《中国法学》，2003 年第 3 期。

③ 王灿发：《环境法学教程》，北京：中国政法大学出版社 1997 年版，第 19 页。

④ 李挚萍："试论法对人与自然关系的调整"，《中山大学学报》（社会科学版），2001 年第 2 期。

⑤ 蔡守秋："环境法学理论的要点和意义"，《现代法学》，2001 年第 4 期。

⑥ 徐祥民认为，"法律的调整对象是行为，行为同时产生了人与人的社会关系和人与自然的关系"。参见徐祥民：《环境法学》，北京：北京大学出版社 2005 年版，第 85 页。

义务的设定、分配、矫正从而实现目的层面上的环境正义。而环境利益，如同自由和秩序一样，只不过是环境正义价值目标的一种具体体现而已。由此，通过将环境正义作为环境法学的基石范畴，可以有效整合、统领核心范畴一元论之不足，从而消解内部的偏见和纷争，达成学科与学术意义上的共识，有利于环境法学学科和学术独立性和自主性的确立。

第三，环境正义作为环境法学的基石范畴，还可以在基本原理和范畴体系上与整个法学，尤其是具有统领概括整个法学功能的法理学形成有效的学理沟通。不同于自然科学，法学无法作到或者说最主要的使命不在于求真，它乃追求正义和良善之学，所以才有"良法善治"的说法。而任何部门法学都是法学追求正义之目标在其部门法学中的具体体现。如果正义是整个法学和法理学的基石范畴的话，那么环境正义作为环境法学的基石范畴就与法理学在学理上一脉相承，实现了有效对接。也只有如此，才能使环境法学在学理上具有深厚且牢固的学理之根基，从而在此基础上构建起自己的范畴体系和理论体系。

第四，环境正义作为环境法学的基石范畴，还可以与其它人文社会学科进行对话和交流，使环境法学具有更强的开放性和包容性。在法学学科与其他人文社会学科的沟通和交流中，应该说主要是法理学应当担当此使命，因为法理学主要以更抽象、更概括的一般性理论和问题为研究对象，其研究视野和研究方法更易于与其它人文社会学科沟通和交流。而部门法学则更注重于对某一具体方面的理论和实践进行研究，更注重于对现实实践的关注和强调，对法律实践具有更强的直接影响和指导作用。[①] 尽管如此，这并不意味着部门法学就不需要与其它人文社会学科在理论上进行对话和沟通，只有具有开放的、跨学科的理论与学术视野，才能使自己学科的理论根基处于不断的创新之中，才能更好地解决自身内部的问题。这是因为不管是什么学科，所面临的是同样一个由人组成的纷繁复杂的社会和世界，所要阐释或解决的都是这个社会和世界中的

[①] 对此问题的讨论，详见钱继磊："迈向法理时代的中国法学——兼与徐爱国教授商榷"，《法学评论》，2018 年第 1 期。

问题,只不过只是从不同的角度、不同的途径或手段等为解决这些问题提供自我的智慧而已。由此,法学也好,其他人文社会学科也罢,背后最根本的理论依据应具有共识性和共通性。而正义就是一个在诸学科中具有共识性和共通性的范畴。环境法学自然也不例外。环境正义作为环境法学的基石范畴,就可以架起环境法学与环境伦理学、生态社会学等诸多人文社会学科沟通和对话的桥梁和纽带,具有不可替代的意义。

第五节　环境法学的范畴体系

前面已述,法学范畴体系应当是由元范畴、基石范畴、核心范畴(或中心范畴)和基本范畴和普通范畴组成的理论体系。环境法学的范畴体系也应当由环境法学的元范畴、基石范畴、核心范畴和基本范畴等组成。环境法的基石范畴在整个范畴体系中具有最关键的"定盘星"和"压舱石"地位和作用。而核心范畴(或中心范畴)则是在基石范畴基础上衍生出来的范畴,是基石范畴的具体化,构成整个范畴体系的骨干。基本范畴则是在核心范畴基础上派生出来的,是核心范畴的具体化,构成整个范畴体系的材料。在此部分需要补充强调的是,因对正义有如此多解读,因此需要对作为环境法学之基石范畴的环境正义中的正义作进一步的限定和澄清。由于环境法学的基石范畴如此之重要,所以本文在前面已对其进行了专门讨论。

接下来,本文将对作为环境法学的核心范畴进行简要的分析和讨论。这需要我们从对作为环境法学基石范畴的环境正义之正义的分析展开。对于正义,有人理解为"各得其分,各得其所"(简言之即"应得");有人理解为"己所不欲,勿施于人";还有认为是"一种对等的回报""一种形式上的平等""法治或合法性""一种公正的体制"等。[1] 其中,就目前而言,罗尔斯的社会结构之正义颇具影响。尽管不同的正义观基于自身的视角都

---

[1] 参见张文显:《法哲学范畴研究》,北京:中国政法大学出版社 2001 年版,第 202—204 页。

阐释了正义的一些属性,但是对其最具概括性的解读依然是"应得"。不过,这一观点也存在着不足。因为"应得"只是从获得的角度来对正义进行解读的,而正义还应当具有另一个属性,即付出,可以理解为"应作"。只有"应得"与"应作"加在一起才能构成对正义的完整解读。由此,作为环境法学基石范畴的环境正义就涵涉了这两个层面,即人不仅要从环境法中获得("应得"),更要强调人在环境方面的付出("应作")。正义的"应得"层面意味着环境权利,其"应作"方面意味着环境义务。

通过对正义的分析,可以知道作为环境法学基石范畴的环境正义与环境权利和环境义务有着最直接、最接近的层级关系。由此,本文认为,作为环境法学基石范畴之下的核心范畴,应当是环境权利和环境义务。其中任何一个单独都无法担当起此任。前述几种核心范畴论最要害的则是,由于没有意识到核心范畴之基础的基石范畴,从而导致核心范畴定位不准确,致使将其论点置于核心范畴一元论的桎梏之中。这导致环境权利和环境义务被割裂,始终处于论争之中而无法达成基本共识。实质上,环境权利和环境义务如鸟之两翼,相互依存,不可偏废,共同作为环境法学的核心范畴,构成环境法学之基石范畴——环境正义的支柱和骨干范畴。需要进一步指出的是,尽管环境权利和环境义务同时构成环境法学的核心范畴。但与其它部门法学相比,环境权利和环境义务之间的关系与法理学意义上权利和义务的关系还是有所区别的。如果说权利本位应当是法理学的基本范式的话,那么权利本位就不适合作为环境法学的基本范式了①,从前述环境义务论对环境权利论的批判就可以看到这一点。然而这并不意味着义务本位就应当是环境法学的范式,因为只强调义务不仅导致最终无法实现环境法学和环境法的目的,而且割裂了"正义"本身所应含涉的"应得"与"应作"的整体性蕴意。

还需要补充指出的是,法理学意义上的正义的两面——"应得"与"应作",在不同的部门法学之中所体现的关系是有所不同的,最体现两者对

---

① 权利本位范式是有张文显教授针对阶级斗争范式而提出来的,他认为是从阶级斗争转向权利本位是法哲学范式的新转换。参见张文显:《法哲学范畴研究》,北京:中国政法大学出版社2001年版,第365—405页。

等关系的是私法领域,如在民法中,"应得"的权利与"应作"的义务之间几乎处于完全平等和对等的地位和关系。而在社会法学中,"应得"的权利则要高于"应作"的义务,比如说社会救助,对于所救助的主体的义务要求是很低的,主要是对权利的享有,甚至是接近于无条件的权利享有。就环境法学而言,正义更多体现的是"应作"的义务,其次才是"应得"的权利,但还远未到义务在两者之间居于本位的地步。而环境法法权说,如前所述,则并未逃出环境权利说和环境义务说的范围,且依然没有摆脱核心范畴一元论,既无法解决环境法学范畴体系问题,又无法与法理学意义上的基本理论相通约,因而不太适合作为环境法学的独立的范畴。

至于环境利益,则既不应属于基石范畴,也不应属于核心范畴,而是正义在价值层面上非直接的次一级的范畴。因为利益与自由、效率、秩序等相类似,都是正义下面价值层面的具体体现而已。由此,这些可以理解为正义在价值层面的基本范畴。另一方面,环境利益也无法像环境权利、环境义务一样直接而充足地支撑起对环境正义的价值内涵,又无法将环境正义转化为环境法学作为法学学科应具备的思维范式和调整机制,使其具有法学的实践属性。由此,环境利益只能如自由、效率、秩序等一样只能被理解为正义在价值层面的基本范畴。

可以说环境法学的基石范畴和核心范畴是其大厦的根基和支柱,犹如环境法学的灵魂和骨骼,意义重大。而对于环境法学的核心范畴之下的基本范畴以及普通范畴,由于其在环境法学中所处的地位和作用没有那么关键和重要,且如同环境法学的肌肉,"在部门法学中这种范畴大量存在"①,因此对其进行深入讨论没有太大学术意义。加之本文论旨及篇幅所限,本文不打算再对其进行深入讨论和阐释。

至此,有论者会发现,本文并未对作为环境法学元范畴的环境法理给予专门而详尽的探讨,但这并非意味着这一问题不重要。而是鉴于环境法学自身所面临的更迫切的学科自主性问题,而就当前的环境法学范畴论展开了商讨,重点阐释了作为环境法学基石范畴的环境正义理论。因

---

① 张文显:《法哲学范畴研究》,北京:中国政法大学出版社 2001 年版,第 14 页。

此,环境法学的范畴体系依然是由作为元范畴的环境法理,作为基石范畴的环境正义与作为核心范畴(或基本范畴)的环境权利和环境义务,以及众多普通范畴组成的范畴体系。

在某种意义上讲,环境法学范畴体系问题是环境法学基本理论中最基础也是最关键的论题。尽管本文提出了以环境法理为元范畴,以环境正义为基石范畴,以环境权利和环境义务共同为核心范畴,以大量基本范畴和普通范畴为"肌肉"的环境法学范畴体系,但是应当清醒指出的是,任何观点只是建立在众多前人既有研究基础之上的另一种解读。这并非意味着新的解读就比前人更有解释力,至多只是试图开放出进一步深入而广泛讨论和论争的可能性。这需要我们打破既有部门法学的固有思维,将法理不仅作为法理学的中心主题而且作为整个法学的共同关注[①]及元范畴,回归法理和环境法法理,从不同维度对环境法范畴体系进行广泛而持久的开放式论争和讨论,共同推动环境法学理论体系研究,扩大环境法法学学科自主性和独立性的学术共识,促进环境法制度体系建设和实践水平的提升。

---

① 参见张文显:"法理:法理学的中心主题和法学的共同关注",《清华法学》,2017 年第 4 期,第 5 页。

第九章

诉讼法学范畴及其体系

第一节　引言

　　可以看出,到此为止,本文上面所讨论的基本属于实体法学领域的部门法理学中的范畴及其体系理论。然而,法学学科区别于其他学科的实践性特征最直接也最主要是通过程序法学及其制度安排这一特定途径来实现的。我们经常说,"徒法不足以自行"①,在古人那里所表达的意思是,只有善德不足以处理国家政务,只有法令也不能够使自己发生效力。然而,就实体法与程序法之间而言,只有实体法也不足以自行,即如果没有程序法这一持续规范可见的启动机制,再美好良善的实体法也只是水中月、镜中花,其良善与正义就不可能可操作,不能被人们真切地感受到。如果实体法不能被实践,其秉持的再好的良善与正义也毫无意义。由此,程序法对实体法之重要价值与意义关系到实体法学及实体法的生死存亡。如果实体法学所代表的法学学科是维护社会正义的最后一道防线,那么这一防线能够及时被激活并成为现实却需要另外一道防线,即程序

---

① 《孟子·离娄上》。

法学及其指导下的程序法。由此，在某种意义上讲，程序法学是实体法学的最后一道防线。这也是近现代法治与之前法治相比所具有的突出特征之一。正因为程序法学如此之重要，在一些学者眼里，程序法学及程序法自身是否正当及体现、践行正义成为了整个法学学科最首要、最重要的理论问题，即英美法系学者所强调的正当程序优先原则。这使得程序法所研究的程序自身具有了独立且优先于实体的价值位阶。

如今程序法学已成为与实体法学的相独立并存的部门法学。然而，人类社会对程序法学背后的法理认识却是相对较晚的事情。然而，若仅从部门法的历史进程看，具有程序法意义的法规范出现的要悠远得多。我们知道，诉讼法学通常包括民事诉讼法学、刑事诉讼法学及行政诉讼法学。尽管对诉讼法学的这种类分可能存在着一些问题并受到学界论争，因为这三种类型的诉讼法之间存在着诸多差异，其之间的差异甚至远超其与各自相应的实体法之间的差异。但是，受篇幅及论旨所限，本文并未对这一问题展开讨论，而是依然采取了这种观点。而在这三类中，刑事诉讼制度更具有代表性。由此，我们就主要以刑事诉讼法为例来简要梳理一下诉讼法的历史进程。

在西方，西元前 18 世纪古比伦王国第六世国王汉穆拉比制定的《汉穆拉比法典》中就有关于传唤证人、举证责任、神明裁判等方面的程序性规定。西元前 449 年古罗马共和国制定《十二铜表法》中也有关于传唤当事人和庭审的程序规定。当时在西方世界里大多实行一种弹劾式诉讼制度①。在欧洲中世纪，则出现了纠问式诉讼制度和法定证据制度。这种诉讼制度以 1532 年颁行的《加洛林法典》（Constituio Criminalis Carolina）为代表，强调司法机关主动追究犯罪，实行有罪推定，刑讯逼供制度化、合法化以及不同证据证明力的大小及取舍运用法定化等。② 直

---

① 弹劾式诉讼制度就是个人享有控告犯罪的绝对权利，国家审判机关不主动追究犯罪，而是以居中仲裁者的身份处理刑事案件的诉讼制度。它是人类在摒弃原始血亲复仇制度后采用的第一种诉讼形态，强调私人告诉，不告不理，裁判者则在诉讼中处于消极的仲裁地位，原告与被告诉讼地位平等。参见龙宗智、杨建广：《刑事诉讼法》（第三版），北京：高等教育出版社 2010 年版，第 38—39 页。

② 参见龙宗智、杨建广：《刑事诉讼法》（第三版），北京：高等教育出版社 2010 年版，第 39—40 页。

到 17 世纪后期至 19 世纪初期,受到启蒙思想的影响而进入到近现代社会才逐渐确立了与纠问式诉讼有本质区别的辩论式诉讼制度。①

若从我国的诉讼制度发展变迁历程看,应当说其起源也不晚。据现有史料文献看,可能在远古时期的帝舜时期就有某些刑事诉讼制度存在了。② 夏商时期的刑典因史料缺乏,难以查考。不过,从西周时期的《吕刑》记载看,其中就有严格要求司法官员审理案件要依法定程序和抓住关键问题的相关规定,以保证审判结果达到"中"的要求。此外,该刑典还对诉讼中的立案、讯问、调查与认定证据、判决以及案卷材料的呈报等都作了具体规定,尤其强调司法官员对双方当事人的陈述,必须经过察言观色方式认真甄别,必要时还要向群众作广泛调查等。③ 我国封建社会时期对奴隶制刑事诉讼制度的发展与延续,体现在审判机关的组织、诉讼原则、审判程序、证据制度等方面。在中国法制史上最具典型意义的封建法典《法经》中,其捕、囚编是关于逮捕、囚禁罪犯的规定,为刑事诉讼法范畴。在后来以《法经》为蓝本的《秦律》、沿袭《秦律》而成的汉《九章律》,以及以后的《北魏律》《北齐律》《晋律》《唐律疏议》《宋刑统》《大元通制》,直到《明律》《大清律》都有关于刑事诉讼程序及制度的规定,主要有告诉制度、证据制度、庭审制度等,并设置了中央和地方审判机关。直到清朝末年,受西方影响及冲击,我国在此时的司法制度也带有明显的半殖民半封建社会性质,其标志就是领事裁判权的出现。不过,此时我国开始将程序法与实体法分离,刑事立法与民事立法分离,从而结束了沿袭了长达二千

---

① 辩论式诉讼制度主要特征为:一是强调起诉与审判职能二分,实行不告不理;二是实行无罪推定原则;三是控诉、辩护、审判三足鼎立,构成刑事诉讼的基本结构。这种制度又分别在大陆法系与英美法系中形成了"职权主义诉讼"和"当事人主义"两种模式。参见龙宗智、杨建广:《刑事诉讼法》(第三版),北京:高等教育出版社 2010 年版,第 41—44 页.

② 据《舜典》记载,舜帝命皋陶作司法大臣,并把关于五种肉刑的规定刻在了器物上以颁行天下。同时还规定:凡犯五刑之罪而有从宽情节者,可以改判流放;凡官吏犯法不够判处五刑者,以鞭刑处之;凡一般人犯法不够判处五刑者,以杖刑训戒之;允许出钱赎罪,折免刑罚;凡过失犯罪造成危害者,得从轻处罚,给以宽宥,故意犯罪及怙恶不悛者,则从重处罚直至死刑;在执法中应当严肃慎重,体现爱护百姓之精神等。参见《舜典》:"帝曰:'皋陶…汝作士'""象以典型,流有五刑…惟刑之恤哉"。

③《尚书·吕刑》有"故乃明于刑之中"。

余年的"诸法合体"的立法思维与模式。后来的北洋军阀政府时期、国民党政府时期,都是对西方诉讼理念与立法模式的借鉴与中国化体现。

尽管从制度立法层面,程序诉讼法律规范的出现并不是太晚,但是若从程序法学或诉讼法学角度看,人类对其的法理认识与价值秉承却比实体法学要晚很多。在我国传统社会,如前所述,基本上没有将法学或者律学作为一门学问或学科给予重视并进行研究,虽然法律制度尤其是刑事成文法典出现的并不晚。这样,在程序诉讼法学方面自然也不会有突出表现。为我们所熟知的《法经》可以说是春秋时期的成文刑法典,也算作一门以刑为研究对象的著作。但是它由于采用的是诸法合体的结构与模式,所以很难看到对程序与诉讼法理的认识与重视。

其实,就是从西方社会看,程序法学的出现也不早,人们对程序法理的认识与重视也相对较晚。或许有学者认为,西方近现代论辩式诉讼理念及制度自17世纪就开始受到重视了,比如认为17世纪的英国平均主义派领袖李尔本(1614—1657)就提出了"法律面前人人平等""诉讼程序必须是公开的、直接的、辩论的""被告人有权获得辩护"等主张。[①] 人们更是将孟德斯鸠(1689—1755)的司法独立及其相关思想,尤其是意大利法学家贝卡利亚(1738—1794)对刑讯逼供的野蛮性和形式证据制度的荒谬性进行的深刻剖析与批判,并在此基础上提出的"无罪推定"原则作为西方近现代辩论式诉讼思想的法理依据。但从今天来看,受当时所面临的急需解决的社会问题之影响,其所讨论的主要目的和出发点还是实体法。也就是说,其并未将程序法理作为一种独立于乃至优先于实体法理的维度来进行讨论。

由此,若从将程序法学作为独立部门法学的角度之法理表达看,西方对程序法理之重要性的认识并专门研究的历史只是晚近的事情。从西方法理学变迁看,我们知道,西方的法理思想历程基本就是自然法的发展史,其中经历了古希腊古罗马的朴素自然法学,中世纪的神学自然法学,近代的古典自然法学以及二战后的现代自然法学几个阶段。其他的流

---

① 参见龙宗智、杨建广:《刑事诉讼法》(第三版),北京:高等教育出版社2010年版,第41页。

派,如历史法学、哲理法学、功利主义法学、实证主义法学、社会法学,等等,要么是对自然法学的反思基础上的修正、继承与创新,要么就是对自然法学的反对与颠覆,但是它们的共同特征是都无法绕开自然法学这一主导性发展脉络。不过,我们会发现,在西方整个自然法学发展历程中,主要所强调的是实体法背后的价值法理,而直到第二次世界大战后的现代自然法阶段,才有学者认识到程序正当的法理价值,即以朗·富勒为代表的程序自然法学派。他提出了建立在法律的内在道德基础之上的法治八原则,即"一般性、非溯及既往、明确、不矛盾、可为人遵守、稳定性、官方行为与法律的一致性"。[①] 这一时期的其他法哲学家,如菲尼斯、拉兹等也开始关注并强调这一点。即便是与其进行激烈论辩长达十余年的分析实证主义法学派代表人物 H. L. A 哈特,也受其影响,对其理论不得不作出适当的修正,提出了最低限度内容的自然法。这与古典自然法以及更早的自然法流派相比,已是非常晚近的事情了。

这种对法之形式或程序法理的强调虽然与作为部门法学的程序法学并非完全是一回事,但前者却为后者提供了学理基础与前提。而对于诉讼法学而言,它构成了程序法学中的最主要和主体部分,尽管后者在范围上更为宽泛。因为程序法学的研究对象,除了作为诉讼法学研究对象的几个诉讼法外,还包括仲裁法等其他内容。但是,诉讼法学所秉持的精神原则等对于整个程序法学而言具有代表性地位与价值。由此,研究与探讨诉讼法学的范畴及其体系则可以说对整个程序法学具有示范与指导意义。

尽管程序法学作为一门独立的部门法学的地位已经得到学界普遍认可,但是程序法与实体法在价值位阶上是否应具有效力优先地位却存在很大争议。基于不同的历史传统与现实国情,这在不同的国家和地区存在着不同认识。就我国而言,由于历史上长期存在重实体、轻程序的传统,导致人们对程序法的重要性,尤其是程序法的独立地位与价值往往还不能得到足够的重视与很好秉承。这是程序法学需要面对和承担的重要

---

① 参见[美]朗·富勒:《法律的道德性》,郑戈译,北京:商务印书馆 2005 年版,第 55—111 页。

学术使命和法理担当。也就是说,作为程序法学最主体部分的诉讼法学,一方面要实现自我学科的"主体性自治"①,另一方面还应当关注其在整个法学学科中的地位,认识到其是整个法学理论大厦的一个不可或缺的组成部分。这就需要诉讼法学通过寻求、阐释自身的程序正义及其法理在整个法学学科之正义法理及其体系中的位置、位阶与功能来形塑诉讼法学的理论体系大厦。而诉讼法学理论体系大厦的起点就是其范畴及其体系。因而,本文将对诉讼法学之范畴及其体系进行较为系统的讨论与阐释。

第二节　我国诉讼法学范畴研究现状及其剖析

如果说只是从学理上来梳理与阐释诉讼法学范畴及其体系之价值意义,那也只是具有了研究的必要性,而是否具有进一步讨论的现实及紧迫意义,则需要对学界相关研究进行文献梳理与研读。由此,本文将在下文对我国诉讼法学的范畴及其体系的研究现状进行梳理与剖析。

通过所能掌握的既有文献,我们发现,我国诉讼法学界对范畴及其体系的关注与研究比较晚。比较早对这一问题的系统性研究当属《诉讼法基本范畴研究》,该论著打破了以往诉讼法学的研究刑事诉讼、民事诉讼和行政诉讼各自为政的局面,采用了比较方法,既概括了行政诉讼共有的理论,又突出了三大诉讼法各自特点②。该论著虽然试图打破三大诉讼法之间的藩篱,建立统一的诉讼法范畴理论,但由于对深层次的法哲学反思不足,并未很好地实现预期目的。

后来的《刑事诉讼的法哲学反思——从典型制度到基本范畴》则试图从法哲学维度对刑事诉讼研究进行系统梳理与反思。该论著站在新世纪我国的新时代的高度,对我国改革开放以来的诉讼法学与证据法学研究

---

① 韩阳:《刑事诉讼的法哲学反思——从典型制度到基本范畴》,北京:中国人民公安大学出版社 2012 年版,内容摘要部分。

② 参见李晓春:《诉讼法基本范畴研究》,吉林:吉林人民出版社 2002 年版。

进行反思与总结,从法哲学维度对我国刑事诉讼法学与证据法学在国际社会中的"主体自治性"问题进行了探索。该研究认为,随着我国经济、政治等全面飞速发展,中国应当主动参与、影响乃至制定世界规则。这不仅体现在话语权层面,而且参与规则的制定甚或制定以中国本土为适用主体的规则(如通讯、生态、人权、知识产权等)都将可能成为国际视阈的一个结构性组成部分。因此,"确立中国法学主体自治性坐标,已经成为一种迫切需要"①。可以看出,该论著是一种具有国际关系维度元素的研究。从其研究的具体结构内容看,作者意识到了部门法哲学的重要性以及部门法哲学对刑事诉讼法哲学的影响。在此基础上,作者从刑事诉讼的核心命题,即权力与权利的宪法哲学反思入手,最后落脚到正义的刑事诉讼法律制度之法哲学基础上。虽然作者的视野已经扩展到了宪法学等,关照到国家与个人、刑事被追诉人与刑事被害人等视角,但却似乎并未将刑事诉讼法学置于整个法学学科体系之中进行思考;虽然谈到刑事诉讼法学的基本范畴问题,却并未充分认识到范畴问题在整个诉讼法学中的理论地位,因而也就缺乏对刑事诉讼法学的基本范畴及其体系的深入系统的思考与研究。更为要害的是,尽管作者提出了我国诉讼法学在国际社会层面上的"主体自治性问题",但是没有意识到国际层面的问题需要以国内理论体系的成功建构为前提与实力基础,否则就会成为自我的一厢情愿,无法得到国际社会及同行的认可与肯定。因为,理论与学术的生命力来自于理性而深刻的思考与建构,而不是以硬实力为支配。这就是"打铁还需自身硬"②在学术层面的体现。

　　另外,从法理学或法哲学角度较为系统地对这一论域之范畴及其

① 参见韩阳:《刑事诉讼的法哲学反思——从典型制度到基本范畴》,北京:中国人民公安大学出版社 2012 年版,内容摘要部分。

② 此处借用了习近平总书记所使用的新名词。他于 2012 年 11 月 15 日与其他十八届中央政治局常委同中外记者见面时提出"全党必须警醒起来。打铁还需自身硬。我们的责任,就是同全党同志一道,坚持党要管党、从严治党,切实解决自身存在的突出问题,切实改进工作作风,密切联系群众,使我们党始终成为中国特色社会主义事业的坚强领导核心。"8900 万党员注意! 十八大以来的 100 个新名词,每个都要记牢",https://baike. baidu. com/reference/ 21513556/ad9dG0Z663zRpDxD1hasQm0gkhSgWi-KA-QXCvajpi2UJ6uozoGNiNLUx3tGcRFa 4vDGhCSrgTmfXNLntm0Zd8SIMBiiNu4ckQb6s7Da。2020－5－31 最后访问。

体系相关问题进行研究的是孙笑侠教授。他立足于我国的司法改革及司法实践,认为应当从规则与事实的逻辑起点上建立我们的司法哲学,并由此提出司法形式正义与司法实质正义共同构成司法哲学的基石范畴,根据司法标准、司法主体与司法行为这三个要素,可以发现三对并存的基本范畴,即规则至上与结果导向、职业主体与民主参与、消极克制与积极能动。① 可以看出,孙教授意识到了范畴及其体系在司法哲学中的重要性,并作了较为体系性研究。不过他的研究主要是着眼于规则与事实的司法哲学,而司法哲学不仅涉及程序法学还涉及实体法学,由此难以从程序法学自身对其范畴及其体系进行专门性阐释。也正是如此,他才提出了司法哲学的双基石范畴理论,即司法形式主义与司法实质正义。

此外,也有学者对诉讼法学中最为基本的范畴进行专门探讨,并将其置于整个法学学科之中,提出法学基本范畴应当是证据,"证据不仅是诉讼的脊梁,是法治的基石,也是证据法学的核心范畴",因此,"在以审判为中心的法治模式中,证据的合法性或曰形式性标准,优先于证据的相关性隔阂真实性标准"。②

从近几年来看,诉讼法学界开始注重对作为其重要组成部分的证据法之基本范畴展开较为法理和系统的研究。其中高家伟的《证据法基本范畴研究》较有代表性。该论著通过实践层面与理论层面两个视角,将基本范畴视为架构理论体系的结构关节点和逻辑支撑点,认识到了形成一套稳固支撑学科知识体系大厦的基本范畴对一个学科走向独立和成熟的标志性意义,主要围绕从哲学事实到法律事实再到证据法事实范畴逻辑,从哲学上的真实再到证据法上的真实范畴逻辑以及证据相关的范畴逻辑等内容进行了阐释。该论著在对诉讼法基本范畴的研究方面达到了新高度,不仅有法哲学的视角,而且还对诉讼法基本范畴及每一组基本范畴的其内在逻辑进行了系统讨论。③ 不过,该论著对于作为诉讼法基本范畴

① 孙笑侠:"基于规则与事实的司法哲学范畴",《中国社会科学》,2016 年第 7 期。
② 陈林林:"法学基本范畴研究:证据",《浙江社会科学》,2019 年第 8 期。
③ 高家伟:《证据法基本范畴研究》,北京:中国人民公安大学出版社 2018 年版。

的内在逻辑次序并没有太多关注，也未将诉讼法学基本范畴及其体系理论置于整个法学学科之中来探讨彼此间的法理勾连。

其他研究则主要是基于对诉讼法学中或关于司法实践的某一具体领域之范畴来展开研究的：有的着眼于我国司法实践对司法程序基本范畴进行研究①，有的则着重关注诉讼实施权配置方面的基本范畴②，还有的是对家事诉讼方面制度中的基本范畴进行思考和讨论③，也有的是对法定诉讼担当方面的基本范畴的讨论④。这些研究虽然称为基本范畴，但由于论旨所限，若放置于整个诉讼法学当中只能算作是普通范畴之列，更无法看到体系化的范畴理论及其与整个法学学科的内在逻辑与法理勾连。

总言之，我国诉讼法学界虽然也有学者认识到了范畴及其体系对学科之独立地位与理论大厦成熟完善的重要基础和意义，但整体来看，对于诉讼法学学科之范畴及其体系的研究还不够，尤其是从作为部门法理学视角的诉讼法学角度的研究还很不足。这样就不但影响到诉讼法学与实体法学之间的地位关系，也影响到诉讼法学在整个法学学科中的价值位阶及其与后者的内在法理与逻辑。

第三节　诉讼法学范畴及其体系

由上可知，诉讼法学作为一个独立存在部门法学在整个法学学科中功能上不可或缺、不可替代，地位上非常特殊。诉讼法学也应当一方面共享和承担着法学学科的基本价值理念和基本法理，另一方面具有自我的独特价值与内在法理。而这都需要诉讼法学自身理论体系的完善与成

---

① 江必新、程琥："司法程序的基本范畴研究"，《法律适用》，2012 年第 5 期。
② 黄忠顺："诉讼实施权配置的基本范畴研究"，《政法论坛：中国政法大学学报》，2016 年第 3 期。
③ 吴志刚："家事诉讼制度基本范畴研究"，《温州大学学报》（社会科学版），2008 年第 6 期。
④ 黄忠顺："法定诉讼担当的基本范畴研究"，《法治研究》，2012 年第 2 期。

熟。只有这样诉讼法学才能承担起这种独特使命，并为诉讼制度设计安排及司法实践提供强有力的法理基础和方向指引。这就需要我们对作为诉讼法学理论体系大厦之基础的范畴及其体系进行阐释。具体言之，我们应当思考和探讨作为诉讼法学元范畴的诉讼法理、作为诉讼法学基石范畴的诉讼正义、作为诉讼法学基本范畴的诉讼权利与诉讼义务及其普通范畴，以此为基础才可能厘清这几个层次范畴之间的关系，窥见其整个范畴体系全貌。

一、作为诉讼法学元范畴的诉讼法理

与前面所探讨的民事法学、刑事法学等相比，诉讼法学不仅历史相对短些，往往还给人以法理底蕴不足之感。人们通常用博大精深、体系繁杂、逻辑严密等来形容民事法学、刑事法学等，却少有用此来评价诉讼法学的。反而，即使在法学界内部，也存在对诉讼法学是否有其独立的价值地位之疑问与论争。这一点恰恰说明了法理在诉讼法学中的重要地位。也就是说，诉讼法学的理论体系大厦更需要法理的支撑，必须通过诉讼法理融入到诉讼法学理论的各个环节、各个部分和各个方面。对于何谓诉讼法理，简言之，诉讼法理是关于诉讼地位、位次、权限、责任等方面、环节中蕴含的法之原理、道理、事理、情理、天理、哲理等。它不仅是诉讼法学的本体论意义上的元范畴，而且还是诉讼法学方法论意义上的元范畴。通过各个部分、各个方面和各个环节的诉讼法理之揭示、探讨与阐释，将其各部分的内在法理逻辑地勾连起来，形成一个系统、有机的理论整体。

具体而言，诉讼法理体现在如下方面：

第一，作为诉讼法学元范畴的诉讼法理为诉讼法学学科定位与价值追求提供根本支撑。与其他部门法学不同的是，诉讼法学实质上包括了民事诉讼法学、刑事诉讼法学和行政诉讼法学三大组成部分。这三部分之间看似在原则、概念、责任分担等方面存在着很大差异，其实都是对整个现代法学基本理念价值的不同分担。我们会发现，民事诉讼法学中以纠纷解决为关键词，着眼于以民事诉讼当事人之间纠纷的自我解决为原则,而代表行使国家公权力的审判机关则完全处于居中调解裁判的地位与角色,类似于亚当·斯密所说的"守夜人",最大限度地尊重、鼓励双方当事人通过意思自治原则解决民事纠纷;而在刑事诉讼法学、行政诉讼法学中,由于当事人一方涉及公共权力,而作为第三方的审判机关同样也是国家公权力,这样就与民事诉讼法学面临的问题不一样了,即一方面要通过诉讼当事人权限、位次、责任等划分尽量达致诉讼地位与程序过程中的平等与公正,另一方面也要对公共权力进行规制,以防其恣意与滥用,保障处于弱势地位的当事人的诉讼权利的享有与行使。这些原则共同体现了现代法学法理,即通常说的人权保障、权利推定、无罪推定等,体现了现代社会中处于平等地位的人之精神。这些都是现代法理的根本性体现。由此,作为诉讼法学之元范畴的诉讼法理在其中起到根本、支配性作用和功能。没有诉讼法理这一元范畴,诉讼法学及其所研究的诉讼法就会失去灵魂性支撑,成为随意漂浮的不受控制的文字而已。

第二,作为诉讼法学元范畴的诉讼法理为诉讼法学学科理论结构提供法理依凭。在刑事诉讼法学中,诉讼的基本原则,诉讼主体的确定及其权利义务,各诉讼机关管辖权限的确定,审前、审中、审后程序的安排(立案、侦查、公诉、一审、二审、再审、死刑复核、执行等各环节),证据的使用及其证明力的确定等,都需要秉持、贯彻和践行现代法理,尤其是关于公权力与私权利之关系的现代法理,同时在揭示、阐释现代法理的过程中使诉讼法各环节的制度性安排获得正当性理据。在民事诉讼法学中,不论是关于诉、诉权、反诉等基本民事诉讼法学的基本法理,还是在制度安排的司法实践中管辖、各诉讼当事人及其代理人、民事诉讼证据及证明、诉讼保障等基本方面,或是一审普通程序、简易程序、二审程序、再审程序以及其他特别程序等各类审判程序的环节安排,都需要秉持和贯彻着现代民法法理及其价值精神。

也就是说,就诉讼法理而言,其所秉持的基本理念与民事法学乃至整个法学学科的基本法理是一致的,具有内在同一性。以民事诉讼主体的举证权责为例。我们知道,在民法学中,在标准状态下,民事主体被假定为具有完全民事行为能力,依据自己理性进行行为的法律人,因此在此前提下,各民事主体具有平等地位,尊重其意思自治行为。如同作为实体法学的民事法学一样,民事诉讼法学同样假定民事诉讼双方当事人(即原告和被告)都是具有理性,对自己的行为能够完全认识并判断其法律后果的法律人。因此,在此情形下,民事诉讼法学在对诉讼主体的举证责任风险划分时,同样是建立在这种法律人假设之上的,即通常说的"谁主张谁举证"①。如果一方举证权放弃或者举证不能,则其应当承担举证不能之不利法律后果。这是现代法学之法理正义下的平等、自由(意思自治)等精神原则在民事诉讼法学中的恰当而生动的具体体现。然而,现实生活中的每个人都是具体的人,其理性、理智的判断能力因年龄、精神状态乃至严重专业知识或信息不对称等而导致在双方当事人之间产生明显悬殊。在此情形下,若再完全坚持"谁主张谁举证"之精神原则,则就偏离了现代正义之法理,导致严重不公平。由此,对此类诸情形,民事诉讼法学认为,在特定情况下,人民法院依法应当具有一定的证据侦查收集权力。② 这在诉讼制度设计上与刑事诉讼法或行政诉讼法都有很大不同的。这是因为,与公法实体法密切相关的后面两个诉讼法面临的主要使命之一,是如何规范公权力、防止其对处于弱势地位的诉讼过程中的个人之诉讼权利受到恣意侵害或剥夺。

　　第三,作为诉讼法学元范畴的诉讼法理为诉讼法学的制度性实践提供法理指引。我们通常强调,法学是兼具理论性与实践性的学科与学问,而实践性是其突出特性和目的。因为,再美好良善的法学及法,如果不能体现和践行于实践,则它不能说是理想的。然而,法学学科的实践性最主要的实现路径就是通过程序性的诉讼法学。因而,如果说,诉讼法理与实体部门法学的法理有不同之处的话,那么诉讼法理讲究的是更具实践性,即如何通过各方当事人的资格、权限、话语权次序之先后与时间之长短、

---

① 《中华人民共和国民事诉讼法》第 64 条第 1 款就规定,"当事人对自己提出的主张,有责任提供证据"。

② 《中华人民共和国民事诉讼法》第 64 条第 2 款、第 3 款分别规定,"当事人及其诉讼代理人因客观原因不能自行收集的证据,或者人民法院认为审理案件需要的证据,人民法院应当调查收集""人民法院应当按照法定程序,全面地、客观地审查核实证据"。

举证责任安排、证据范围效力及证明标准、责任承担等方面来使实体部门法学所体现和秉持的整个法学学科之基本价值精神具有可操作性,从静态的、文字的、单调的现代法理转化为可操作的、可见的、可体验的真实、生动的日常生活法律场景和真实自我感悟。也就是说,法学自身所强调和秉持的实践属性其实是通过诉讼法学来实现的,否则法学的价值精神就永远都是水中月、镜中花。也就是说,现代法学不仅强调实践性,而且强调基本价值精神下的实践性,强调法的品格之实践,即类似于亚里士多德在对法治的阐释中所强调的,一方面法需要得到普遍遵守,另一方面被普遍遵守的法应当是良法。① 也就是说,诉讼法学的使命,一是强调如何实践法律,使法具有真正的可操作性;二是如何在实践中秉持和践行法之精神、法之理。反言之,诉讼法学的使命之完成还必须通过对法理尤其是诉讼法理的揭示、阐发来确保诉讼法既具有实践中可操作性,又不偏离现代法学之基本精神与法理。

所以,我们看到,在诉讼法学及其所研究的诉讼法中,往往设计了针对特殊情形的程序安排和诸多程序性环节,尤其是在民事诉讼法中,面对无所不包的民法所涉及和调整的社会生活的方方面面,比如设置了特别程序,主要处理选民资格、宣告失踪和宣告死亡、认定公民无民事行为能力和限制行为能力条件、认定财产无主、确认调解协议、实现担保物权等案件,还有审判监督、督促、公示催告等颇具民事诉讼法特色的程序安排。

第四,作为诉讼法学元范畴的诉讼法理为诉讼法治提供方法论逻辑。我们常说,现代社会是法治社会,我国也提出构建法治中国之战略目标。而法治社会的建立要求法治之法理精神的领悟与践行突破狭义的专业性或职业性人群和团体之范围,不再拘泥于专业的执法、司法的传统特定领域,而应成为全社会、全体公民的普遍性常识和信仰,并使其无意识地成为每个人行为之普遍习惯。这就要求,包括权力机关及其公职人员、社会

---

① 亚里士多德认为,"法治应包含两重意义:已成立的法律获得普遍的服从。而大家所服从的法律又应该是制定良好的法律"。参见[古希腊]亚里士多德:《政治学》,吴寿彭译,北京:商务印书馆1981年版,第199页。

团体、普通民众都普遍具有法之素养、法之思维、法之习惯。而现代法治之精神实质就是一种诉讼法的思维,即按照正当的程序来思考、分析、处理问题,使对正当程序的尊重、遵循乃至捍卫被普遍认可,成为全社会思考和行动的普遍依循。由此,法治思维实质上就是诉讼程序思维,即依据通过正当程序确定下来的正当程序优先之思维。

这是现代法学学科及其思维的实质与精华之所在,也是与前现代所谓的"法治"之本质不同。以中国古代为例,虽然也有法家及其所提出的"法治"思想及其实践,但是其与现代法治之法在形成的程序上截然不同。现代法治之法强调法之效力的正当性依据源自于通过民主途径的授权,而我国的法家所倡导"法治"之法的形成并不关注其程序的规范性和正当性,而只是当时的主权者的一人或少数人之好恶之产物,而与普通民众没有必然关系。这与中国传统上的家国思维与文化传统密切相关,每个朝代都有其姓氏,整个国家及其臣民都是其家族的私产而已。所以,梁启超曾总结道,"二十四史非史也,二十四姓之家谱而已"。[1] 这种表述未必全面,但从法之权属看,却指出了法自君出、法自王出的实质。所以,在中国传统社会,国法实质是王法,王法也就是国法。虽然有"王子犯法与庶民同罪",但不可能有"君主犯法与庶民同罪"之法理与制度设计。

也正是如此,现代政治哲学、法哲学界都将如何设计一种正当的原初程序作为人类良善社会之最重要的正义制度起点。不论是美国的约翰·罗尔斯的"无知之幕"的正义两原则为其"重叠共识"途径下的"政治自由主义"理论提供程序性正义法理,还是德国的尤尔根·哈贝马斯建立在"交往行为"理性之上,试图通过"程序主义"来重建西方的民主制度,无不体现了程序正义在人类治理中的重要性和优先地位。这与美国法学家朗·富勒的"程序自然法"有着相似的理论关注点,其背后与诉讼程序法治思维与方法论具有内在一致性。

---

① 参见梁启超:"中国之旧史",《新史学》。

二、作为诉讼法学基石范畴的诉讼正义

若从制度的设计与建构角度而言,法之实现是从法理精神到制度设计再到制度实践的逻辑过程,因而法理精神价值是首要确定的根本性一环,是整个法学的起点。然而,若从法治实践角度而言,法理精神价值要从理想成为现实,从模糊变为具体,从单调变为立体,为社会成员能普遍感悟,就必须从实践开始,即法律实践,尤其是司法实践构成了整个法学的逻辑和行动起点。而司法实践就具体表现为诉讼实践。因此,现代法学所秉持和践行的法之正义起步于、依赖于诉讼正义的实践程度。也就是说,从实践视角而言,诉讼正义是整个法学正义的起点,没有诉讼正义就不可能有实体正义,更不可能有整个法学的法之正义乃至整个社会的正义。由此,诉讼正义构成了诉讼法学的基石范畴,在诉讼法学中占据基石范畴地位,是法学所体现的整体正义法理在诉讼法学中具体体现。

在我国诉讼法学界,有学者认识到了当前我国推进以审判为中心的诉讼制度改革中的程序正义所处的关键位置,认为在进行制度完善的同时,我们需要观念的同步转变,而诉讼观念转变的本质是诉讼文化的转型问题。他进而提出刑事诉讼文化转型的核心目标在于使办案人员能够按照现代诉讼观念的要求所思所想、所作所为,所以其关键在于面对诉讼中的利益选择能够按照程序正义或者无罪推定的要求开展诉讼行为。不过,作者最后认为,程序正义需要内在地以一种稳定的诚信伦理为支撑。① 可见,作者指出了程序正义在我国诉讼司法实践中的关键地位,不过若从在诉讼法学的地位看,对于诚信伦理与程序正义之间在价值位阶上孰高孰低的问题却值得商榷。因为,只有程序正义以及作为其主要存在形式的诉讼正义才可能在程序法学及作为其主体部分的诉讼法学中具有根本性、基石性地位和作用,而诚信与平等、自由等其他伦理一道构成

---

① 参见孙记:"我国刑事诉讼文化转型研究",《西南民族大学学报》(人文社会科学版),2019年第3期。

了其要素,为被其所涵括的下一级价值性范畴。

具体而言,作为诉讼法学基石范畴的诉讼正义至少体现在如下方面:

首先,诉讼正义构成了整个诉讼法学的根本价值意义,体现诉讼法学的生命和灵魂。对于诉讼法学及其研究对象诉讼法的价值而言,通常认为其是为了实现定纷止争或对公权力行使规范限度裁量的可操作性。然而这只是其一种外在的、可见的层面,而现代程序性制度安排应当根植、秉持现代社会的基本价值理念和现代法理。否则,即使再具有可操作性,也无法与前现代社会那种类似于"繁于秋荼,而网密于凝脂"①的秦法区别开来,也未能与英国法理学家哈特所指出的那种"强盗的命令"②相区分。

当然,如前所述,在不同的诉讼法学中,诉讼正义所强调和体现的具体内容会有所不同。在民事诉讼法学中,由于对民事法学之理性法律人之假设的共享,其所体现的诉讼正义是对诉讼双方当事人及其他诉讼参与者基于平等诉讼地位与权利的安排以及围绕诉讼程序环节的有序展开来进行的设计安排。如果是对某一方当事人或参与者基于制度设计上的倾斜性保护,那也只是因为对年龄、智力能力或者严重信息不对称方面的考量,与因公权力造成的地位身份悬殊无关。而对于涉及公权力的诉讼法学,尤其是刑事诉讼法学,其制度安排不仅要考虑到民事诉讼法中的那种仅限于平等主体间不平等的事实性因素,更应考虑到因公权力与个人私权利两者之间存在的巨大悬殊而造成的可能不公平因素,通过对弱势一方的倾斜性制度安排和对优势一方的制度性约束来尽可能避免或减少不正义,从而达到或接近看得见、可体悟的诉讼正义。由此,如果不是为

---

① 我国西汉桓宽在《盐铁论·刑德》论道:"昔秦法繁于秋荼,而网密于凝脂"。将秦朝的律法称为秋天繁茂的茅草白花,网眼细密的鱼网。然而这种看似能够概括和应对当时社会的方方面面问题的律法体系背后,却无法摆脱高度君主专制的实质。
② 英国法理学家哈特针对早期实证分析学派代表人物约翰·奥斯丁的法律命令说进行了尖锐而精辟的批判,认为"主权者的命令"这一模式使法律的概念过于简化,仅仅是"强盗命令"模式的放大而已。而现代的法律应当与"强盗的命令"之间存在实质性差异,即法律的持久或持续性、连续性、多样性及主权者的受限性等。参见[英]哈特:《法律的概念》,张文显等译,北京:中国大百科全书出版社1996年版,第77—82页。

了秉持和践行诉讼正义,诉讼法也就毫无尊严和神圣可言,进而诉讼法学也就没有了独立存在的价值。

　　其次,诉讼正义承担着诉讼法学对于实体部门法学乃至整个法学学科的特定价值构成与支撑意义。如上所述,若从诉讼法学内部看,诉讼正义构成了其整个学科的基石范畴,具有规定整个学科的最高价值意义。不过,若从作为程序法学的诉讼法学与实体法学的关系来看,诉讼正义则构成了通往实体法学所秉持、维护和保障的自身正义的阶梯与桥梁。因为,"徒法不足以自行"①,对于实体部门法而言,即使它再美好良善和具有可操作性等,也不可能通过自我来启动与运行,而必须依靠诉讼法提供的轨道才可能作到自我触发启动与有序可持续的运行。对此,学界通常称为程序意义的诉讼法的工具性价值。然而,反过来看,也就是实体法对于程序意义的诉讼法具有无可替代的高度依赖性。在此意义上,我们无法说是程序法学及程序法对于实体部门法学及实体法具有工具性价值,而是两者之间相互依存,互为工具性价值,因为缺乏其中的任何一个,另一个的存在都毫无意义。两者之间的关系类似于火车与铁轨的关系,如若想让蕴有现代价值法理的法律本身这一火车真正得到实践,就必须依赖于秉持正义之程序意义的诉讼法这一轨道。

　　当然,需要指出的是,尽管诉讼法学与实体部门法学及其实体法类似于轨道与火车的关系,但人们对这种隐喻还可能存在着一些误解。与火车跟轨道关系不同的是:一方面诉讼法学所研究的诉讼法除了为实体法学的实体法提供轨道性价值外,还具有自我触发功能,即当某人之某类行为或其他事件有可能达到进入实体法所应关注、调整的门槛范围时,诉讼法则应该设定了相应的自我触发标准和条件,从而使法律司法的整个机制体制能够启动运行,而不以人之好恶、偏私等而随意被改变。这是法治

──────────

① 此句话源自于战国时期孟子及其弟子所著的《孟子·离娄上》,原文为"徒善不足以为政,徒法不足以自行",意思是指,只有善德不足以处理国家的政务,只有法令不能够使之自己发生效力。原文主要是为了突出强调人的作用,即法本身不能行动,最终还是要靠人来执行的。而本文此处是针对程序诉讼法与实体法之间的关系而言的,即相对于作为程序的诉讼法,在现代社会实体法自身是无法自我启动运行的。

与人治之区别在诉讼法学中的具体体现,也是法治与人治在整个法学中相区分的第一步。另一方面,虽然诉讼法学及其诉讼法能够提供何种法律事实才能触发法律机制的启动运行的规则,但并不能事先确准最后是一个什么结果。也就是说,任何案件进入诉讼程序轨道依法作出裁判并生效之前,我们都不能给出一个既定的唯一的结论,否则就不是真正意义上的法治。这是因为建立在现代法理之上的法治强调的是经过建立在对证据证明基础上的辩论来达成的可见的正义。也就是说,在未有经历这个完整程序过程之前,我们不能给出任何结论,即便是某案件的结果是显而易见的。这一点跟火车与轨道的关系是不太一样的,因为对于某一具体案件而言,诉讼法学及其所研究的诉讼法只给我们设定了自我触发启动的确定条件以及过程环节,并未预先确定最后的结果,而只是给出了可能的几种结果的方案。

最后,诉讼正义作为法学特定属性的同时也链接着法学与其他学科的内在价值。我们知道,法学所秉持的正义是一种通过规则达致的正义。这种正义具有普遍性、一般性、可持续性、反复适用性、可预测性等特征,而其实现的主要途径与起始点却是诉讼正义。由此,可以说,诉讼正义不仅构成了诉讼法学整个理论体系的价值骨架,而且还规定着整个法学学科的这种特定属性。

如果从法学学科外部看,法学与其他人文社会学科共享着基本的内在价值。这是因为一方面近现代的这种学科类分只是近几个世纪的事情,它们有着共同的理论脉络源头,即西方的古希腊世俗思想及希伯来宗教思想,更是西方近代人文主义复兴与思想启蒙的产物;另一方面,也正是前一点,西方的人文社会科学,不论是政治学、社会学、伦理学、经济学,还是哲学、宗教,乃至音乐、绘画等无不充满着人文、人本的韵味,共享着西方启蒙思想的基本价值精神。近现代法学学科也是这个阶段的产物,尽管西方传统法律思想与法治实践可以追溯到古希腊甚至更早。

在这些学科中,正义成为其共享的基本的价值原则。比如在伦理学中,正义与善的关系成为近现代伦理学的核心命题之一。与前面的西方哲学相比,康德哲学的典型特征就是具有古典思想的人本性,只不过这种人本性所强调的是人之理性与人之道德自律,其思想在很大程度上受到卢梭等启蒙思想家的影响。作为西方人文主义复兴的早期代表人物之一的但丁,他不但写有《神曲》这部史诗,而且还有《论世界帝国》(有的译为《帝制论》)这样主张政教分离,向神权论挑战的思想论著。达芬奇的《蒙娜丽莎》不仅是因为其绘画之技艺高超而闻名于世,更是因为其主人公这一健康富足幸福的女性所表现出来的人文性而变得思想深邃。在这些人文社会学科中,人之正义及其所包含的平等自由等构成了它们共同的底色。

法学作为近现代社会学科的主要学科之一,其所秉持和践行的正义在本质上与上述的诸人文社会学科的正义及其背后的思想底色具有共通性。只不过,在不同的学科之中,其所看待、解释乃至解决问题的维度以及所选取的方式与方法等存在着差异。法学对正义的诠释与强调是通过规则可以达致的法律之内的正义。如前所述,法学的这种实践性正义只能起步于诉讼法学的诉讼正义。由此,诉讼正义不仅体现着法学学科的正义特性,也与其他人文社会学科所共通的人本之正义具有内在一致性。

三、作为诉讼法学基本范畴的诉讼权利与诉讼义务

对于法学而言,古老的法谚说"无救济,无权利",从另一个方面说是"无权利,无救济",但是更准确地说,应当为"无权利义务,则无救济"。这是因为,法律是通过对权利义务的划分与调整这种机制来发挥其独特作用的。也就说,如果只有权利,而没有义务,则这种权利就不可能得到真正的尊重、维护和保障。因为一切权利的实现都是有成本的,都需要以他人的一定义务或某种公权力的职责履行为前提和基础的。[①] 而对于诉讼法学而言,诉讼法的制度设计及其预期目标的实现同样也需要对诉讼权利与诉讼义务进行合理公平科学地设置与划分,否则就不可能真正践行诉讼正义。由此,诉讼权利与诉讼义务是一道作为体现和践行诉讼正义

---

① 参见[美]史蒂芬·霍尔姆斯(Stephen Holmes)、[美]凯斯·R.桑斯坦(Cass R. Sunstein):《权利的成本——为什么自由依赖于税》,毕竞悦译,北京:北京大学出版社2005年版。

这一基石范畴的一对基本范畴的。

具体而言,诉讼权利与诉讼义务作为诉讼法学的基本范畴至少主要体现在如下方面:

第一,诉讼法律关系的实质就是围绕诉讼权利与诉讼义务的展开,为其实现提供保障。我们知道,法律关系是社会关系的一种,是法律主体之间的以权利与义务为内容的社会关系。[①] 而诉讼法律关系则为法律关系的一种,是诉讼参与者之间基于诉讼而产生的以诉讼权利与诉讼义务为主要内容的法律关系。诉讼法律关系的产生除了必要的诉讼事实外,其最为核心的要素即为诉讼主体和诉讼内容。而实质上诉讼主体既是诉讼权利和诉讼义务的主体,又是围绕诉讼权利与诉讼义务而展开的。不过,在诉讼法律关系中,除了我们常说的实体法意义上权利主体与义务主体外,还涉及居中裁判的第三方及其他利害关系人。因此,更为准确地讲,这里的诉讼权利主体和诉讼义务主体应当被称为诉讼参与者,包括原告(刑事诉讼法中的公诉人)、被告(刑事诉讼法中的犯罪嫌疑人)、其他利害关系人、裁判机关以及证人、鉴定人、刑事诉讼法上的侦查机关等。需要指出的是,在不同的诉讼法学及其所研究的对象中,由于诉讼参加者及其之间的地位存在很大差异,在对其进行具体权利义务的划分与配置时也并非一致。诉讼法学所要研究的就是如何在具体的诉讼法制度设计中公平合理地划分各方诉讼参与者的权利与义务,以便实现且尽可能有效率地实现诉讼正义之价值。可见,诉讼法得以有效运行并实现可见的正义,其途径就是对权利与义务的配置、划分以及建立在此基础之上的责任的承担。换句话说,诉讼权利与诉讼义务的公平合理科学配置与否是决定能否实现诉讼正义乃至法律正义的关键性保障。

第二,诉讼法学主要研究的问题之一就是在各环节如何公正合理科学配置划分各方诉讼参与者的权利与义务。诉讼法所要解决的是诉讼环节过程的制度设计安排。这起始于诉讼法律关系的第一步,即通常所说的立案,即从进入诉讼的标准、条件、主体及事由等开始,当然对于涉及公

---

① 参见张文显:《法理学》,北京:高等教育出版社 2018 年版,第 152—153 页。

权力的诉讼,如刑事诉讼,则还涉及诉讼前的诸多准备环节,其门槛提前到采取强制措施之时。而在进入诉讼环节门槛前,还需要对诉讼主体资格、诉权范围等进行公正、合理地设计安排。之后则是对诉讼过程中各环节及各种特殊情况的处理安排,诉讼参与者各方的权利表达、证明责任、特定情形的安排以及在次序、时间上的考量,还有作为非常关键的第三方之审判机关的权限、责任等。最后是作为诉讼环节之最后步骤的判决结果的确定及其执行等。这些环节无不是围绕各方权利、义务、责任的承担及其后果来展开的。因而可以说,没有诉讼权利和诉讼义务,诉讼法就荡然无存,诉讼法学也就失去了研究的主体对象,因而毫无存在意义。

第三,诉讼法学指导诉讼法治实践的本质就是研究对诉讼权利与诉讼义务如何依法实现。诉讼法学存在的使命就是为诉讼法提供立法上的思想理论指引,为诉讼司法实践提供具体指导。如果说法学是实践性很强的学科,那么诉讼法学则更突出表现出这一特性。从某种意义上讲,实践是诉讼法和诉讼法学的生命。而诉讼法学通过诉讼法所实践的具体内容就是诉讼各方的权利与义务。具体而言,立法中得以确定的各诉讼参与者在各个环节的权利是否明确,是否得到尊重、维护和保障,其相应义务是否及时依法履行,对于既有立法中尚未明确或者虽然有明确规定但相互之间存在明显冲突的情形,诉讼法学理论如何给予公正合理的理论建议指导,使得此类情形得以进行下去,并为以后修订提供法理依据。如果在诉讼司法实践上走错了,则将可能会导致与法律之正义产生巨大偏离的结果,即所谓的"失之秋毫,谬之千里"。更为要害的是,如果在诉讼实践中的诉讼各方权利义务的实现中不能体现、维护法之正义的话,将会使法律的神圣与权威在民众心中被消弱乃至丧失,因为对于大多数普通民众而言,他/她们对法律神圣与权威的获得方式与途径主要就是这种对具体案件的了解与感悟。

四、诉讼法学的普通范畴

在我国法学学科设置中,诉讼法学的范围极为繁杂,因为这一学科是将刑事诉讼法学、民事诉讼法学及行政诉讼法学放在了一起，然而它们本来跟其实体法更为接近的。这样虽然都共享着诉讼法的程序法基本精神与意义，但在其内部依然存在着很大差异。这也导致其普通范畴也存在着这样的情形。由此，在此对三大部分的大量普通范畴进行——例举既较为冗长也没有必要。另外，由于行政诉讼法学与行政法学之间存在着更为密切的法理关系，甚至两者在实体与程序部分根本无法分开，因此，本文就不再单独就行政诉讼法学的普通范畴进行探讨了。对于另外两大组成部分，本文对其普通范畴也不再详细阐述，仅就其大致内容作类型化的简要梳理。

就刑事诉讼法学而言，其普通范畴主要包括基本原则、管辖、回避、辩护与代理、强制措施、附带民事诉讼、期间及送达、刑事诉讼的中止与终止、刑事证据、刑事诉讼证明、立案、侦查、起诉、刑事审判、第一审程序、第二审程序、死刑复核程序、审判监督程序、执行等方面的范畴。

就民事诉讼法学而言，其普通范畴主要包括民事诉讼、民事纠纷、民事诉讼目的、民事诉讼价值、民事诉讼模式、民事诉讼法的任务与适用范围、民事诉讼法律关系及其构成要素、民事诉讼中的法律事实、诉与诉权、民事诉讼法基本原则与特有原则、公开审判制度、两审终审制度、合议制度、陪审制度、回避制度、当事人、共同诉讼人、诉讼代表人、各类管辖及异议、民事诉讼证据证明、民事诉讼调整与和解、一审普通程序、简易程序、二审程序、审判监督程序、法院裁判、特别程序、督促程序、公示催告程序、民事执行程序以及涉外民事诉讼程序等相关类别的范畴。

第十章

余　论

第一节　可能的质疑

到此处，本文已接近尾声，然而就所讨论的对象及其深度而言都还远远不够，可能给人意犹未尽之感。之所以如此，主要基于如下几点：

一是本文所讨论内容并未穷尽法学学科的整个内容，而是主要包括两大部分，即关于法学范畴及其体系的基本理论部分以及包括宪法学、行政法学、民法学、刑法学、环境与资源法学以及诉讼法学在内的具体的范畴及其体系理论。而除了这些学科外，还有诸如经济法学、社会法学（或许有学者称为劳动法与社会保障法学）、知识产权法学以及军事法学等已经较为成熟的部门法学，本文并未对其进行专门讨论。

二是本文所讨论的内容及其范围似乎比较保守，对当今社会面临的新形势、新情况、新问题的关注度不够，比如当前以互联网、区块链、人工智能、基因编辑等为代表的高新科技迅猛发展，这给现代社会带来了新问题、新挑战、新危机乃至新机遇，进而对传统的法律体系及其背后的法理带来冲击与挑战，需要我们对其进行反思与探讨，为人类的当下以及未来新问题进行法理及制度设计方面预先储备。这些已经成为近年我国学界竞相关注和探讨的热点,并取得了诸多研究成果。本人也曾对个人信息①及人类基因编辑②给权利理论带来的挑战进行过系列反思与阐释。

三是本文对我国最新的立法情况的关注也不够,并未进行详尽的专门讨论,比如我国刚通过的新中国第一部民法典。2020 年刚刚通过的《中华人民共和国民法典》的颁行实施是中国包括法学界在内的法律人几代人的梦想,在我国法律史上具有里程碑的意义。民法典结合新时代中国特色社会主义社会现实,汲取世界先进立法经验,对我国当前法律问题进行了积极回应,有诸多创新之处。

第二节　预先的回应

然而,对于以上可能的质疑,本文需要提前给予回应与说明。本文关于法学范畴及其体系的基本理论部分的安排应该是没有多少疑问的,而在后面关于部门法理学的章节,形成本文当前的结构框架,主要是基于以下考虑:

第一,本文之所以仅选取了主要几个部门法学,是由本文的研究论旨及其研究进路决定的。从总体上讲,本文是基于法理学的视角与思维对法学学科研究中基本理论的研究与探讨,旨在探讨与阐释法理学与部门法学在法理上尤其是法学范畴及其体系理论方面的内在逻辑关联性。这种研究与讨论内容与方式决定了本文结构内容方面体现出来的一般性、普遍性与抽象性等特征。这与从教义部门法学来讨论与研究其学科内的知识理论体系所呈现出来的结构安排具有很大不同。后者主要以既有法律文本为主要线索,着眼于对现实问题的有效解决的具体制度性设计与适用技术,因而需要对细节具体的知识进行较为全面的交代与陈述。而

---

① 参见钱继磊:"个人信息权作为新兴权利的法理反思与证成",《北京行政学院学报》,2020 年第 4 期。
② 参见钱继磊:"试论作为新兴权利的代际权利——从人类基因编辑事件切入",《政治与法律》,2019 年第 5 期。

作为特殊法理学之部门法理学而言,其所表现的品性依然具有法理学所具有的一般性等特征。

因此,本文只选取了具有代表性的几个部门法学进行法理性讨论。其中宪法是在诸部门法学中具有统领性、根本性和至上性的特殊部门法学,也是与法理学距离最近且承担起法理学与其他部门法学之间纽带的特殊部门法学。因此,缺少对宪法部门法理学的讨论安排是无法进行的。

行政法学又被称为小宪法学,这是因为现代宪法学及其研究对象宪法中对权力的约束与规制等法理精神与原则主要是通过行政法学及行政法的具体逻辑的制度性设计安排来实行的。如果没有行政法学,则宪法学就漂浮在空中,成了无本之木、无源之水,成了挂在墙上让人看的画,成为只是写有人民权利的纸了。由此,本文认为有充要理据对其范畴及其体系进行专门的探讨。

民事法学与刑事法学则是现代部门法学中的两大支柱与骨干,在欧洲大陆法系看来,分别代表了平等性法律关系与非平等性法律关系的两个极端,一个着眼于普通民众间的纠纷解决;一个着眼于民众与国家间的制裁性追诉;一个是对私权利的凸显与张扬而公权力的隐退,一个是公权力的现身与对私权利的限制;一个使民众体悟法的甜美、神圣、慈爱,一个体现了民众感悟到的法的苦涩、畏惧与威严。这两个部门法学缺一不可,在整个部门法学乃至法学学科中形成了不可替代的两大支柱,共同擎起法学学科理论与制度体系的大厦。因而,不对这两个支柱性的部门法学范畴及其体系进行专门探讨,其结果是无法想象的。对于传统及现实制度设计中作为特殊民事法学的商事法学,本文也未进行专门讨论,因为其基本法理依然是民事法学的。

环境法学则是晚近才被日益重视的部门法学,更准确地讲,或许称其为"生态法学"更为合适。因为如果仅仅称其为环境法学,则体现不出来人与自然的现代和谐关系。如果说前面的部门法学所要着眼探讨的人与人之间的关系,那么环境法学需要讨论的则是人与自然的关系问题。可见,从这一点上看,这一部门法学实质上必须有全新的法理揭示与阐释来为相关法律制度提供学理依据支撑的。也正是如此,至今我国法学界对于环境法学是权利本位还是义务本位还存在论争。① 然而,本文之所以提出"生态法学"的理念,是因为环境法学的法哲学前设依然是人类中心主义的,即人为主体,自然为客体,两者之间为认识与被认识、利用与被利用、改造与被改造的关系。而这种法哲学前设导致人对自然资源环境生态过度开发,使人与自然之间的关系成为简单的对立关系,人类的可持续发展已经难以为继。然而,生态法学则强调人与自然之间的和谐共生,人即自然的一部分,人应当尊重自然、保护自然,从而使人与自然成为命运的共同体,实现人自身的可持续发展。也正是如此,我国党和国家领导人习近平总书记提出了"绿水青山就是金山银山"②的绿色发展理念,这一理念也融入到我国的民法典中③。这也是本文选取此部门法学进行讨论的关键因素。只不过基于目前既有的学界共识,本文依然采用了"环境法学"这一学科概念。

诉讼法学则是与上面实体部门法学章节相比较,具有自我独特地位与作用的部分,同时也是实体部门法学必需依赖的学科,在整个法学学科中不可或缺。由此,本文必需选取这一具有代表性的部门法学进行专门探讨。

第二,本文之所以没有对经济法学、社会法学(有人称为劳动法与社会保障法学)、知识产权法学、军事法学安排专门章节来详细探讨其范畴及其体系,是因为如下考虑。经济法学可以说是目前我国几大部门法学中其自身独立地位、研究对象及范围等基本理论依然存在较大争议的法学学科之一。其研究对象及范围的边界到底在哪里,与民事法学、行政法

---

① 我国多数学者认为环境法学依然是以"权利本位"并倡导"环境权"的,而也有少数学者对此产生质疑与反思,提出了环境法学"义务本位"观。参见徐祥民:"环境权论——人权发展历史分期的视角",《中国社会科学》,2004年第4期;徐祥民、宋宁而:"日本环境权说的困境及其原因",《法学论坛》,2013年第3期;徐祥民:"环境保护:后人的权利? 今人的义务?",《光明日报》,2014年6月23日第11版;徐祥民、辛帅:"环境权在环境相关事务处理中的消解——以景观权为例",《郑州大学学报》(哲学社会科学版),2015年第1期等。
② 习近平:"树立'绿水青山就是金山银山'的强烈意识",《人民日报》,2016年12月3日第1版。
③ 《中华人民共和国民法典》第9条规定:"民事主体从事民事活动,应当有利于节约资源、保护生态环境。"

学之间一直存在关于边缘的论争。而除却与民事法学、行政法学存有争议的研究领域外,其自身的领地就显得极为有限了。另外,其法律调整方法的独特性也不太明显,又加之与其自身完全契合的法律文本也十分有限,导致这一部门法学一直处于稍有尴尬的状态。对于本文而言,更为重要的考虑是,经济法学自身的法理既没有在传统部门法学中具有代表性,也没有凸显其太多个殊性特征。这是本文未有对其范畴及其体系专门讨论的考虑之主要缘由与依据。

对于知识产权法学而言,是目前部门法学研究以及社会现实中都非常重要的一门部门法学,因而看似本文应当有充分的理据来对其范畴及其体系进行专门探讨。然而仔细分析,本文认为至少目前没有充要理由来对此进行专门详细的讨论阐释。我们知道,知识产权法学的基本法理源自于民事法学,依然是建立在理想标准的理性法律人基础之上的对个人人身及财产权利的保护及其限度的规范化安排,其特殊之处主要在于其所调整的客体,即智力或智慧成果。随着人类社会的科技发展,国与国之间更多体现在知识领域的竞争,这导致知识产权在国内国际都日益显现出重要现实地位与价值,甚至被称为"知识产权战略",其诸多论题值得知识产权法学内部的教义法学研究探讨。但是这并不意味着其在学理上就具有典型代表性,因此鉴于本文的研究维度与主旨,目前未专列章节对其范畴及其体系展开讨论。

对于社会法学而言,目前这一学科范畴自身及其研究对象社会法的范围还远未获得学界共识,有的学者倾向于狭义的理解,认为社会法学即劳动社会保障法学,而有的学者则借鉴欧洲大陆的制度安排,认为其研究与调整的范围要宽泛得多。而对于本文而言,之所以未对其进行专门讨论,更重要的考虑与前面几个部门法学类似,社会法学在作为部门法理学的角度也不是太具有代表性或个殊性。至少从目前来看,这一部门法学作为部门法理学所能讨论的余地还很有限。

至于军事法学,由于其自身研究对象及范围的特殊性,其自身也与我们所研究讨论的法学存在着巨大差异,而且法学界的学科安排与知识理论研究通常不对其进行涉及。因此,一是遵循这种学界传统与惯例,二是鉴于本人对此领域也比较陌生,本文对此领域也没有作任何的涉及。

第三,对于以互联网、大数据、人工智能、区块链、基因编辑等为代表的迅猛发展的新科技以及我国最新的立法形势,本文也未进行专门进行讨论。我们已经看到,这些新科技在给人类带来便利,促进人类进步的同时,也带来了前所未有的挑战与冲击。这已引起法学界的广泛关注。这一类新科技跟以前科技有很大不同,之前的科技从来没有开始进入甚至挑战人自身的主体地位。而当今的新科技却将人这个传统主体置于未知的不可预测的风险之中。换句话讲,就是当前新科技使得本来处于工具或者客体地位的人造物可能挑战人的主体地位,甚至可能使人自身成为被控制、被支配的对象。而这种人的被控制、被支配的风险不再是来自人与人之间自身的关系,而可能是来自科技或者说科技自身的产物。也就是说,对于法学界而言,之前的科技法等制度设计,都是人对技术本身的治理,而当前乃至未来的科技则可能使得技术即治理,甚至技术对人自身的治理。这些理论问题颇为重要,值得探讨,但目前而言,若从法学角度看,学界对此类问题的研究还比较表面,更没有形成共识性的逻辑的理论体系。因此,虽然对此轮新科技给法学带来的问题值得我们探讨,但是目前为止,尚无法从法理学视角对其进行较为系统的抽象概括和有说服力的阐释。至少目前为止,本文尚无法对此问题进行实质性的推进,还不适合进行专门而详尽的阐释。

至于对我国最新的立法情形,比如2020年刚通过的民法典,本文也不适合进行专门探讨,虽然从立法实践看,这一立法事件具有里程碑意义。这是因为,一方面立法上的突破及其法律文本的诸多创新虽然值得认真研究,但是未必对法学基本理论有突破性贡献,另一方面本文的论旨是从法学学科整体性维度着眼于对法理学与部门法学在法理上尤其是范畴及其体系方面的内在勾连性进行较为详细的讨论与阐释,而不太注重对具体细节尤其是法律文本的细微之处进行过多的关注,尽管本文对有些内容也会给予适当的涉及,否则就与本文的论旨相偏离了。

第三节　诚邀批判

　　尽管上文对本文的结构安排及逻辑关系的理据进行了简要说明与阐述,但本人深知本文的研究还十分不够,对这一基本法学理论问题需要更多的人持续深入的讨论研究。一方面,对于法理学与部门法学在内在法理上是如何逻辑关联的这一问题需要更深刻全面地去解释,而选择其范畴及其体系只是其中极为基础、有限的一个切入点而已,况且就连对整个法学学科的范畴及其体系的内在逻辑关系这一论题本身,本文也未能作出彻底系统而深刻全面的揭示与阐述,尚未达到使人读后有畅快淋漓之感的地步。

　　另一方面,尽管本文对尚未专门进行讨论的其他法学学科及新科技等法理的领域之所以如此处理的缘由给予了说明与阐释,但这并非就意味着没有对其进行探讨的价值与可能,因为不同的学者会有不同的研究维度和深度,况且我们的研究同我们生活的社会一样始终处于变动不居的状态中,即当前不应当并非意味着未来不应当,当前作不到并非意味着未来作不到。几乎可以肯定地说,在本文未作选择的部门法学及新兴法学研究中很快就会有相当的成果,随着更多的人对此问题的关注,此问题的讨论将会不断地推向深入。

　　由此,本文对此问题的讨论更多是引起学界更多的关注,给学界的深入思考与阐释提供质疑、反思和批判的基础,以范畴及其体系为切入点,从而使法理学与部门法学、部门法学之间在内在法理方面打破隔阂与阻碍,成为真正具有并共享内在法理的统一理论体系。更进一步讲,本文也试图为法学尤其是法理学与其他人文社会学之间的学术对话与交流提供更有力的法理基础,使法学在整个人文社会科学领域具有更广泛的共识性,发挥更多更大的引领性作用,形成具有中国气派、世界视野的中国特色哲学社会学科体系中的骨干力量,在世界学术舞台具备更强的吸引力、信服力,也为我国的法治建设与实践提供强有力的理论支持和思想动力。

我们知道,学术理论的生命力在于反思,学术理论的推进依赖于彼此之间相互的批判。批判是学界学者对话与交流的最为主要的方式与途径,也是区别于其他行业的重要特征之一。在本文的最后,诚邀学界同仁方家对此文给予各方面的批判,以共同推进对基本法理及其相关论题的不断深入思考。

主要参考文献

一、英文参考文献

1. Hans Kelsen. *Pure Theory of Law*, University of California Press, 1967.
2. Karl Larenz. *Methodenlehre der Rechtswissenschaft*, Berlin: Springer—Verlag, 1983.
3. Munroe Smith. *Four German Jurists: Bruns, Windscheid, Jhering, Gneist, in the General View of European Legal History*, New York, AMS press, Inc. , 1967.
4. Austin. *The Province of Jurisprudence Determined*, Weidenfeld & Nicholson, London, 1954.

二、中文译著

1. [古罗马]查士丁尼:《法学总论——法学阶梯》[M],张企泰译,北京:商务印书馆1989年版。
2. [英]麦考密克、[奥]魏因贝格尔:《制度法论》[M],周叶谦译,北京:中国政法大学出版社2004年版。
3. [德]马蒂亚斯·耶施泰斯:《法理论有什么用》[M],雷磊译,北京:中国政法大学出版社2017年版。
4. [英]约翰·奥斯丁:《法理学的范围》[M],刘星译,北京:中国法制出版社2002年版。
5. [奥]汉斯·凯尔森:《法和国家的一般理论》[M],沈宗灵译,北京:中国大百科全书出版社1996年版。
6. [德]施塔姆勒:《现代法学之根本趋势》[M],姚远译,北京:商务印书馆2016年版。
7. [美]罗斯科·庞德:《通过法律的社会控制》[M],沈宗灵译,北京:商务印书馆2010年版。
8. [德]马克斯·韦伯:《社会学方法论》[M],韩水法译,北京:社会科学文献出版社 1999 年版。

9. [奥地利]维特根斯坦:《逻辑哲学论》[M],贺绍甲译,北京:商务印书馆 2013 年版。

10. [美]E.博登海默:《法理学:法律哲学与法律方法》[M],邓正来译,北京:中国政法大学出版社 2004 年版。

11. [美]约翰·罗尔斯:《正义论》[M],何怀宏等译,北京:中国社会科学出版社 1988 年版。

12. [德]魏德士:《法理学》[M],丁晓春、吴越译,北京:法律出版社 2005 年版。

13. [法]皮埃尔·布迪厄、[美]华康德:《实践与反思:反思社会学导引》[M],李猛、李康译,北京:中央编译出版社 1998 年版。

14. [美]科斯塔斯·杜兹纳:《人权的终结》[M],郭春发译,南京:江苏人民出版社 2002 年版。

15. [德]考夫曼:《法律哲学》[M],刘幸义译,北京:法律出版社 2003 年版。

16. [古罗马]西塞罗:《论共和国·论法律》[M],王焕生译,北京:中国政法大学出版社 1997 年版。

17. [美]卡尔·费里德里希:《超验正义——宪政的宗教之维》[M],周勇、王丽芝译,北京:生活·读书·新知三联书店 1997 年版。

18. [古希腊]亚里士多德:《政治学》[M],吴寿彭译,北京:商务印书馆 1965 年版。

19. [德]伊曼纽尔·康德:《历史的理性批判文集》[M],何兆武译,北京:商务印书馆 1996 年版。

20. [法]莱昂·狄骥:《宪法论》(第一卷)[M],钱克新译,北京:商务印书馆 1959 年版。

21. [美]罗斯科·庞德:《法理学》(第一卷)[M],邓正来译,北京:中国政法大学出版社 2004 年版。

22. [美]约翰·罗尔斯:《万民法》[M],张晓辉译,长春:吉林人民出版社 2001 年版。

23. [美]布赖恩·Z.塔玛纳哈:《一般法理学》[M],郑海平译,北京:中国政法大学出版社 2012 年版。

24. [英]亚当·斯密:《国富论》[M],唐日松等译,北京:华夏出版社 2005 年版。

25. [英]卡尔·波普尔:《开放社会及其敌人》(第一卷)[M],陆衡等译,北京:中国社会学出版社 1999 年版。

26. [美]哈罗德.J.伯尔曼:《法律与宗教》[M],梁治平译,北京:三联书店 1991 年版。

27. [德]马克斯·韦伯:《经济与社会》[M],林荣远译,北京:商务印书馆 1997 年版。

28. [法]孟德斯鸠:《论法的精神》(上)[M],张雁深译,北京:商务印书馆 1961 年版。

29. [德]伊曼努尔·康德:《实践理性批判》[M],韩水法译,北京:商务印书馆 2003 年版。

30. [英]约翰·密尔:《论自由》[M],许宝骙译,北京:商务印书馆 1959 年版。

31. [英]霍布斯:《利维坦》[M],黎思复、黎廷弼译,北京:商务印书馆 1997 年版。

32. [奥]西格蒙德·弗洛伊德:《图腾与禁忌》[M],弗洛伊德文集(第 8 卷),长春:吉林人民出版社 1997 年版。

33. [美]E.霍贝尔:《原始人的法》[M],张文青译,贵阳:贵州人民出版社 1992

年版。

34. ［奥］西格蒙德·弗洛伊德："禁忌的起源"，《图腾与禁忌》[M]，文良文化译，北京：中央编译出版社2015年版。

35. ［德］拉德布鲁赫：《法学导论》[M]，米健译，北京：法律出版社2012年版。

36. ［英］哈特：《法律的概念》[M]，张文显等译，北京：中国大百科全书出版社1996年版。

37. ［德］卡尔·拉伦茨：《法学方法论》[M]，陈爱娥译，北京：商务印书馆2003年版。

38. ［美］罗纳德·德沃金：《法律帝国》[M]，李常青译，北京：中国大百科全书出版社1996年版。

39. ［德］罗伯特·阿列克西：《法律论证理论——作为法律证立理论的理论性论辩理论》[M]，舒国滢译，北京：中国法制出版社2002年版。

40. ［意］贝卡利亚：《论犯罪与刑罚》[M]，黄风译，北京：中国大百科全书出版社1993年版。

41. ［英］梅因：《古代法》[M]，沈景一译，北京：商务印书馆1984年版。

42. ［英］亚当·斯密：《道德情操论》[M]，余勇译，北京：社会科学出版社2003年版。

43. ［英］韦恩·莫里森：《法理学》[M]，李桂林等译，武汉：武汉大学出版社2003年版。

44. ［美］罗斯科·庞德：《法理学》（第三卷）[M]，廖德宇译，北京：法律出版社2006年版。

45. ［英］约翰·密尔：《功利主义》[M]，徐大建译，上海：上海人民出版社2008年版。

46. ［美］彼得·S.温茨：《环境正义论》[M]，朱丹琼、宋玉波译，上海：上海人民出版社2007年版。

47. ［美］郎·L.富勒：《法律的道德性》[M]，郑戈译，北京：商务印书馆2005年版。

二、中文著作

1. 邓正来：《邓正来自选集》[M]，桂林：广西师范大学出版社2000年版。

2. 邓正来：《中国法学向何处》[M]，北京：商务印书馆2011年版。

3. 张恒山：《义务先定论》[M]，济南：山东人民出版社1999年版。

4. 孙正聿：《哲学通论》[M]，北京：人民出版社2010年版。

5. 邓正来：《自由与秩序》[M]，南昌：江西教育出版社1998年版。

6. 严存生：《西方法律思想史》[M]，北京：法律出版社2010年版。

7. 邓正来：《中国法学向何处去》[M]，北京：商务印书馆2006年版。

8. 申卫星：《民法基本范畴研究》[M]，北京：法律出版社2015年版。

9. 范进学、夏泽祥等：《中国宪法学基本范畴体系论》[M]，上海：上海三联书店2013年版。

10. 韩大元、林来梵等：《中国宪法学基本范畴与方法》（2004—2009）[M]，北京：法律出版社2010年版。

11. 张千帆：《宪法学》[M]，北京：法律出版社2014年版。

12. 林来梵：《宪法学讲义》[M]，北京：法律出版社2018年版。

13. 董和平：《宪法学》[M]，北京：法制出版社2018年版。

14. 焦洪昌：《宪法学》[M]，北京：北京大学出版社2013年版。

15. 张千帆：《宪法学》[M]，北京：法律出版社 2015 年版。

16. 韩大元：《中国宪法》[M]，北京：法律出版社 2018 年版。

17. 叶必丰：《行政法与行政诉讼法》[M]，北京：中国人民大学出版社 2003 年版。

18. 高铭暄、马克昌主编，赵秉志执行主编：《刑法学》[M]，北京：北京大学出版社、高等教育出版社 2017 年版。

19. 曾尔恕：《外国法制史》[M]，北京：中国政法大学出版社 2008 年版。

20. 张文显、杜宴林主编：《法理学论丛》（第 6 卷）[M]，北京：法律出版社 2012 年版。

21. 李岩：《民事法益基本范畴研究》[M]，北京：法律出版社 2016 年版。

22. 徐国栋：《民法哲学》[M]，北京：中国法制出版社 2009 年版。

23. 谢晖：《法学范畴的矛盾辨思》[M]，济南：山东人民出版社 1999 年版。

24. 龙宗智、杨建广：《刑事诉讼法》（第三版）[M]，北京：高等教育出版社 2010 年版。

25. 韩阳：《刑事诉讼的法哲学反思——从典型制度到基本范畴》[M]，北京：中国人民公安大学出版社 2012 年版。

26. 李晓春：《诉讼法基本范畴研究》[M]，长春：吉林人民出版社 2002 年版。

27. 高家伟：《证据法基本范畴研究》[M]，北京：中国人民公安大学出版社 2018 年版。

28. 张文显：《法哲学范畴研究》[M]，北京：中国政法大学出版社 2001 年版。

29. 夏勇：《法理讲义——关于法律的道理与学问》（上）[M]，北京：北京大学出版社 2001 年版。

30. 张文显：《法理学》（第五版）[M]，北京：高等教育出版社 2018 年版。

31. 姜明安：《行政法与行政诉讼法》（第七版）[M]，北京：北京大学出版社、高等教育出版社 2019 年版。

32. 曲新久：《刑法的精神与范畴》[M]，北京：中国政法大学出版社 2000 年版。

33. 陈兴良：《本体刑法学》[M]，北京：中国人民大学出版社 2017 年版。

34. 何勤华：《外国法制史》[M]，北京：法律出版社 2006 年版。

四、中文论文

1. 张文显："法理：法理学的中心主题和法学的共同关注"[J]，《清华法学》，2017 年第 4 期。

2. 苏力："也许正在发生——中国当代发展的一个概览"[J]，《比较法研究》，2001 年第 3 期。

3. 徐爱国："中国法理学的'死亡'"[J]，《中国法律评论》，2016 年第 2 期。

4. 钱继磊："迈向法理时代的中国法学——兼与徐爱国教授商榷"[J]，《法学评论》，2018 年第 1 期。

5. 胡玉鸿："法学是一门科学吗?"[J]，《江苏社会科学》，2003 年第 4 期。

6. 陈景辉："法理论为什么是重要的——法学的知识框架及法理学在其中的位置"[J]，《法学》，2014 年第 3 期。

7. 吴彦："施塔姆勒与凯尔森的分歧在哪?"[J]，《南京社会科学》，2013 年第 12 期。

8. 季卫东、舒国滢、徐爱国、桑本谦、陈景辉、聂鑫、马剑银："中国需要什么样的法理学"[J]，《中国法律评论》，2016 年第 3 期。

9. 张文显、郑成良、徐显明："中国法理学：从何处来? 到何处去?"[J]，《清华法学》，

2017 年第 3 期。

10. 石伟："论中国法理学的实践转向——三十余年法理学学术史考察"[J]，《现代法学》，2012 年第 4 期。

11. 李步云："从'法制'到'法治'——二十年改一字"[J]，《法学》，1999 年第 7 期。

12. 姚建宗："法哲学批判与批判的法哲学——对法哲学科学本性的一种理解"[J]，《吉林大学社会科学学报》，1998 年第 1 期。

13. 童之伟："论法学的核心范畴和基本范畴"[J]，《法学》，1999 年第 6 期。

14. 刘旺洪、张智灵："论法理学的核心范畴和基本范畴——兼与童之伟教授商榷"[J]，《南京大学法律评论》，2000 年第 1 期。

15. 陈金钊："论法学的范畴体系"[J]，《法学评论》，2000 年第 2 期。

16. 范进学："论法学核心范畴"[J]，《法律科学》，2001 年第 1 期。

17. 张文显："论法学的范畴意识、范畴体系与基石范畴"[J]，《法学研究》，1991 年第 3 期。

18. 於兴中："如何发展'中国的'法理学?"[J]，《中国法律评论》，2019 年第 2 期。

19. 陈金钊："法理思维及其与逻辑的关联"[J]，《法制与社会发展》，2019 年第 3 期。

20. 钱继磊："论作为新兴权利的代际权利——从人类基因编辑事件切入"[J]，《政治与法律》，2019 年第 5 期。

21. 雷磊："法哲学在何种意义上有助于部门法学"[J]，《中外法学》，2018 年第 5 期。

22. 钱继磊："改革开放四十年中国法理学的回顾与反思"[J]，《上海交通大学学报》（哲学社会科学版），2019 年第 1 期。

23. 郑成良："论法治理念与法律思维"[J]，《吉林大学社会科学学报》，2000 年第 4 期，

24. 孙光宁："从法律思维到法治思维：中国法治进程的拓展与深化"[J]，《学术交流》，2015 年第 1 期。

25. 邱本："论法理思维的特性"[J]，《理论探索》，2019 年第 1 期。

26. 钱继磊："试论法理作为法理学的元范畴——一种法学学科维度"[J]，《北方法学》，2020 年第 3 期。

27. 张文显、于宁："当代中国法哲学研究范式的转换——从阶级斗争范式到权利本位范式"[J]，《中国法学》，2001 年第 1 期。

28. 李拥军、侯明明："法理学二元划分的意义与功用——对法理学与部门法学关系的深层省思"[J]，《学习与探索》，2019 年第 4 期。

29. 雷磊："什么是法教义学——基于 19 世纪以后德国学说史的简要考察"[J]，《法制与社会发展》，2018 年第 4 期。

30. 张文显："部门法哲学引论——属性和方法"[J]，《吉林大学社会科学学报》，2006 年第 5 期。

31. 李林、齐延平："走向新时代中国法理学之回眸与前瞻"[J]，《法学》，2018 年第 6 期。

32. 雷磊："法教义学观念的源流"[J]，《法学评论》，2019 年第 2 期。

33. 徐祥民："环境权论——人权发展历史分期的视角"[J]，《中国社会科学》，2004 年第 4 期。

34. 张文显、马新民等："关于菲律宾提起的'南海仲裁案'的法理分析"[J]，《中国法

学》,2016 年第 5 期。

35. 曲新久:"试论刑法的基本范畴"[J],《法学研究》,1991 年第 1 期。

36. 陈兴良:"论刑法哲学的价值内容和范畴体系"[J],《法学研究》,1992 年第 2 期。

37. 张卫华:"宪法概念的比较研究"[J],《法学评论》,1986 年第 2 期。

38. 张光博:"宪法学基本范畴的再认识"[J],《法学研究》,1987 年第 3 期。

39. 童之伟:"论宪法概念的重新界定"[J],《法学评论》,1994 年第 4 期。

40. 韩大元:"基本权利概念在中国的起源与演变"[J],《中国法学》,2009 年第 6 期。

41. 童之伟:"以'法权'为中心系统解释法现象的构想"[J],《现代法学》,2000 年第 2 期。

42. 童之伟:"法权中心的猜想与证明"——兼答刘旺洪教授[J],《中国法学》,2001 年第 6 期。

43. 童之伟:"法权中心说补论——对刘旺洪、范忠信两教授商榷意见的进一步回应"[J],《法商研究(中南政法学院学报)》,2002 年第 1 期。

44. 秦前红:"评法权宪法论之法理基础"[J],《法学研究》,2002 年第 1 期。

45. 管华:"从权利到人权:或可期待的用语互换——基于我国宪法学基本范畴的思考"[J],《法学评论》,2015 年第 2 期。

46. 范进学、杨阿妮:"中国宪法学基本范畴体系新论"[J],《四川大学学报》(哲学社会科学版),2009 年第 6 期。

47. 仇永胜等:"宪法学范畴的逻辑研究"[J],《学术探索》,2014 年第 10 期。

48. 童之伟:"中国实践法理学的话语体系构想"[J],《法律科学(西北政法大学学报)》,2019 年第 4 期。

49. 李龙、周叶中:"宪法学基本范畴简论"[J],《中国法学》,1996 年第 6 期。

50. 罗梁波:"行政学基石范畴的谱系"[J],《中国行政管理》,2019 年第 1 期。

51. 付子堂、王勇:"1978—2018:走向实践的中国法理学"[J],《山东大学学报》(哲学社会科学版),2018 年第 5 期。

52. 牛克乾:"反思我国刑法解释的范畴及其体系——以刑法解释的效力层次为视角"[J],《政治与法律》,2004 年第 3 期。

53. 王政勋:"范畴理论与刑法解释立场"[J],《法律科学(西北政法大学学报)》,2009 年第 6 期。

54. 魏东:"刑法解释学基石范畴的法理阐释——关于'刑法解释'的若干重要命题"[J],《法治现代化研究》,2018 年第 3 期。

55. 刘艳红:"犯罪论体系:范畴论抑或目的论"[J],《中国法学》,2008 年第 1 期。

56. 张明楷:"新刑法与法益侵害说"[J],《法学研究》,2001 年第 1 期。

57. 张明楷:"法益保护与比例原则"[J],《中国社会科学》,2017 年第 7 期。

58. 陈兴良:"部门法理学之提倡"[J],《法律科学(西北政法大学学报)》,2003 年第 5 期。

59. 陈兴良:"刑法法理的三重语境"[J],《中国法律评论》,2019 年第 3 期。

60. 张平华:"民法中的四种行为范畴关系探析——以侵权行为法在民法典中独立成编为中心"[J],《长江大学学报》(社会科学版),2005 年第 1 期。

61. 黄茂荣:"论民法中的法理"[J],《北方法学》,2018 年第 3 期。

62. 黄茂荣:"民法总则中基本规定的法理"[J],《北京航空航天大学学报》(社会科学版),2018 年第 1 期。

63. 李拥军:"作为治理技术的司法:家事审判的中国模式"[J],《法学评论》,2019 年第 6 期。

64. 史玉成:"环境法学核心范畴之重构:环境法的法权结构论"[J],《中国法学》,2016 年第 5 期。

65. 钱继磊:"法理时代环境法学范畴及其体系初探"[J],《河北法学》,2020 年第 2 期。

66. 姚建宗:"中国语境中的法律实践概念"[J],《中国社会科学》,2014 年第 6 期。

67. 徐显明:"法治的真谛是人权——一种人权史的解释"[J],《学习与探索》,2001 年第 4 期。

68. 徐祥民:"环境权——人权发展历史分期的视角"[J],《中国社会科学》,2004 年第 4 期。

69. 徐祥民:"对'公民环境权论'的几点疑问"[J],《中国法学》,2004 年第 2 期。

70. 顾爱平:"权利本位抑或义务本位——环境保护立法理念之重构"[J],《苏州大学学报》(哲学社会科学版),2010 年第 6 期。

71. 刘卫先:"从'环境权'的司法实践看环境法的义务本位——以'菲律宾儿童案'为例"[J],《浙江社会科学》,2011 年第 4 期。

72. 杜承铭:"论作为法学范畴的自由"[J],《法商研究》,2000 年第 1 期。

73. 孙笑侠:"基于规则与事实的司法哲学范畴"[J],《中国社会科学》,2016 年第 7 期。

74. 陈林林:"法学基本范畴研究:证据"[J],《浙江社会科学》,2019 年第 8 期。

75. 江必新、程琥:"司法程序的基本范畴研究"[J],《法律适用》,2012 年第 5 期。

后　记

　　自从 2007 年于母校吉林大学博士毕业,至今已有十余年的光景。然而,我依然还在学术的道路上冥思苦想。直到 2017 年暑期我有幸参加了母校举办的一次小型学术研讨会。在会上我才终于茅塞顿开,顿然醒悟,下决心选定了自己的学术研究的切入点。这一灵感是在此次研讨会上从研读张文显老师的长文"法理:法理学的中心主题和法学的共同关注"过程中获得的,即从思考探讨法理学中最为基本,也最为根本的范畴及其体系入手,以这样一个作为法理学逻辑起点的基本论题来作为自己研究的切入点。

　　在后来这几年里,我一直持续关注此方面的研究动态,并重新研读法理学的经典文献,逐渐形成了一些相关研究成果。以此为基础,我申报了题为"新时代中国法理学范畴及其体系研究"的 2019 年山东省社会科学优势学科项目并有幸获得立项。于是,以此为契机,我便有了对"法理时代的法理学之范畴及其体系问题"进行较为系统探讨的想法。在开始本文的写作之前,我自认为已经对此问题有了较为清晰的思路并作好了较为充分的准备。虽然如此,但是写作过程的艰辛依然超出我的想象。经过近一年的断断续续的努力,如今终于付梓了。

　　尽管本人对此文的结果尚不尽满意,但经历的过程的艰辛却是难以忘却的。这种艰辛不仅来自于本文自身的写作过程,而且,还因为本人在短短的一年里经历的极为不平凡:一方面是本文的写作过程正好是伴随着儿子降生到这个世界的过程，另一方面是本文的大半个写作过程还是因遭遇极为罕见的疫情而封闭在家的过程。还有就是在本文的写作过程中本人还经历了工作单位的转变。

在此段特殊的日子里，我深知没有诸多人的鼓励、支持、理解与宽容，我能够完成此文是不可能的。我要感谢我的博士导师张文显教授、徐显明教授、姚建宗教授、霍存福教授等，我的博士后合作导师齐延平教授，他们多年来的关心、教诲与鼓励，让我感激不尽。我还要感谢山东大学（威海）的肖金明教授、济南大学的杨士林教授、山东师范大学的荆月新教授、山东师范大学的吕芳副教授、山东师范大学的邹艳晖副教授、山东政法学院的侯学勇教授、上海社会科学院的刘长秋教授、厦门大学的郭春镇教授，等等。他们以各种方式对我给予了支持与帮助，让我倍感温暖。

我还要感谢我的朋友夏继森、李拥军、郑智航、孙记、任瑞兴、王峰、侯瑞雪、苗炎、张世青、刘飞、梁栋等。感谢你们多年来的关怀、牵挂与帮助。要感谢的人实在太多，无法一一提及。在此，一并致谢。

在本书的责编过程中，上海三联书店的郑秀艳女士表现出极高的职业水平和专业精神。在此，我由衷地向她表示真诚感谢。

这本书献给我的亲人们，尤其是我的父亲、母亲。儿子的降生又加之处于疫情时期使得他们在原本应颐养天年的古稀之年还要为我分担许多本该由我承担的家庭责任。爱妻孙春梅女士对我的工作与学术给予了莫大的理解和支持，分担了很多家庭责任；儿子钱登丰给我们带来了无尽的欢乐。

在充满阳光和欢乐的人生里，我将继续前行！

继磊谨记

2020 年 7 月于济南

图书在版编目(CIP)数据

新时代中国法理学范畴及其体系研究/钱继磊著. —上海：
上海三联书店,2020.12
ISBN 978－7－5426－7309－1

Ⅰ.①新…　Ⅱ.①钱…　Ⅲ.①法理学－研究－中国
Ⅳ.①D920.0

中国版本图书馆 CIP 数据核字(2020)第 260599 号

新时代中国法理学范畴及其体系研究

著　　者 / 钱继磊

责任编辑 / 郑秀艳
装帧设计 / 一本好书
监　　制 / 姚　军
责任校对 / 张大伟　王凌霄

出版发行 / 上海三联书店
　　　　　(200030)中国上海市漕溪北路 331 号 A 座 6 楼
邮购电话 / 021－22895540
印　　刷 / 上海惠敦印务科技有限公司

版　　次 / 2020 年 12 月第 1 版
印　　次 / 2020 年 12 月第 1 次印刷
开　　本 / 640×960　1/16
字　　数 / 230 千字
印　　张 / 17
书　　号 / ISBN 978－7－5426－7309－1/D·477
定　　价 / 58.00 元

敬启读者,如发现本书有印装质量问题,请与印刷厂联系 021－63779028